Die Zukunft des Bargelds

Jakob Lempp · Thomas Pitz · Jörn Sickmann
(Hrsg.)

Die Zukunft des Bargelds

Perspektiven aus Wissenschaft und Praxis

Herausgeber
Jakob Lempp
Hochschule Rhein-Waal
Kleve, Deutschland

Jörn Sickmann
Hochschule Rhein-Waal
Kleve, Deutschland

Thomas Pitz
Hochschule Rhein-Waal
Kleve, Deutschland

ISBN 978-3-658-21719-8   ISBN 978-3-658-21720-4 (eBook)
https://doi.org/10.1007/978-3-658-21720-4

Die Deutsche Nationalbibliothek verzeichnet diese Publikation in der Deutschen Nationalbibliografie; detaillierte bibliografische Daten sind im Internet über http://dnb.d-nb.de abrufbar.

Springer Gabler
© Springer Fachmedien Wiesbaden GmbH, ein Teil von Springer Nature 2018
Das Werk einschließlich aller seiner Teile ist urheberrechtlich geschützt. Jede Verwertung, die nicht ausdrücklich vom Urheberrechtsgesetz zugelassen ist, bedarf der vorherigen Zustimmung des Verlags. Das gilt insbesondere für Vervielfältigungen, Bearbeitungen, Übersetzungen, Mikroverfilmungen und die Einspeicherung und Verarbeitung in elektronischen Systemen.
Die Wiedergabe von Gebrauchsnamen, Handelsnamen, Warenbezeichnungen usw. in diesem Werk berechtigt auch ohne besondere Kennzeichnung nicht zu der Annahme, dass solche Namen im Sinne der Warenzeichen- und Markenschutz-Gesetzgebung als frei zu betrachten wären und daher von jedermann benutzt werden dürften.
Der Verlag, die Autoren und die Herausgeber gehen davon aus, dass die Angaben und Informationen in diesem Werk zum Zeitpunkt der Veröffentlichung vollständig und korrekt sind. Weder der Verlag noch die Autoren oder die Herausgeber übernehmen, ausdrücklich oder implizit, Gewähr für den Inhalt des Werkes, etwaige Fehler oder Äußerungen. Der Verlag bleibt im Hinblick auf geografische Zuordnungen und Gebietsbezeichnungen in veröffentlichten Karten und Institutionsadressen neutral.

Gedruckt auf säurefreiem und chlorfrei gebleichtem Papier

Springer Gabler ist ein Imprint der eingetragenen Gesellschaft Springer Fachmedien Wiesbaden GmbH und ist ein Teil von Springer Nature
Die Anschrift der Gesellschaft ist: Abraham-Lincoln-Str. 46, 65189 Wiesbaden, Germany

Vorwort

Insgesamt waren Ende 2017 über 21 Mrd. Euro-Banknoten im Umlauf – eine Milliarde mehr als noch im Jahr 2016. Der Notenumlauf hat sich damit seit der Euro-Bargeldeinführung im Jahr 2002 fast verdreifacht. Insbesondere in Deutschland ist Bargeld als Zahlungsmittel nach wie vor sehr beliebt. Hierzulande wird auch im internationalen Vergleich besonders häufig in bar bezahlt und tatsächlich lehnen neun von zehn Deutschen die Abschaffung des Bargelds ab (vgl. Kap. 1). Bargeld ist unmittelbar sinnlich wahrnehmbares, materialisiertes Vertrauen. Diese grundsätzlich positive Einstellung gegenüber dem Bargeld hat sicherlich auch mit den vielen Vorteilen zu tun, die Bargeld den Verbrauchern bietet: Durch die weitgehende Anonymität des Bezahlvorganges wird das Kaufverhalten und somit die informationelle Selbstbestimmung der Konsumenten geschützt. Bargeld vermag zudem einer möglichen Politik der Negativzinsen entgegenzuwirken, weil den Sparern die Möglichkeit des Hortens von Bargeld bleibt; und schließlich ist Bargeld auch unabhängig von der Verfügbarkeit von Elektrizität und Internet – und somit technisch relativ voraussetzungsarm und sicher. Für die Verbraucher ergeben sich daher verschiedene Motivationslagen zur Nutzung von Bargeld. Und so ist trotz vielfältiger Alternativen und trotz voranschreitender Digitalisierung das Bargeld nach wie vor für viele Bürger „geprägte Freiheit" und insofern auch mit einem hohen Maß an symbolischer Bedeutung aufgeladen.

Dennoch gerät das Bargeld immer stärker in die Defensive:

1. Zum Zwecke der Senkung von Transaktionskosten wird in immer mehr europäischen Ländern durch Auf- und Abrundungsregeln auf die Verwendung von Kleinstmünzen verzichtet.
2. Ganz allgemein sind auch in Deutschland die verschiedenen Varianten des elektronischen Zahlungsverkehrs auf dem Vormarsch.
3. Um Geldwäsche und Schwarzgeld effektiver bekämpfen zu können, wird die Limitierung von Barzahlungen durch die Einführung von Obergrenzen oder die Abschaffung von Geldscheinen mit hohem Wert (wie etwa dem 500-€-Schein) diskutiert.

4. Im Kontext anhaltend niedriger Zinsen suchen Banken nach neuen Geschäftsmodellen und versuchen durch die Einführung von Gebühren für Bargeldtransaktionen die Verwendung von Bargeld für ihre Kunden unattraktiver zu gestalten.
5. Zur Stärkung regionaler Wertschöpfungsketten schaffen lokale Akteure Regional- und Komplementärwährungen.
6. Unter anderem mit dem Ziel, unabhängig von staatlich organisierten Geldsystemen zu werden, gewinnen Kryptowährungen wie Bitcoin, Ethereum oder Ripple immer mehr an Bedeutung. Die in jüngerer Zeit zu beobachtenden Kursentwicklungen werfen Fragen nach der Stabilität und nach der Notwendigkeit einer regulatorischen Aufsicht auf.

Wie sieht vor dem Hintergrund all dieser Entwicklungen die Zukunft des Bargelds aus? Wird es auch in Zukunft und unter stark veränderten Rahmenbedingungen seine Rolle als Zahlungs-, Wertaufbewahrungs- und Wertbemessungstitel bewahren können? Diese Fragen scheinen derzeit offener denn je. Im vorliegenden Sammelband wird die Zukunft des Bargelds von unterschiedlichen Seiten beleuchtet. Dabei war den Herausgebern wichtig, dass nicht nur Autorinnen und Autoren aus der Wissenschaft, sondern auch solche aus der Praxis zu Wort kommen. Der Band enthält deshalb auch Beiträge von Autorinnen und Autoren aus Zentralbanken, Geschäftsbanken, Finanzberatungsdienstleistern, Verbänden und der Industrie- und Handelskammer. Die insgesamt 14 Beiträge decken zudem ganz unterschiedliche Fachdisziplinen ab. Neben Ökonomen und Betriebswirten kommen auch Politikwissenschaftler, Juristen, Kunsthistoriker und Soziologen zu Wort.

Zunächst gibt *Oliver Serfling* einen Überblick über die Einstellungen der Deutschen zu Bargeld. Auf der Grundlage von je nach Fragestellung zwischen 15.000 und knapp 50.000 Voten im Rahmen einer umfangreichen und für die deutsche Wahlbevölkerung repräsentativen Umfrage werden Zahlungsgewohnheiten, die Einstellung zu Bargeld und seinen Alternativen, aber auch Meinungen zu konkreten Vorhaben wie die Abschaffung des 500-€-Scheins erhoben und nach soziodemografischen Merkmalen ausgewertet.

Anschließend behandeln *Johannes Klocke* und *Heike Winter* die Frage, wie die Digitalisierung als Triebfeder für Innovationen das bargeldlose Zahlen befördert und benennen Bedingungsfaktoren für den Erfolg. Der Beitrag schließt mit einer Übersicht über aktuelle Trends im bargeldlosen Zahlungsverkehr ab.

In einem dritten Kapitel erörtert *Frank Rieger* die Einführung von Obergrenzen für Bargeldtransaktionen aus rechtlicher und praktischer Sicht. Er verweist auf die unterschiedlichen Rechtslagen in verschiedenen europäischen Ländern und stellt insbesondere auf das Recht auf informationelle Selbstbestimmung, die Vertrags- und Berufsfreiheit sowie die Eigentumsfreiheit als rechtliche Grenzen einer Begrenzung von Bargeldtransaktionen ab.

Thomas Birnstein thematisiert anschließend die Möglichkeiten und Folgewirkungen der Einführung von Gebühren für Bargeldtransaktionen bei Banken und präsentiert ein differenziertes Bild einer kostendeckenden Bargeldbewirtschaftung.

Einer Untersuchung des Auftretens von Komplementär- oder Regionalwährungen weltweit und speziell in Deutschland widmet sich der Beitrag von *Christian Thiel*.

Die Regionalwährungen werden hier systematisch und unter Berücksichtigung technischer und kultureller Aspekte diskutiert. Am Ende dieses Beitrags steht die Aussicht, dass möglicherweise gerade für dieses „idealistische Geld" die Zukunft im scheinbar antiquierten Geldmedium „Bargeld" liegt.

Dem Thema „Bitcoin" wendet sich der Beitrag von *Harald Meisner* zu. Neben einer Reflexion der Vor- und Nachteile des Bitcoin und anderer Kryptowährungen wird der „Geldcharakter" dieser (in der Regel auf der Blockchain-Technologie aufruhenden) Systeme diskutiert und ein Ausblick auf die Zukunft des Bitcoin als Herausforderung in der Finanzsphäre gegeben.

Die steuerlichen Aspekte der Bargeldbewirtschaftung thematisiert *Ralf Klapdor* in seinem Beitrag am Beispiel der Registrierkassen. Insbesondere für bargeldintensive Betriebe stellt sich hier die Frage, wie mit den strenger werdenden Regelungen vonseiten der Finanzverwaltung im operativen Geschäft umgegangen werden soll. Er macht an diesem Beispiel deutlich, wie Deutschland den technischen Lösungen in anderen Ländern hinterherhinkt.

Andreas Neumann und *David Wilhelm* beschäftigen sich im Anschluss mit den rechtlichen Aspekten digitaler Bezahlformen. Die Ausführungen beziehen sowohl digitale Zahlungsdienste als auch Kryptowährungen ein. Im Fokus stehen dabei aufsichtsrechtliche und zivilrechtliche Aspekte. Zudem wird auf die straf- und deliktrechtlichen Aspekte insbesondere bei Kryptowährungen eingegangen, ein Bereich, bei dem die Einordnung in bestehende Rechtskategorien schwierig ist.

Eng damit verknüpft ist das nachfolgende Kapitel von *Heike Mai,* in welchem auf die verschiedenen Überlappungsbereiche von Bargeld und Kriminalität eingegangen wird. Geldwäsche, Schattenwirtschaft, das internationale organisierte Verbrechen und die Terrorfinanzierung nutzen die Vorteile des Bargelds. Die Autorin bleibt skeptisch, ob diesen Bereichen der Kriminalität mit einer Einschränkung der Bargeldnutzung wirklich effektiv begegnet werden kann.

Ein gerade auch im Kontext der Kriminalitätsbekämpfung immer wieder im Blickpunkt stehendes Thema ist die Zukunft des 500-€-Scheins. Der Einstellung der Produktion und Ausgabe dieses größten Euroscheins sowie den hier zugrunde liegenden Ursachen widmet sich in kritisch reflektierender Weise *Martin Keim.*

Auf der entgegengesetzten Seite des Spektrums beschäftigt sich der Beitrag von *Jakob Lempp, Thomas Pitz* und *Jörn Sickmann* mit dem Umgang mit den Ein- und Zwei-Cent-Münzen. Ausgehend von einer empirischen Untersuchung der Einführung einer an die niederländische Praxis angelehnten Rundungsregel in Kleve, fragen die Autoren, wie Händler und Kunden auf das Runden in diesem Pilotfall reagierten.

Mit der Zukunft der Visualität des Bargelds beschäftigt sich *Stefan Hartmann* in seinem Beitrag. Dabei steht die symbolische Dimension von Banknoten im Vordergrund, wobei auf den Umstand abgehoben wird, dass es gerade diese symbolischen Funktionen sind, die konstitutiv für die Funktionen des Bargelds sind, schließlich basieren diese nach wie vor auf dem Vertrauen, das die Nutzer in die Banknoten haben.

Mit den Erkenntnissen aus der Verhaltensforschung zu psychologischen Preisen, Kaufentscheidungen und dem „Schmerz des Bezahlens" beschäftigen sich *Jörn Sickmann, Carina Goldbach* und *Achiel Fenneman*. Sie verweisen auf die Notwendigkeit, kognitive und nicht-rationale Aspekte in die Diskussion über die Zukunft von Bargeld als Zahlungsinstrument und seine Auswirkungen auf das Konsumverhalten miteinzubeziehen.

Im abschließenden Kapitel stellen schließlich *Sascha Füllbrunn* und *Carin van der Cruijsen* die in vielerlei Hinsicht im Vergleich zu Deutschland sehr unterschiedliche Situation in den Niederlanden vor. Insbesondere ist das Zahlungsverhalten der Niederländerinnen und Niederländer in weit stärkerem Maße von der Nutzung digitaler Varianten geprägt.

Jakob Lempp
Thomas Pitz
Jörn Sickmann

Inhaltsverzeichnis

1. **Was denken die Deutschen über die Abschaffung des Bargelds?** 1
   Oliver Serfling

2. **Bargeldloses Zahlen – Digitalisierung als Triebfeder für Innovation** 35
   Johannes Klocke und Heike Winter

3. **Einführung einer Obergrenze für Bargeldtransaktionen – Rechtliche Grenzen und die Perspektive der Praxis** 47
   Frank Rieger

4. **Gebühren für Bargeldtransaktionen bei Banken** 57
   Thomas Birnstein

5. **Bargeld in privaten Geldsystemen** 73
   Christian Thiel

6. **Bitcoins als Herausforderung in der Finanzsphäre** 89
   Harald Meisner

7. **Steuerliche Aspekte der Bargeldbewirtschaftung** 103
   Ralf Klapdor

8. **Rechtliche Aspekte digitaler Bezahlformen** 113
   Andreas Neumann und David Wilhelm

9. **Bargeld und Kriminalität** 133
   Heike Mai

10. **Die Zukunft des 500-€-Scheins** 143
    Martin Keim

11. **Abschaffung von Kleinmünzen durch Rundung** 153
    Jakob Lempp, Thomas Pitz und Jörn Sickmann

12	**Die Zukunft der Visualität des Bargelds, oder: Auslaufmodell Banknote?** .... Stefan Hartmann	167
13	**Kaufentscheidungen, psychologische Preise und der Schmerz des Bezahlens – Erkenntnisse der Verhaltensforschung** .... Jörn Sickmann, Carina Goldbach und Achiel Fenneman	185
14	**Zahlungsverhalten in den Niederlanden – eine Fallstudie** .... Sascha Füllbrunn und Carin van der Cruijsen	205

Was denken die Deutschen über die Abschaffung des Bargelds?

Ergebnisse einer Meinungsbefragung durch das Meinungsforschungsunternehmen Civey

Oliver Serfling

Inhaltsverzeichnis

1.1	Problemstellung	2
1.2	Erhebungsmethodik	4
1.3	Datenerhebung	5
1.4	Ergebnisse der Umfrage	6
	1.4.1 Soll Bargeld in Deutschland abgeschafft werden?	6
	1.4.2 Welches Ziel würde am ehesten überzeugen, das Bargeld abzuschaffen?	7
	1.4.3 Wie groß ist die Akzeptanz von Bargeldbeschränkungen?	8
	1.4.4 Wie groß ist die Bargeldpräferenz wirklich?	11
	1.4.5 Welche Rolle spielen Datenschutzaspekte bei der Zahlungsmittelwahl?	14
1.5	Kritische Würdigung	19
1.6	Anhang	20
Literatur		33

Das Bargeld ist eines der Deutschen liebsten Kinder. Rund 90 % lehnen die Abschaffung des Bargeldes ab. Aber auch im täglichen Geschäftsgebaren halten die Deutschen am Bargeld als dem wichtigsten Zahlungsmittel fest. Trotz aller Innovationsbereitschaft deutscher Unternehmen tun sich deutsche Konsumenten hinsichtlich der Akzeptanz elektronischer Zahlungsinnovationen weiterhin schwer.

O. Serfling (✉)
Hochschule Rhein-Waal, Kleve, Deutschland
E-Mail: oliver.serfling@hochschule-rhein-waal.de

© Springer Fachmedien Wiesbaden GmbH, ein Teil von Springer Nature 2018
J. Lempp et al. (Hrsg.), *Die Zukunft des Bargelds,*
https://doi.org/10.1007/978-3-658-21720-4_1

Dieser Beitrag stellt die Ergebnisse einer breit angelegten repräsentativen Meinungsbefragung der deutschen Wahlberechtigten vor und geht Hinweisen nach, welche Bestimmungsgründe doch zu einem allmählichen Stimmungs- und Einstellungswandel der Deutschen zum Bargeld führen könnten.

1.1 Problemstellung

Im Nachgang der Finanzkrise der Jahre 2007 bis 2009 wurde die Abschaffung des Bargeldes als gesetzliches Zahlungsmittel wiederholt und mit zunehmender Intensität insbesondere vonseiten der Kreditwirtschaft eingefordert. So forderte der Bankenverband 2017 die Anerkennung elektronischer Zahlungsverfahren als gesetzliches Zahlungsmittel und somit die Abschaffung der impliziten Annahmepflicht von Bargeld (Bundesverband deutscher Banken e. V. 2017, S. 7–8). Grund hierfür dürften einerseits die hohen privatwirtschaftlichen Kosten des Bargeldkreislaufes sein, die in einer Studie von Kleine et al. (2013) auf 12,5 Mrd. € jährlich oder 150 € pro Kopf geschätzt werden. Andererseits steht die vermeintliche Liebe zum Bargeld der raschen Verbreitung von neuen, mobilen, elektronischen Zahlungsinnovationen entgegen. Aber auch die Bekämpfung von Steuer- und Abgabenbetrug, Geldwäsche, Terrorfinanzierung und anderen kriminellen Aktivitäten werden immer wieder für die Abschaffung des Bargeldes ins Feld geführt. Aus makroökonomischer Perspektive wird hingegen die Steigerung der Effektivität der Geldpolitik ins Feld geführt, da die Möglichkeit des Hortens von Bargeld die Zinsen bei minimal Null Prozent begrenzt und Banken kaum Möglichkeiten haben, Negativzinsen an die Verbraucher weiterzureichen (vgl. z. B. Rogoff 2016). Obwohl sich die meisten Parteien sich in ihren Wahlprogrammen zur Bundestagswahl 2017 für eine Beibehaltung des Rechts auf Bargeldzahlungen aussprachen, konstatieren zuweilen einige Chronisten einen ‚Krieg gegen Bargeld' (vgl. z. B. Häring 2016; Otte 2016) und auch die Deutsche Bundesbank (2017) diskutiert vermehrt über die Zukunft des Bargeldes.

Die allgemeine Abschaffung von Münzen und Geldscheinen wäre sicherlich eine Extremlösung, die auch in Ländern mit hoher Akzeptanz gegenüber unbaren Zahlungsmethoden noch etwas auf sich warten lassen dürfte. Hingegen sind bereits in vielen Ländern Europas Bargeldbeschränkungen anderer Form in Planung oder in Kraft. So gibt es in zwölf Ländern der Europäischen Union bereits eine gesetzliche Obergrenze für Barzahlungen, von 500 € je Transaktion in Griechenland (mit Ausnahme von Autokäufen), 1000 € in Portugal und Frankreich (für Steuerinländer) bis zu umgerechnet rund 15.000 € in Polen. In Deutschland gibt es eine solche Obergrenze bislang zwar nicht, allerdings wurde im Zuge der Umsetzung der vierten Geldwäscherichtlinie die Ausweispflicht bei Barzahlung von Beträgen größer 10.000 € ab Juni 2017 geregelt. Zudem wird in der Europäischen Union die Einführung einer generellen Obergrenze für Bargeldtransaktionen von 5000 € diskutiert.

Eine andere Form von Beschränkung ergibt sich aus dem Beschluss der Europäischen Zentralbank, die Ausgabe des 500-€-Scheines gegen Ende des Jahres 2018 einzustellen (vgl. Europäische Zentralbank 2016). Am unteren Ende der Bargeld-Stückelung ist das sukzessive Verschwinden von Ein- und Zwei-Cent-Münzen zu erwarten. So haben die Zentralbanken in Finnland, Irland, Belgien und den Niederlanden das Prägen der Kupferlinge bereits stark reduziert, Italien wird 2018 folgen. Als Grund hierfür dürfte die negative Seignorage gelten, d. h., dass die Produktionskosten den Nominalwert dieser Münzen übersteigen. Gleichzeitig werden die Kleinmünzen weitestgehend nicht von Automaten akzeptiert und gemäß der Meinungsumfragen der EU-Kommission unter Bürgern der Europäischen Union „Eurobarometer" sprechen sich regelmäßig über 80 % der Befragten für eine Abschaffung der beiden Kleinstmünzen aus (vgl. Europäische Kommission div., Nrn. 306, 362, 429, Frage Q4bis.).

Während insbesondere in Nordeuropa elektronische Zahlungsmittel inzwischen für mehr als acht von zehn Transaktionen genutzt werden (vgl. Sveriges Riksbank 2017), ist Bargeld noch immer das am weitesten verbreitete Zahlungsmittel deutscher Konsumenten. So bezahlen diese ihre Einkäufe im Jahre 2014 weiterhin in rund 80 % der Fälle mit Münzen und Banknoten, dies entsprach gut 53 % des gesamten Umsatzes am „Point of Sale" (vgl. Deutsche Bundesbank 2014, S. 27).

Auch wenn sich diese statistische Erkenntnis mit der eigenen Wahrnehmung an den Kassen der Supermärkte und Kaufhäuser dieser Republik deckt, ist die Frage nach den möglichen Bestimmungsgründen der Deutschen für das Festhalten am Bargeld weitestgehend unbeantwortet. So wird in der politischen Diskussion immer wieder das Datenschutzbedürfnis der Deutschen als möglicher Grund genannt. In einer Befragung des Online-Marktforschungsunternehmens YouGov des Jahres 2015 gaben jeweils rund drei Viertel der Befragten an, dass es Bargeld im Vergleich zur Kreditkarte ermögliche, einen besseren Überblick über die eigenen Finanzen zu behalten und dass Bargeld grundsätzlich sicherer sei als Kartenzahlung. Selbst bei der Frage nach der Praktikabilität lag Bargeld noch rund neun Prozentpunkte vor dem Plastikgeld (YouGov 2015). Der bessere Überblick über die Finanzen und die Gewohnheit sind die meistgenannten Gründe für die Barzahlung im Geschäft in einer Umfrage des deutschen Bankenverbandes (vgl. Bundesverband deutscher Banken e. V. 2016). Einfachheit, Sicherheit und Datenschutzaspekte stehen gemäß dieser Erhebung eher im Hintergrund.

Basierend auf einer breit angelegten Online-Meinungsbefragung mit repräsentativen Ergebnissen für die Wahlbevölkerung der Bundesrepublik Deutschland geht dieser Beitrag den folgenden Fragen nach: Wie groß ist die Zustimmung der Deutschen zur Abschaffung des Bargeldes und gibt es in der Befürwortung oder Ablehnung soziodemografische oder -politische Unterschiede? Welches Ziel würde am ehesten überzeugen, das Bargeld abzuschaffen? Wie groß ist die Akzeptanz anderer Formen der Bargeldbeschränkung? Wie hoch ist die Bargeldpräferenz der Deutschen wirklich? Und letztlich: Welche Rolle spielen Datenschutzaspekte bei der Wahl des Zahlungsmittels?

1.2 Erhebungsmethodik

Der vorliegende Beitrag wertet Umfragedaten des Meinungsforschungsunternehmens Civey aus. Civey ist ein im Jahre 2015 vom Autor dieses Beitrages mitgegründetes Start-up mit Sitz in Berlin, das sich auf repräsentative Meinungsforschung in Echtzeit spezialisiert hat. Die Umfragemethodik ist vollständig online-basiert und setzt auf freiwillige Teilnahme. Die aus diesem nicht-randomisierten Verfahren resultierenden Daten sind somit zunächst einer Stichprobenverzerrung ausgesetzt. Civey hat ein dreistufiges Verfahren entwickelt, welches es dennoch ermöglicht, binnen weniger Stunden repräsentative Ergebnisse zu ermitteln. In einem ersten Schritt werden Umfragen in Kooperation mit zahlreichen Medienpartnern in einem über 16.500 Webseiten umfassenden Umfragenetzwerk über einen Relevanz-Algorithmus ausgespielt. In diesem Netzwerk sind große Nachrichtenseiten über das gesamte politische Spektrum enthalten, um möglichst viele Bevölkerungsgruppen zu erreichen und Selektionsverzerrungen zu verringern (sog. „River-Sampling"). Durch diese Verfahrensweise wird sichergestellt, dass nicht nur die Besucher einer einzigen Website bzw. einer spezifischen Grundhaltung an einer Umfrage teilnehmen. In einem zweiten Schritt wird eine post-stratifizierte Quotenstichprobe mit einem Umfang von mind. 5000 Beobachtungen gezogen, bei denen nur die Abstimmungen des Panels von derzeit 1,25 Mio. registrierten Nutzer berücksichtigt werden, über die ein Mindestmaß an soziodemografischen Informationen vorliegt. Dabei quotiert Civey unter anderem nach Alter, Geschlecht, Bevölkerungsdichte, Parteipräferenz und dem Zeitpunkt der Stimmabgabe, wobei bei Mehrfachabstimmungen stets nur die aktuellsten Abstimmungen in der quotierten Stichprobe berücksichtigt werden. In einem dritten Schritt werden die abgegebenen Stimmen nach weiteren soziodemografischen Charakteristika der Abstimmenden gewichtet, um etwaige noch bestehende Verzerrungen zu korrigieren und wahlweise die Ergebnisse an die Wohnbevölkerung oder Wahlberechtigten der Bundesrepublik Deutschland anzupassen.

Die Nutzermotivation wird dabei durch ein standardisiertes Frageformat mit direkter Einblendung der repräsentativen Ergebnisse nach der Abstimmung aufrechterhalten. Rohdatenergebnisse sowie Stichprobenfehler werden angezeigt. Das Umfrage-Widget ist auf allen Endgeräten, wie PCs, Smartphones und Tablets erreichbar. Durch die mobilen Endgeräte wird ein Beantworten der Fragen von unterwegs vereinfacht, also bspw. in Bus und Bahn, was zudem einer etwaigen Verzerrung durch mittels Telefonbefragung tendenziell schwerer zu erreichende Bevölkerungsschichten wie z. B. Vollzeit-Erwerbstätigen entgegenwirkt. Im Durchschnitt nimmt ein aktiver Civey-Nutzer an knapp 50 Umfragen im Monat teil, was sich zu über 500.000 repräsentativen Voten am Tag bzw. rund 15 Mio. im Monat aufsummiert.

Die Struktur des Civey-Panels in demografischer Hinsicht für die meisten Variablen ausgewogen, bei einzelnen Variablen, wie z. B. Schulbildung und Geschlecht, liegt aber dennoch eine teils beträchtliche Verzerrung in den Rohdaten vor. Durch die im

Vergleich zu anderen Erhebungsinstrumenten (z. B. Telefonbefragung) deutlich höhere Teilnehmerzahl, lassen sich dennoch problemlos quotierte Stichproben ziehen, welche die Bevölkerungsstruktur repräsentieren. Insofern kann davon ausgegangen werden, dass durch die Quotierung eine gleichwertige Bevölkerungsabdeckung wie bei klassischen Telefonbefragungen erzielt werden kann.[1]

1.3 Datenerhebung

Die Frage „Soll Bargeld in Deutschland abgeschafft werden?" gehört zum Standard-Fragekatalog von Civey und wird seit Mitte August 2016 erhoben. Für diesen Beitrag wurden zwischen dem 6. Juni und dem 15. Juli 2017 weitere 14 Fragen zu den Themenbereichen Zahlungsverhalten und Datenschutzaspekten in das Panel aufgenommen. Die hier zugrunde liegende Stichprobe enthält alle Abstimmungen von Civey-Nutzern zu diesen 15 Fragen, die bis 31. Oktober 2017 erfolgt sind. Da es im Zeitverlauf prinzipiell zu Mehrfachabstimmungen eines gleichen Nutzers kommen kann, wurde jeweils nur die jüngste Abstimmung eines Nutzers zu einer Frage berücksichtigt. Dies führt zu einer Stichprobengröße von rund 17.000 Abstimmungen je Frage. Die deutlich länger laufende Frage nach der Abschaffung des Bargeldes erhielt 49.813 Voten.[2]

Die im Folgenden zitierten Ergebnisse beziehen sich auf Tab. A.1 im Anhang, sofern nicht anders angegeben. In der Zeile „Alle" finden sich die prozentualen Anteile der Voten je Antwortoption. In den Zeilen darunter werden diese auf weitere Teilgruppenmerkmale konditioniert. In der jeweils letzten Spalte einer jeden Frage wird zum leichteren Vergleich ein Zusammenfassendes Maß dargestellt. Bei Fragen mit einer 5er-Likert-Skala (z. B. mit den Antwortkategorien: „ja", „eher ja", „unentschieden", „eher nein", und „nein") wird der Saldo aus den Prozentanteilen der beiden zustimmenden Kategorien abzüglich der Prozentanteile der beiden ablehnenden Kategorien gebildet, wobei die Mittelkategorie und „weiß nicht" – Antworten unberücksichtigt bleiben. Zum Test auf die Stärke des Zusammenhangs der Antwortverteilung zweier Fragen, bzw. einer Frage und einem soziodemografischen Charakteristikum, wird der Chi-Quadrat-Test auf stochastische Unabhängigkeit herangezogen. Sofern die Nullhypothese (stochastische Unabhängigkeit) auf einem Signifikanzniveau von einem Prozent verworfen werden kann, ist die entsprechende Teilmerkmalsgruppe schattiert hinterlegt und es wird in der Erläuterung der Ergebnisse darauf eingegangen.

---

[1]Dies ist maßgeblich darauf zurückzuführen, dass die Abdeckungsrate für Internetanschlüsse mit gegenwärtig 89,3 % nur noch wenige Prozentpunkte hinter der Abdeckungsrate für Festnetzanschlüsse von 91 % liegt. Diese nimmt seit Jahren zu, während die Anzahl von Festnetz-Telefonanschlüssen weiterhin rückläufig ist.

[2]Die laufend aktualisierten Ergebnisse der letzten 5000 Voten können unter: https://widget.civey.com/46 eingesehen werden.

1.4 Ergebnisse der Umfrage

1.4.1 Soll Bargeld in Deutschland abgeschafft werden?

90 % der deutschen Wahlberechtigten lehnen die Abschaffung des Bargelds in Deutschland ab, 8 % sind dafür und 2 % gaben „weiß nicht" an (siehe Tab. A.1, Spalte I). Etwas stärker ablehnend stehen Frauen der Abschaffung gegenüber. Es gibt keinen statistisch signifikanten Unterschied zwischen Ost- und Westdeutschland, allerdings ist die Stärke der Ablehnung in den Stadtstaaten (Hamburg, Berlin, Bremen) sowie in den nördlichen Bundesländern (Schleswig-Holstein, Mecklenburg-Vorpommern und Niedersachsen) etwas geringer und in Süddeutschland am stärksten. Beim Blick auf die soziodemografischen Charakteristiken der Befragten Wähler zeigt sich, dass die Ablehnung der Abschaffung des Bargeldes wohl hauptsächlich durch das Alter determiniert wird. So vollzieht sich von der Altersgruppe der 30- bis 39-Jährigen aufwärts ein kontinuierlicher Anstieg der Ablehnung von 84 % auf über 93 % bei den 65-Jährigen und Älteren. Diese altersgruppenspezifischen Unterschiede dürfte mit Blick auf den Familienstand die höhere Ablehnung unter den (typischerweise älteren) Verwitweten und die geringere Ablehnung bei den (typischerweise jüngeren) Alleinstehenden erklären, sowie bei Studenten (siehe Abschnitt: Erwerbsstatus). Mit Blick auf den höchsten Schulabschluss steigt das Saldo aus Prozentwerten der Befürworter minus Prozentwerten der Gegner mit der Dauer des Schulbesuchs kontinuierlich an: von −88,3 Prozentpunkten (PP) bei Personen ohne Schulabschluss auf −80 PP bei Personen mit Abitur. Mit Blick auf den Erwerbsstatus ist die Zustimmung unter Vollzeitbeschäftigten und Studenten am höchsten, gefolgt von Teilzeitbeschäftigten. Unter Selbstständigen und Rentnern ist die Ablehnung mit über 92 % am größten. Dieses Ergebnis könnte darauf hinweisen, dass neben dem Alterseffekt auch Zeitknappheit ein Motiv von Beschäftigten ist auf die Bargeldbesorgung zu verzichten und auf unbare Zahlungsmittel zu setzen.

Civey befragt seine Nutzer auch wöchentlich nach der Wahlabsicht bei der nächsten Bundestagswahl (Sonntagsfrage Bund). Schlüsselt man die Zustimmung und Ablehnung der Bargeldabschaffung nach der Wahlabsicht auf, so zeigt sich eine höhere Zustimmung unter Nichtwählern und Grünen-Anhängern mit über 11 %, und eine deutliche stärkere Ablehnung unter den AfD-Anhängern mit über 95 %, während sich die Anhänger der anderen Parteien weniger stark ausdifferenziert in der Mitte dieses Kontinuums befinden. Dies korrespondiert erstaunlicherweise gut mit der Prominenz und Intonation des Themas Bargeld in den Wahlprogrammen der Parteien zur Bundestagswahl 2017.[3]

---

[3]So findet das Thema Bargeld keine Erwähnung im Wahlprogramm von Bündnis90/Die Grünen, während sich das AfD-Programm mit plakativen Worten, wie „Gefahr", „Bollwerk", „totale Kontrolle" gegen die unterstellte „schleichende" Bargeldabschaffung stemmt. Die Programme der anderen Parteien bekräftigen das Bekenntnis zur Existenz des Bargeldes, differenzieren darüber hinaus aber auch mit Aussagen zu digitalen Zahlungsmitteln der Zukunft.

1.4.2 Welches Ziel würde am ehesten überzeugen, das Bargeld abzuschaffen?

Unabhängig davon, ob man die Abschaffung des Bargeldes befürwortet oder nicht, wollten wir wissen, ob es Gründe geben könnte, die am ehesten überzeugen würden, das Bargeld abzuschaffen. Erwartungsgemäß finden 60 % der Befragten kein Ziel überzeugend, welches die Abschaffung von Bargeld rechtfertigen könnte. Unter den möglichen Zielen rangieren die Vereinfachung von Zahlungsvorgängen mit 14 % Nennungen an erster Stelle, die Kriminalitätsbekämpfung mit 11 % an zweiter Stelle und der Kampf gegen Steuerhinterziehung mit 9 % an dritter Stelle. Das Argument der Kostensenkung sehen hingegen nur 2,8 % und die mögliche Datengewinnung über das Kaufverhalten halten nur 0,6 % für ein legitimes Ziel. Die Vereinfachung von Bezahlvorgängen ist dabei insbesondere den jüngeren Wählern, Alleinstehenden, Vollzeitbeschäftigten und Studenten überdurchschnittlich wichtig. Erwartungsgemäß ist das Ziel der Bekämpfung von Steuerhinterziehung für Anhänger von SPD und Grünen eher wichtig, während bei Anhängern von CDU/CSU und FDP die allgemeine Kriminalitätsbekämpfung ein relativ stärkeres Gewicht hat.

Die Reihenfolge legitimer Ziele unterscheidet sich dabei nicht zwischen Befürwortern und Gegnern der Bargeldabschaffung. Lediglich der Anteil derer, die kein Ziel als überzeugend ansehen, ist mit 67 % unter den Gegnern eindeutig stärker als unter den Befürwortern mit 10,4 % (vgl. Tab. 1.1). Die beiden Fragen sind stochastisch unabhängig auf dem 1 %-Signifikanzniveau.

Tab. 1.1 Zustimmung zu möglichen Zielen der Bargeldabschaffung nach Zustimmung zur Abschaffung. (In %, Spalten summieren sich auf 100 %; Quelle: eigene Berechnung, basierend auf Civey-Fragen Nr. 46 und 1101)

		Soll Bargeld in Deutschland abgeschafft werden?		
		Weiß nicht	Nein	Ja
Welches Ziel würde am ehesten überzeugen, das Bargeld abzuschaffen?	Datengewinnung zum Kaufverhalten	0,0	0,5	0,5
	Kostensenkung	3,1	2,2	4,7
	Kriminalitätsbekämpfung	16,0	10,6	24,1
	Kampf gegen Steuerhinterziehung	20,3	7,3	16,5
	Vereinfachung von Bezahlvorgängen	23,5	10,8	41,4
	Ein anderes Ziel	0,9	0,6	2,1
	Kein Ziel überzeugt mich	35,4	66,5	10,4
	Weiß nicht	0,8	1,5	0,4

1.4.3 Wie groß ist die Akzeptanz von Bargeldbeschränkungen?

Als weniger extreme Form der Abschaffung von Bargeld können Beschränkungen des Bargeldverkehrs angesehen werden. Wir wollten herausfinden, ob es für diese Form der Beschränkungen eine höhere Akzeptanz gibt und wie diese mit der generellen Einstellung zur Bargeldabschaffung zusammenhängt.

1.4.3.1 Sollte das Bezahlen mit Bargeld ab einem bestimmten Betrag untersagt werden?

Es gibt kein überwiegendes Verständnis dafür, die Bargeldtransaktionen nach oben zu beschränken. Knapp zwei Drittel der Befragten (65 %) lehnt eine solche Obergrenze ab. Von den 31 %, die sich eine solche Obergrenze wünschen, läge diese im Durchschnitt bei 2652 € je Transaktion. Frauen akzeptieren dabei mit 2448 € eine um rund 350 € niedrigere Obergrenze als Männer mit 2790 €. Die akzeptierte durchschnittliche Obergrenze ist dabei nahezu linear mit dem Alter in den Altersgruppen 18–64 ansteigend, was auch mit einer sinkenden Akzeptanz einer solchen Maßnahme korrespondiert. In der Altersgruppe der 65-Jährigen und Älteren ist die Akzeptanz einer Bargeldobergrenze mit 34,4 % am höchsten und die gewünschte Obergrenze liegt im Mittelfeld aller Altersgruppen. Den größten Widerstand gegen Bargeldbeschränkungen weisen Arbeitslose (73 %) und Selbstständige (72 %) auf, während Beschäftigte in Teilzeit nur zu 61 % dagegen sind. Mit Blick auf die Parteipräferenz zeigt sich ein gleiches Bild wie bei der Frage nach der Abschaffung des Bargeldes: Anhänger von Grünen sind mit 54 % am wenigsten gegen Bargeldobergrenzen, AfD-Wähler mit 83,6 % am stärksten dagegen.

Die Stärke des Zusammenhangs zwischen der Einstellung zur Bargeldabschaffung und der Einführung von Bargeldobergrenzen zeigt Tab. 1.2. Immerhin kann sich ein gutes Viertel der Gegner einer Abschaffung des Bargeldes mit einer Obergrenze von durchschnittlich 2984 € anfreunden. Die Befürworter der Bargeldabschaffung hingegen

Tab. 1.2 Zustimmung zu Obergrenzen bei Bargeldzahlung nach Zustimmung/Ablehnung der Bargeldabschaffung. (In %, Spalten summieren sich auf 100 %; Quelle: eigene Berechnung, basierend auf Civey-Fragen Nr. 46 und 1105)

		Soll Bargeld in Deutschland abgeschafft werden?		
		Weiß nicht	Nein	Ja
Sollte das Bezahlen mit Bargeld ab einem bestimmten Betrag untersagt werden?	Ja, ab 100 €	2,2	1,2	22,0
	Ja, ab 500 €	10,3	4,7	21,4
	Ja, ab 1000 €	8,2	6,9	13,2
	Ja, ab 5000 €	24,3	14,3	15,1
	Nein	45,2	69,1	22,8
	Weiß nicht	9,8	3,7	5,6
	Summe „Ja"	45,0	27,1	71,7
	⌀-Obergrenze (€)	3002	2984	1417

befürworten zu 72 % eine Obergrenze von durchschnittlich nur 1417 € je Transaktion. Bei denen, die einer Bargeldabschaffung unentschieden gegenüberstehen, verteilen sich die Voten zu je 45 % auf Befürwortung und Ablehnung. Allerdings wünschen sich hier die Befürworter dann eine Obergrenze die mit 3000 € sogar leicht höher ist als bei denen die eine Bargeldabschaffung ablehnen.

1.4.3.2 Befürworten Sie den Beschluss der Europäischen Zentralbank, den 500-€-Schein ab 2018 abzuschaffen?

Am Beschluss der EZB den 500-€-Schein ab Ende 2018 nicht mehr auszugeben, scheiden sich erwartungsgemäß die Geister. Das Saldo aus den Prozentanteile der Ja-Antworten („Ja, auf jeden Fall" und „Eher ja") abzüglich der Prozentanteile der Nein-Antworten („Eher nein" und „Nein, auf keinen Fall") ergibt im Durchschnitt 1,1 %, welches ein nahezu ausgeglichenes Ergebnis mit leichtem Überhang der Befürworter indiziert (siehe Spalte Saldo in Tab. A.1, Spalten III.b). Bei den Frauen überwiegt die Befürwortung mit 7,3 %, während die Männer mit −2,8 % im Mittel eher leicht gegen den EZB-Beschluss sind. Mit Blick auf den Erwerbsstatus fallen wieder die Selbstständigen und Arbeitslosen mit rund 20 % überwiegender Ablehnung auf, während Studenten, Rentner und Pensionäre im Mittel noch eher Verständnis für die Abschaffung des „500er" aufbringen. Bei der Parteianhängerschaft zeigt sich erneut, dass Grünen-Anhänger mit einem Saldo von 22 % die größte Sympathie für diese Form der Bargeldbeschränkung haben, während bei den AfD-Anhängern die Ablehnenden die Befürworter um 54 Prozentpunkte übersteigen. Überwiegende Ablehnung gibt es auch bei FDP und Linken-Anhängern, während die SPD-Wähler eine nahezu große Sympathie für die Abschaffung des 500-€-Scheins haben wie die Grünen-Wähler.

Bemerkenswert ist, dass die AfD, FDP und Linken-Anhänger in deutlich stärkerer Opposition zu dem EZB-Beschluss stehen, als die Gegner der Abschaffung des Bargeldes. Gemäß Tab. 1.3 sind Gegner der Bargeldabschaffung im Saldo nur zu

Tab. 1.3 Zustimmung zum EZB-Beschluss nach Zustimmung/Ablehnung der Bargeldabschaffung. (In %, Spalten summieren sich auf 100 %; Quelle: eigene Berechnung, basierend auf Civey-Fragen Nr. 46 und 1099)

		Soll Bargeld in Deutschland abgeschafft werden?		
		Weiß nicht	Nein	Ja
Befürworten Sie den Beschluss der Europäischen Zentralbank, den 500 €-Schein ab 2018 abzuschaffen?	Ja, auf jeden Fall	24,6	14,5	52,9
	Eher ja	26,7	23,4	20,7
	Unentschieden	26,9	18,6	14,3
	Eher nein	12,1	18,2	5,9
	Nein, auf keinen Fall	9,8	25,3	6,2
	Saldo: %Ja − %Nein	**29,4**	**−5,6**	**61,5**

5,6 % gegen die Abschaffung des 500-Euro Geldscheins. Befürworter sind im Saldo auch zu 61,5 % mehr für den EZB-Beschluss, wobei bereits knapp 53 % angeben, die Abschaffung des 500-€-Scheines „auf jeden Fall" zu befürworten.

1.4.3.3 Würden Sie die Abschaffung von Ein- und Zwei-Cent-Münzen befürworten?

Die Abschaffung von Ein- und Zwei-Cent-Münzen findet über alle soziodemografischen Gruppen und politischen Lagern hinweg eine mehrheitliche Zustimmung (siehe Spalte Saldo in Tab. A.1, Spalte III.c). Bei der Befürwortung wird zwar in keiner soziodemografischen Gruppe die 80-Prozentmarke aus den Eurobarometer-Studien der Europäischen Kommission erreicht, aber immerhin liegt die Zustimmung (Anteile Ja-Antworten) zumeist über 60 %. Lediglich bei Personen ohne Schulabschluss sind die Ablehnenden leicht in der Überzahl. Hier sind die Männer deutlich stärker für die Abschaffung als die Frauen (32,5 zu 26,4 Prozentpunkte im Saldo). Die höchsten Zustimmungssalden (größer 35 %) lassen sich zudem in der Altersgruppe der 18- bis 39-Jährigen, sowie bei Studenten beobachten. Erneut sind es Selbstständige und Arbeitslose die mit einem Saldo von rund 22 % am wenigsten, aber immer noch deutlich, die Abschaffung der Kleinstmünzen befürworten. Ebenso sind es die Anhänger er Grünen, gefolgt von denen der SPD, welche am stärksten die Abschaffung der Kupfermünzen fordern. Dies wird auch mehrheitlich von AfD-Anhängern mitgetragen, allerdings von einem Zustimmungsüberhang von nur 6,1 Prozentpunkten.

Erwartungsgemäß ist die Zustimmung der Abschaffung der Kleinstmünzen bei den Befürwortern der Bargeldabschaffung mit 89 % am größten und überwiegt die Ablehnenden um 79,4 Prozentpunkte. Aber auch bei den Gegnern der Bargeldabschaffung überwiegt noch die Sympathie mit der Abschaffung der Kleinstmünzen um 23,4 Prozentpunkte (vgl. Tab. 1.4).

Tab. 1.4 Zustimmung zur Abschaffung von Kleinstmünzen nach Zustimmung/Ablehnung der Bargeldabschaffung. (In %, Spalten summieren sich auf 100 %; Quelle: eigene Berechnung, basierend auf Civey-Fragen Nr. 46 und 1100)

		Soll Bargeld in Deutschland abgeschafft werden?		
		Weiß nicht	Nein	Ja
Würden Sie die Abschaffung von 1- und 2-Cent Münzen befürworten?	Ja, auf jeden Fall	42,6	32,4	76,8
	Eher ja	34,5	26,5	12,2
	Unentschieden	9,0	5,7	1,5
	Eher nein	5,8	18,3	6,5
	Nein, auf keinen Fall	8,1	17,2	3,1
	Saldo: %Ja – %Nein	**63,2**	**23,4**	**79,4**

1.4.4 Wie groß ist die Bargeldpräferenz wirklich?

Während die Fragen in Abschn. 1.4.1, 1.4.2 und 1.4.3 hypothetischer Natur waren, stehen bei den folgenden Fragen nach der Bargeldpräferenz die faktischen Gewohnheiten der Befragten bei der Bargeldnutzung im Mittelpunkt.

1.4.4.1 Bezahlen Sie im Allgemeinen lieber mit Karte oder mit Bargeld?

Die Antworten auf diese Frage bestätigen die allgemein beobachtete Liebe der Deutschen zum Bargeld. 47,8 % der Bürger zahlen lieber mit Bargeld, dies sind 9,6 Prozentpunkte mehr als diejenigen, die im Allgemeinen lieber mit Karte zahlen. Ein differenziertes Bild ergibt sich jedoch beim Blick auf die soziodemografischen Gruppen. So gibt in der Altersgruppe der 30- bis 39-Jährigen und unter den Vollzeiterwerbstätigen eine Mehrheit an, sie zahle lieber mit Karte. Die Bargeldpräferenz ist zudem unter den 40- bis 49-Jährigen, den Teilzeiterwerbstätigen, Abiturienten und Verheirateten gering aber positiv, im Saldo jedoch unter 5 %. Die größte Bargeldpräferenz, mit im Saldo über 35 Prozentpunkten, gibt es unter Arbeitslosen, Nichtwählern und AfD-Wählern. Während Selbstständige in den hypothetischen Fragen nach Bargeldabschaffung und -beschränkung immer stark für den Erhalt des Bargeldes eingetreten sind (siehe Abschn. 1.4.3.2 und 1.4.3.3), zeigen sie im faktischen Gebaren nur eine moderate Bargeldpräferenz von im Saldo 15 Prozentpunkten. Bei der politischen Ausrichtung haben erwartungsgemäß wieder die Grünen-Anhänger die geringste Bargeldpräferenz, befinden sich allerdings nahezu gleichauf mit den Wählern der CDU/CSU und FDP.

Bei der Präferenz nach der Bezahlung mit Bargeld unterscheiden sich die Befürworter der Bargeldabschaffung statistisch signifikant von den Gegnern, wie die Ergebnisse in Tab. 1.5 zeigen. Während 52 % der Gegner im Allgemeinen eher lieber oder deutlich lieber mit Bargeld zahlen (im Saldo +18,3 Prozentpunkte), bezahlen die Befürworter zu 80 % lieber mit Karte (im Saldo −65,9 Prozentpunkte).

Tab. 1.5 Bargeldpräferenz nach Zustimmung/Ablehnung der Bargeldabschaffung. (In %, Spalten summieren sich auf 100 %; Quelle: eigene Berechnung, basierend auf Civey-Fragen Nr. 46 und 665)

		Soll Bargeld in Deutschland abgeschafft werden?		
		Weiß nicht	Nein	Ja
Bezahlen Sie im Allgemeinen lieber mit Karte oder mit Bargeld?	Deutlich lieber mit Bargeld	15,6	28,2	6,7
	Eher lieber mit Bargeld	19,4	23,6	7,0
	Unentschieden	16,1	14,8	6,7
	Eher lieber mit Karte	33,8	23,2	31,9
	Deutlich lieber mit Karte	15,1	10,3	47,7
	Saldo: %Bargeld − %Karte	**−13,9**	**18,3**	**−65,9**

Im Civey-Panel wurde zusätzlich die Frage gestellt „Wie wichtig ist für Sie die Möglichkeit, in Geschäften bargeldlos zahlen zu können?" mit Antwortkategorien auf einer 5er-Likert-Skala von „sehr wichtig" bis „gar nicht wichtig" mit der Mittelkategorie „unentschieden".[4] Die Ergebnisse auf diese Frage sind deckungsgleich mit denen auf die obige Frage nach der Bargeldpräferenz. Personen, die deutlich lieber mit Bargeld zahlen spendet ein Kartenterminal im Geschäft wohl keinen zusätzlichen Optionsnutzen, während es für Kartenliebhaber sehr wichtig ist.

1.4.4.2 Wie häufig heben Sie Geld am Automaten ab?

Die Folge einer hohen Bargeldpräferenz und folglich des selteneren Einsatzes der Karte ist ein höherer Bedarf an Bargeldversorgung, die zumeist an Geldautomaten erfolgt. Im Durchschnitt heben die Deutschen etwa alle zwei Wochen (27,4 mal im Jahr) Bargeld am Automaten ab. Die Altersgruppe der 30- bis 49-Jährigen, Erwerbstätige in Voll- und Teilzeit sowie Arbeitslose gehen mit über 30 mal im Jahr dabei am häufigsten zum Geldautomaten, während Schüler und Rentner hingegen etwas seltener als der Durchschnittsbürger Geld abheben. Die über die soziodemografischen Gruppen hinweg geringe Standardabweichung in der Häufigkeit der Bargeldabhebung am Automaten von 2,6 mal pro Jahr deutet darauf hin, dass die Menschen ihren unterschiedlich hohen Bargeldbedarf eher über unterschiedlich hohe Abhebungsbeträge decken, als in häufigeren Automatenbesuchen.

Mit Blick auf die Befürwortung oder Ablehnung der Bargeldabschaffung gibt es diesbezüglich keine statistisch signifikanten Unterschiede, mit Blick auf die Bargeldpräferenz (Frage IV.a) allerdings schon: Erwartungsgemäß gehen Personen, die eine hohe Bargeldpräferenz haben, auch häufiger zum Geldautomaten (siehe Zeile Saldo in Tab. 1.6). Interessant ist jedoch die Tatsache, dass Personen die angaben, „nie" zum Geldautomaten zu gehen, eine deutlich höhere Bargeldpräferenz haben. Dies kann einerseits damit erklärt werden, dass sich diese Personen ihr Bargeld am Bankschalter besorgen, oder andererseits, dass diese Personen in einen vollkommen giralgeldfreien Bargeldverkehr integriert sind. Eine noch höhere Bargeldpräferenz liegt nur bei denjenigen vor, die die Häufigkeit ihres Automatenbesuchs nicht einzuschätzen vermochten, im Saldo von 52,9 % unter den „weiß nicht"-Angaben.

Im Civey-Panel wurde zudem die Frage gestellt „Wie häufig nutzen Sie das Angebot einiger Ladengeschäfte, bei Kartenzahlung an der Kasse Bargeld abzuheben?" mit 5 qualitativen Häufigkeitskategorien von „sehr häufig" bis „nie" mit einer „weiß nicht" Option.[5] Es zeigte sich, dass dieses Angebot an der Ladenkasse von mehr als der Hälfte der Befragten nie und von 80 % eher selten oder nie wahrgenommen wird. Diese Anteilswerte sind weitestgehend unabhängig von der Frequenz des Besuches beim Geldautomaten. Die Hypothese, dass die Bargeldabhebung an der Ladenkasse als Substitut zum Gang an den

---

[4]Civey Frage Nr. 1103; Umfrage und Ergebnisse unter: https://widget.civey.com/1103.
[5]Civey Frage Nr. 1104; Umfrage und Ergebnisse unter: https://widget.civey.com/1104.

Tab. 1.6 Bargeldpräferenz nach Häufigkeit der Geldautomatennutzung. (In %, Spalten summieren sich auf 100 %; Quelle: eigene Berechnung, basierend auf Civey-Fragen Nr. 644 und 665)

		Wie häufig heben Sie Geld am Automaten ab?					
		Etwa einmal pro Woche oder häufiger	Etwa alle zwei Wochen	Etwa einmal im Monat	Seltener	Nie	Weiß nicht
Bezahlen Sie im Allgemeinen lieber mit Karte oder mit Bargeld?	Deutlich lieber mit Bargeld	26,4	24,8	28,7	27,4	52,7	49,5
	Eher lieber mit Bargeld	24,0	22,8	20,3	18,9	17,0	14,3
	Unentschieden	15,0	15,3	11,2	10,6	3,6	25,3
	Eher lieber mit Karte	22,7	24,8	25,6	23,8	14,8	8,8
	Deutlich lieber mit Karte	12,0	12,2	14,2	19,3	11,8	2,1
	Saldo: %Bargeld – %Karte	15,7	10,6	9,2	3,2	43,1	52,9

Geldautomaten sein könnte, musste auf dieser Grundlage verworfen werden. Im Gegenteil haben diejenigen, die sehr häufig zum Geldautomaten gehen, auch noch ein bisschen häufiger von der Geldabhebung an der Ladenkasse Gebrauch gemacht.

1.4.4.3 Wie häufig runden Sie an der Kasse den Betrag, um keine Ein- oder Zwei-Cent-Münzen als Rückgeld zu erhalten?

Wenngleich es eine große Zustimmung zur Abschaffung der Ein- und Zwei-Cent-Münzen gibt (siehe oben), nutzen 71,6 % der wahlberechtigten Deutschen eher selten oder nie die Chance die Kupferlinge durch Rundung an der Kasse zu lassen. Dieses Ergebnis ist statistisch unabhängig von soziodemografischen Merkmalen und politischen Lagern. Lediglich mit Blick auf die regionale Verteilung der Rundungsgewohnheit gibt es statistisch signifikante Unterschiede. So achtet man in den nördlichen Bundesländern noch stärker auf die Herausgabe des korrekten Geldbetrages inkl. der Kupfermünzen (im Saldo −66,6 Prozentpunkte), während man in den südlichen Bundesländern noch etwas eher Bereitschaft zum Runden hat (im Saldo −49 Prozentpunkte).

Die Einstellung zur Bargeldabschaffung hat mit Blick auf das Rundungsverhalten zwar einen statistisch signifikanten, allerdings im Ergebnis keinen nennenswerten Einfluss auf das Rundungsverhalten: Die Befürworter der Bargeldabschaffung runden mit 21,8 % etwas häufiger als die Gegner mit 14,7 %. Allerdings sind die „Runder" damit in beiden Lagern in der Minderheit, da jeweils über 50 % angeben nie zu runden und über zwei Drittel nie oder eher selten runden.

Stimmig ist auch der Zusammenhang zwischen der Befürwortung der Abschaffung und der Rundung der Kleinstmünzen, wie Tab. 1.7 zeigt.

Zwar geben selbst unter den starken Befürwortern der Abschaffung von Ein- und Zwei-Cent-Münzen 42,9 % an, an der Kasse niemals zu runden, dieser Anteil steigt jedoch schnell über 50 % sobald die Abschaffung der Münzen nicht mehr befürwortet wird und gipfelt in einem Maximum von knapp drei Vierteln bei denen, die die Abschaffung der Münzen definitiv ablehnen. Spiegelbildlich verringern sich die Anteile derjenigen, die eher

Tab. 1.7 Zustimmung zur Abschaffung der Kleinstmünzen nach Rundungsverhalten. (In %, Spalten summieren sich auf 100 %; Quelle: eigene Berechnung, basierend auf Civey-Fragen Nr. 1110 und 1100)

		Würden Sie die Abschaffung von 1- und 2-Cent Münzen befürworten?				
		Ja, auf jeden Fall	Eher ja	Unentschieden	Eher nein	Nein, auf keinen Fall
Wie häufig runden Sie an der Kasse den Betrag, um keine 1- oder 2-Cent-Münzen als Rückgeld zu erhalten?	Sehr häufig	12,8	6,1	3,4	2,2	2,9
	Eher häufig	11,3	8,9	8,3	4,7	3,2
	Manchmal	13,7	13	13,2	9,3	5,5
	Eher selten	18,1	21,3	23,2	20,4	13
	Nie	42,9	49,9	50,9	62,7	74,1
	Weiß nicht	1,2	0,8	1,0	0,8	1,2
	Saldo: %häufig – %selten	−36,9	−56,2	−62,4	−76,2	−81,0

häufig oder sehr häufig runden. Dementsprechend setzen sich für die Abschaffung der Kleinstmünzen eher diejenigen ein, die auch bereits jetzt tendenziell die Kleinstmünzen wegrunden. Das Runden geschieht allerdings deutlich seltener, als die Abschaffung der Münzen gefordert wird. Dies ist verständlich, da ein solches freiwilliges Runden an der Ladenkasse derzeit systematisch zulasten des Konsumenten geht.

1.4.5 Welche Rolle spielen Datenschutzaspekte bei der Zahlungsmittelwahl?

Als eines der Hauptargumente wird von den Gegnern der Abschaffung des Bargeldes der Verlust an Anonymität beim Bezahlvorgang genannt. Gleichzeitig ist aber der zunehmende Einsatz von Rabattkarten oder das Preisgeben privater Informationen auf sozialen Netzwerken wie Facebook, deren Geschäftsmodelle auf dem Sammeln, Auswerten und Monetisieren von privaten Daten beruhen, zu beobachten. Dementsprechend stellt sich die Frage, wie belastbar das Datenschutzargument in der Bargelddebatte wirklich ist.

1.4.5.1 Wie sollte Ihrer Meinung nach der Datenschutz in Deutschland weiterentwickelt werden?

Rund ein Viertel der deutschen Wahlberechtigten ist mit dem Datenschutz in Deutschland zufrieden. Knapp 60 % wünschen sich jedoch eine Verschärfung, denen rund 14 % gegenüberstehen, die einer Lockerung das Wort reden. Entgegen dem landläufigen Vorurteil, dass die Jugendlichen auf sozialen Netzwerken besonders unachtsam beim Publizieren privater Informationen seien, zeigt sich bei der Altersgruppe der 18- bis 29-Jährigen ein besonders großer Wunsch nach Verschärfung des Datenschutzes (im Saldo von +60 Prozentpunkte). Dieser Wunsch nach Verschärfung des Datenschutzes nimmt kontinuierlich mit fortschreitendem Alter ab und mündet bei einem Saldo von +40 Prozentpunkten bei der Alterskohorte der 65-Jährigen und Älteren. Dieser Jugendeffekt schlägt sich ebenfalls in den hohen Saldi der Alleinstehenden (+57 Prozentpunkte) und Studenten (+62 Prozentpunkte) nieder. Einen ebenso ausgeprägten Wunsch nach Verschärfung des Datenschutzes Arbeitslose und Nicht-Erwerbspersonen mit jeweils rund +64 Prozentpunkten. Die politischen Lager teilt der Wunsch nach Verschärfung des Datenschutzes klar in Links und Rechts. Bei Anhängern der Linken, der Grünen und der SPD übersteigen diejenigen die sich eine Verschärfung wünschen diejenigen die sich eine Lockerung wünschen jeweils um gut 60 Prozentpunkte. Bei Anhängern von AfD, CDU/CSU und FDP sind dies nur jeweils gut 30 Prozentpunkte.

Eine direkte Frage nach der Einschätzung ob das Bargeld aus Datenschutzgründen beibehalten werden sollte, wäre suggestiv und die Ergebnisse möglicherweise durch sozial erwünschte Antworten verzerrt. Alternativ kann man die Frage nach dem Wunsch bezüglich der Weiterentwicklung des Datenschutzes mit der Befürwortung/Ablehnung der Abschaffung des Bargeldes kreuzen, wie in Tab. 1.8 zu sehen. Die mittels des Chi-Quadrat Tests ermittelte statistische Abhängigkeit zeigt sich dort klar: Unter den Befürwortern der Bargeldabschaffung ist der Wunsch nach einer Verschärfung des deutschen Datenschutzes mit im Saldo +26 Prozentpunkten deutlich geringer ausgeprägt als unter den Gegnern (+46 Prozentpunkte). Einen noch stärkeren Wunsch nach Verschärfung hegen allerdings diejenigen, die in Bezug auf die Abschaffung des Bargeldes unentschieden sind (+54 % im Saldo).

In dieses Bild passt auch die Betrachtung der fünf Abstufungen der Bargeldpräferenz nach den Datenschutzwünschen. Hier ergibt sich ein klarer Zusammenhang zwischen der Präferenz mit Bargeld zu zahlen und dem starken Wunsch nach Verschärfung des Datenschutzes, sowie einem geringeren Wunsch nach Verschärfung bei denjenigen, die deutlich lieber mit Kreditkarte zahlen. Dementsprechend kann gefolgert werden, dass Datenschutzaspekte in der Tat eine Rolle bei der Präferenz für Bargeldzahlungen und dem Beibehalten des Bargeldes als gesetzliches Zahlungsmittel spielen (Tab. 1.9).

Tab. 1.8 Weiterentwicklung des Datenschutzes nach Zustimmung/Ablehnung der Bargeldabschaffung. (In %, Spalten summieren sich auf 100 %; Quelle: eigene Berechnung, basierend auf Civey-Fragen Nr. 1114 und 46)

		Soll Bargeld in Deutschland abgeschafft werden?		
		Weiß nicht	Nein	Ja
Wie sollte Ihrer Meinung nach der Datenschutz in Deutschland weiterentwickelt werden?	Deutlich verschärfen	22,4	26,1	20,1
	Eher verschärfen	41,4	32,4	27,0
	So belassen wie er ist	21,3	26,3	28,6
	Eher lockern	8,0	9,2	12,9
	Deutlich lockern	1,8	3,1	8,5
	Weiß nicht	5,2	2,8	12,9
	Saldo: %verschärfen – %lockern	**54,0**	**46,2**	**25,7**

Tab. 1.9 Bargeldpräferenz nach Weiterentwicklung des Datenschutzes. (In %, Spalten summieren sich auf 100 %; Quelle: eigene Berechnung, basierend auf Civey-Fragen Nr. 1114 und 665)

		Bezahlen Sie im Allgemeinen lieber mit Karte oder mit Bargeld?				
		Deutlich lieber mit Bargeld	Eher lieber mit Bargeld	Unent-schieden	Eher lieber mit Karte	Deutlich lieber mit Karte
Wie sollte Ihrer Meinung nach der Datenschutz in Deutschland weiterentwickelt werden?	Deutlich verschärfen	35,1	25,8	23,4	19,5	22,8
	Eher verschärfen	29,1	35,9	35,4	34,6	29,5
	So belassen wie er ist	20,6	25,7	25,0	30,6	28,4
	Eher lockern	9,0	7,8	10,0	9,2	12,1
	Deutlich lockern	3,2	2,7	3,3	3,4	3,7
	Weiß nicht	3,1	2,1	2,8	2,7	3,4
	Saldo: %verschärfen – %lockern	**52**	**51,2**	**45,5**	**41,5**	**36,5**

1.4.5.2 Haben Sie Bedenken gegen die Verwendung Ihrer privaten Daten zur Käuferanalyse bei Kartenzahlung?

Mit dem Einsatz von Kreditkarten werden Transaktionen nachvollziehbar gespeichert und stehen prinzipiell Händlern, Kreditkartengesellschaften und etwaigen dritten Vertragsnehmern zur Datenanalyse zur Verfügung. Wir haben gefragt, ob die deutschen Wahlberechtigten Bedenken gegen die kommerzielle Nutzung privater Daten bei Kartenzahlung haben. 1,8 % gaben an, nie mit Kreditkarte zu bezahlen. Bei den Übrigen überwiegen klar die Bedenken. So haben über zwei Drittel der Befragten einige oder große Bedenken gegen die Verwendung ihrer Daten, demgegenüber steht ein gutes Viertel, die wenige oder keine Bedenken haben. Im Saldo ergibt dies einen Überhang der Bedenkenträger von rund 40 %. Es zeigt sich, dass die jüngeren Alterskohorten von 18–39 Jahren eher geringere Bedenken haben, sowie die Altersgruppe der Senioren mit 65 Jahren und älter, welches sich auch in dem unterdurchschnittlichen Saldo der Verwitweten widerspiegelt. In Bezug auf den höchsten Schulabschluss lässt sich sehen, dass mit fortdauernder Schuldauer die Bedenken im Saldo wachsen, von 29,6 Prozentpunkten unter denjenigen ohne Schulabschluss bis auf 42,6 Prozentpunkte. Mit Blick auf den Erwerbstatus zeigt sich, dass Nicht-Erwerbstätige, Rentner und Pensionäre, Studenten unterdurchschnittliche Bedenken haben, während Selbstständige, Arbeitnehmer in Teilzeit und Arbeitslose zu über 70 % angeben, große oder einige Bedenken zu haben. Mit Blick auf die Parteianhängerschaft weisen die Anhänger von FDP und CDU/CSU deutlich seltener Bedenken auf, während SPD-, Grünen- und Linken-Anhänger signifikant überdurchschnittliche Bedenken pflegen.

Aufschlussreich ist die Auswertung der Antworten nach der Einstellung zur Bargeldabschaffung. Hier zeigt sich klar, dass die Befürworter der Abschaffung des Bargeldes im Mittel nur wenige oder keine Bedenken gegen die Verwendung ihrer Daten bei der Kartenzahlung hegen, ausgedrückt durch einen Saldo von minus 1,6 Prozentpunkten. Die Gegner der Abschaffung und die in dieser Frage Unentschiedenen haben hingegen überdurchschnittliche Bedenken gegen die Datennutzung (Tab. 1.10).

Tab. 1.10 Bargeldpräferenz nach Zustimmung/Ablehnung der Bargeldabschaffung. (In %, Spalten summieren sich auf 100 %; Quelle: eigene Berechnung, basierend auf Civey-Fragen Nr. 1109 und 46)

		Soll Bargeld in Deutschland abgeschafft werden?		
		Weiß nicht	Nein	Ja
Haben Sie Bedenken gegen die Verwendung Ihrer privaten Daten zur Käuferanalyse bei Kartenzahlung?	Große Bedenken	37,5	32,2	19,9
	Einige Bedenken	30,9	36,8	26,7
	Unentschieden	7,9	4,3	3,7
	Wenige Bedenken	15,7	18,4	27,4
	Keine Bedenken	7,5	6,1	20,8
	Ich zahle nie mit Karte	0,4	2,1	1,4
	Saldo: %Bedenken−%(wenige + keine Bedenken)	45,2	44,5	−1,6

Wir haben die Panelteilnehmer von Civey auch nach der Häufigkeit des Einsatzes von Rabattkarten (wie z. B. Payback und Deutschlandcard) beim Einkauf befragt.[6] Hier zeigte sich, dass die Mehrheit solche Karten eher selten oder nie einsetzt, Frauen dafür deutlich häufiger als Männer. In Bezug auf die Abschaffung des Bargeldes gibt es allerdings keine signifikanten Unterschiede beim Einsatz dieser Rabattkarten. Allerdings kann festgestellt werden, dass die Rabattkarten deutlich häufiger bei Kartenzahlung eingesetzt werden, als bei Barzahlung. In Bezug auf die Bedenken bzgl. der Verwendung der Kreditkartendaten zeigt sich das zu erwartende Bild: Diejenigen, die Rabattkarten häufig oder manchmal einsetzen, haben im Durchschnitt eher keine Bedenken gegen die Verwendung ihrer Daten; diejenigen, die Rabattkarten eher selten oder nie einsetzen, haben hingegen starke Bedenken gegen die Datenverwendung.

1.4.5.3 Könnten Sie sich vorstellen, in Kryptowährungen (z. B. „BitCoin") zu bezahlen?

Schließlich haben wir gefragt, ob sich die Bundesbürger den Einsatz von Kryptowährungen vorstellen können, ob Sie dies bereits tun oder künftig tun möchten. In die Beantwortung dieser Frage dürften verschiedene Meinungsdimensionen hineinspielen: die Offenheit bzgl. technologischer Innovationen, die Einstellung gegenüber digitalen, elektronischen Zahlungsmitteln, die Ersetzung des Bargeldes als Zahlungsmittel und Datenschutzaspekte, da Transaktionen in Kryptowährungen als anonym und nicht nachvollziehbar gelten. Es zeigt sich, dass insgesamt eine große Skepsis gegenüber dieser Form des Geldes besteht: 45 % der Befragten gibt an, Kryptowährungen „auf keinen Fall" nutzen zu wollen. Weitere 5 % wissen nicht was das ist. Immerhin geben 2,1 %

---

[6]Wie häufig nutzen Sie beim Einkauf Kunden- und Rabattkarten (z. B. Payback, Deutschlandcard)? Civey Frage Nr. 1108; Laufende Umfrage und Ergebnisse unter: https://widget.civey.com/1108.

Tab. 1.11 Einsatz von Kryptowährungen nach Zustimmung/Ablehnung der Bargeldabschaffung. (In %, Spalten summieren sich auf 100 %; Quelle: eigene Berechnung, basierend auf Civey-Fragen Nr. 1107 und 46)

		Soll Bargeld in Deutschland abgeschafft werden?		
		Weiß nicht	Nein	Ja
Könnten Sie sich vorstellen, in Kryptowährungen (z.B. „BitCoin") zu bezahlen?	Ja, das tue ich bereits	2,0	1,9	2,9
	Ja, zukünftig	19,0	12,1	24,1
	Unentschieden	9,3	5,2	7,6
	Eher nein	20,1	27,8	26,4
	Nein, auf keinen Fall	38,7	48,0	34,7
	Ich weiß nicht, was das ist	10,8	5,0	4,2
	Saldo: %Ja – %Nein	**−37,8**	**−61,8**	**−34,1**

der Befragten an, solche Währungen bereits zu nutzen und weitere 14,3 % können sich vorstellen dies zukünftig zu tun. Insgesamt überwiegen die Skeptiker die Innovationsbereiten um 56,3 Prozentpunkte. Bei Frauen ist diese Skepsis deutlich stärker ausgeprägt als bei Männern und bei Älteren deutlich stärker als bei Jüngeren. Zudem nimmt die Skepsis mit der Höhe des Schulabschlusses ab. Mit Blick auf die politischen Lager zeigt sich, dass insbesondere Nichtwähler, Wähler von sonstigen Parteien und Anhänger der Grünen eine deutlich geringere Skepsis haben, wohingegen die Anhänger von CDU/CSU mit einem Saldo von −67,5 Prozentpunkten die höchste Skepsis gegenüber Kryptowährungen aufweisen.

Es zeigt sich zudem, dass die Gegner der Abschaffung des Bargeldes eine deutlich höhere und überdurchschnittliche Skepsis gegenüber Kryptowährungen haben, als die Befürworter, wie Tab. 1.11 zu entnehmen ist.

Dieses Ergebnis wird auch mit Blick auf die Bargeldpräferenz bestätigt. Personen die lieber mit Bargeld zahlen sind insgesamt deutlich skeptischer gegenüber Kryptowährungen (mit Salden von minus 63 Prozentpunkten) als diejenigen die deutlich lieber mit Karte zahlen (Saldo: −42,9 Prozentpunkte). Dies zeigt, dass Bitcoins und Co. nicht als Alternative zum Bargeld gesehen werden sondern eher in Konkurrenz zur Kreditkarte treten.

Des Weiteren werden Rabattkarten von aktuellen und künftigen Nutzern von Kryptowährungen deutlich seltener eingesetzt als von denjenigen, die dem neuen virtuellen Geld skeptisch gegenüber stehen. In Bezug auf die Weiterentwicklung des Datenschutzes sind die Nutzer von Kryptowährungen stärker für eine Verschärfung, als diejenigen die sich die Nutzung von Bitcoins und Co. eher nicht oder auf keinen Fall vorstellen können. Beide Ergebnisse unterstreichen die Datenschutzfunktion von Kryptowährungen.

1.5 Kritische Würdigung

Ist Bargeld wirklich eines der Deutschen liebsten Kinder? Die Umfrageergebnisse des Civey-Panels geben hierauf ein detailliertes und differenziertes Bild. Zwar wird die Abschaffung des Bargeldes im Verhältnis 90:8 abgelehnt, der positive lineare Zusammenhang zwischen Stärke der Ablehnung und Alter deutet aber darauf hin, dass es nur eine Frage der Zeit sein könnte, bis sich hierzulande eine Mehrheit zur Abschaffung des Bargeldes gefunden hat. Bereits jetzt gibt eine Mehrheit unter den 30- bis 39-Jährigen und unter den Vollzeiterwerbstätigen an, im Allgemeinen lieber mit Karte als mit Bargeld zu zahlen. Zu diesen Ergebnissen passt, dass die Notwendigkeit und Sinnhaftigkeit der Abschaffung des Bargeldes von den Bürgern nicht gesehen wird. Die Vereinfachung von Zahlungsvorgängen, die Kriminalitätsbekämpfung und die Bekämpfung der Steuerhinterziehung wären noch die ehesten Ziele die für eine Abschaffung das Bargelds sprächen, allerdings sehen 60 % der Befragten kein Ziel als hinreichend an. Das Ziel „Kostenersparnis" könnte allerdings hinzutreten, sobald die Kreditwirtschaft z. B. durch die Abschaffung des impliziten Annahmezwangs, Wege findet, die Konsumenten an den Kosten der Bargeldwirtschaft von geschätzt 150 € pro Kopf und Jahr zu beteiligen.

Differenzierter ist das Bild, wenn es um die Einführung anderer Formen der Bargeldbeschränkung geht. So lehnen zwar zwei Drittel der Menschen die Einführung einer gesetzlichen Obergrenze für Bargeldtransaktionen ab. Das von der EU-Kommission diskutierte Verbot von Bargeschäften mit einem Volumen von 5000 € und darüber wird nur von 14 % der Befragten goutiert. In Bezug auf die Abschaffung der 500 €-Banknote sind die Deutschen bereits geteilter Meinung. Die Abschaffung der Ein- und Zwei-Cent-Münzen hingegen findet über alle soziodemografischen Gruppen und politischen Lager hinweg eine mindestens 60 prozentige Zustimmung. Hier sollten sich die Politik, evtl. sogar durch die Änderung europäischer Verträge, und der Handel, z. B. durch Verzicht auf psychologische Preise oder der Übernahme der Rundungspraxis aus den Niederlanden, trauen, einen Schritt zur Übersichtlichkeit der Portemonnaies zu gehen. Die Civey-Umfrage zeigt auch, dass bereits jetzt mehr als ein Viertel der Bürger an der Kasse runden, um keine Ein- oder Zwei-Cent-Münzen als Wechselgeld zu erhalten. In Anbetracht der Tatsache, dass ein solches Aufrunden systematisch zulasten der Kunden geht, ist dies ein durchaus respektabler Wert.

Die hohe Bargeldpräferenz sorgt im Durchschnitt mindestens alle zwei Wochen für einen Geldautomatenbesuch. Dabei variieren die Deutschen die Höhe des Abhebebetrages gemäß ihrer Bargeldpräferenz, da sich die Anzahl der Wege von überwiegenden Kartenzahlern nur geringfügig seltener sind als derjenigen mit hoher Bargeldpräferenz.

Die Option an der Ladenkasse von Supermärkten bei Kartenzahlung Geld abzuheben ist hingegen noch weitestgehend unbekannt und derzeit keine Alternative zum Geldautomaten.

Klare Befunde gibt die vorliegende Studie in Bezug auf die Datenschutzfunktion des Bargeldes. So wünschen sich die Gegner der Bargeldabschaffung und diejenigen mit einer allgemein hohen Bargeldpräferenz eine deutliche Verschärfung des Datenschutzes. Rund zwei Drittel der deutschen Wahlberechtigten äußern Bedenken gegen die Verwendung ihrer Daten zur Käuferanalyse bei Kartenzahlung. Die Stärke der Bedenken ist mit der Bargeldpräferenz positiv korreliert und auch ein Aspekt für die Ablehnung der Abschaffung von Bargeld. Einen Ausweg aus dieser positiven Beziehung von Bargeld und Datenschutz bieten allerdings auch Kryptowährungen, wie z. B. Bitcoin, Ethereum, etc., nicht. Zwar sind aktuelle und prospektive Kryptowährungsnutzer in Bezug auf den Datenschutz deutlich sensibler, z. B. auch was den Einsatz von Rabattkarten anbelangt, allerdings begegnen die Anhänger des Bargeldes diesen Zahlungsinnovationen mit großer Skepsis. Kryptowährungen scheinen deshalb nur datenschutzbewusste Kreditkartennutzer anzuziehen. Für orthodoxe Bargeldnutzer ist diese virtuelle Währung scheinbar keine Alternative. Darüber hinaus scheinen Kryptowährungen als besonders erklärungsintensiv, auf das die Nutzung nach höchstem Schulabschluss hinweist. Immerhin steht aber ein gutes Fünftel der Deutschen den Kryptowährungen nicht ablehnend gegenüber, was ein Potenzial für einen künftigen Anstieg der Nutzung solcher Kryptowährungen von derzeit 2,1 % bietet.

Die Ergebnisse spiegeln die Meinungen der wahlberechtigten Deutschen im Spätsommer/Herbst 2017 wieder. Auch wenn die Liebe der Deutschen zum Bargeld sich in vielen Ergebnissen monolithisch manifestiert, gibt es auch starke Hinweise auf eine Bereitschaft zur Änderung des Verhältnisses zum Bargeld, wenn sich die Rahmenbedingungen ändern. Unter den derzeitigen Rahmenbedingungen ist Bargeld eine praktikable, schnelle, für den Kunden einfach nachvollziehbare, scheinbar kostenfreie und anonyme Bezahlmöglichkeit, für dessen Abschaffung nur sehr schwer Gründe zu finden sind. Ein Ersatz für das Bargeld muss dementsprechend mindestens diese hohen Anforderungen erfüllen, um das Herz des deutschen Konsumenten zu erobern. Dies ist wahrlich eine große Herausforderung für Politik und Handel, aber mit Blick auf die hohen volkswirtschaftlichen Kosten der Bargeldversorgung aller Ehren wert.

1.6 Anhang

Siehe Tab. A.1

1 Was denken die Deutschen über die Abschaffung des Bargelds?

Tab. A.1 Antworten in Prozent, Zeilen summieren sich auf 100 %

	I. Soll Bargeld in Deutschland abgeschafft werden?				II. Welches Ziel würde Sie am ehesten überzeugen, das Bargeld abzuschaffen?							
	Ja	Nein	Weiß nicht	Saldo %Ja − %Nein	Vereinfachung von Bezahlvorgängen	Datengewinnung zum Kaufverhalten	Kostensenkung	Kriminalitätsbekämpfung	Steuerhinterziehung	Kein Ziel überzeugt mich	Ein anderes Ziel	Weiß nicht
Alle	8,0	90,0	2,0	−82,0	14,3	0,6	2,8	11,4	8,6	60,0	0,8	1,6
Nach Geschlecht:												
Weiblich	6,5	91,3	2,2	−84,8	13,5	0,7	2,6	11,5	7,7	61,4	0,8	1,8
Männlich	9,1	89,1	1,8	−80,0	14,8	0,5	2,9	11,3	9,2	59,1	0,8	1,4
Ost/West:												
Osten	8,8	88,9	2,3	−80,1	16,0	0,6	2,7	9,1	7,1	63,0	0,4	1,1
Westen	7,8	90,3	1,9	−82,5	13,8	0,5	2,8	11,9	8,9	59,3	0,9	1,7
Alter:												
18–29	11,7	85,6	2,7	−73,9	21,2	0,9	6,0	10,0	10,7	50,3	0,4	0,7
30–39	13,8	84,0	2,2	−70,2	18,1	0,1	2,8	10,6	10,0	57,3	0,7	0,4
40–49	10,0	87,7	2,3	−77,7	14,1	0,4	2,0	12,7	7,2	61,4	1,0	1,2
50–64	6,4	91,6	2,0	−85,2	12,3	0,4	2,4	11,7	6,3	64,2	1,0	1,8
65+	5,2	93,4	1,4	−88,2	12,9	0,7	2,4	11,5	9,6	60,2	0,7	2,0
Familienstand:												
verheiratet	7,8	90,5	1,7	−82,7	14,3	0,5	2,4	12,7	8,4	59,5	0,7	1,5
geschieden	6,4	91,5	2,0	−85,1	9,1	0,8	2,7	8,7	7,2	67,4	1,2	2,8
alleinstehend	10,6	86,6	2,8	−76,0	16,9	0,5	4,3	9,7	10,4	56,4	0,7	1,1
geschieden	6,4	91,5	2,0	−85,1	9,1	0,8	2,7	8,7	7,2	67,4	1,2	2,8
alleinstehend	10,6	86,6	2,8	−76,0	16,9	0,5	4,3	9,7	10,4	56,4	0,7	1,1
verwitwet	4,8	93,6	1,5	−88,8	13,9	0,6	2,2	8,2	7,3	64,6	1,0	2,2

(Fortsetzung)

Tab. A.1 (Fortsetzung)

Höchster Schulabschluss:											
Abitur	9,0	89,0	2,0	**−80,0**	15,2	0,5	2,4	12,0	8,4	59,5	0,8	1,3
Mittlere Reife	6,1	92,2	1,7	**−86,1**	13,0	0,8	2,9	10,4	8,2	62,4	0,4	1,8
Hauptschule	5,6	92,2	2,2	**−86,6**	9,0	0,8	4,6	10,7	11,6	59,0	1,2	3,2
kein Abschluss	3,7	92,0	4,2	**−88,3**	10,8	0,0	9,7	8,1	3,7	47,4	19,4	0,9
Erwerbstatus:												
Vollzeit	11,2	86,5	2,3	**−75,3**	16,2	0,6	2,6	12,2	7,6	59,1	0,6	1,1
Selbstständig	6,0	92,5	1,5	**−86,5**	10,9	0,8	2,6	11,3	6,2	65,5	1,8	0,8
Teilzeit	7,3	90,8	1,9	**−83,5**	11,4	0,5	2,4	12,7	7,2	63,2	0,2	2,4
Student	12,4	84,4	3,2	**−72,0**	23,6	0,3	6,4	9,9	12,2	46,9	0,6	0,1
Rente/Pension	5,6	92,8	1,6	**−87,2**	12,9	0,5	2,5	11,2	9,9	60,3	0,6	2,1
Arbeitslos	8,4	89,2	2,5	**−80,8**	5,3	0,3	2,3	7,8	3,6	71,5	4,1	5,0
Nichterwerbstätige	8,7	89,2	2,1	**−80,5**	18,7	0,0	4,9	9,2	8,3	56,4	0,6	2,0
Parteipräferenz:												
CDU/CSU	7,9	90,5	1,6	**−82,6**	15,5	0,4	2,7	13,3	8,2	57,2	0,8	1,9
SPD	8,2	89,8	2,1	**−81,6**	14,8	0,8	3,3	12,4	11,3	55,1	0,5	1,8
Grüne	11,1	86,2	2,7	**−75,1**	18,7	0,4	3,4	11,7	11,4	52,5	0,9	1,0
FDP	7,9	91,0	1,1	**−83,1**	15,0	0,2	3,1	12,4	5,4	62,2	0,9	0,8
Linke	7,0	90,9	2,1	**−83,9**	11,3	0,5	1,7	7,1	7,6	69,2	1,1	1,5
AfD	3,8	95,2	0,9	**−91,4**	3,6	0,3	1,5	8,4	2,7	81,8	0,9	0,7
Sonstige	7,4	90,6	2,0	**−83,2**	11,0	0,8	1,7	4,7	6,2	73,9	1,2	0,4
Nichtwähler	11,2	80,8	8,0	**−69,6**	15,7	3,0	5,5	3,2	1,8	66,8	0,0	4,1

(Fortsetzung)

Tab. A.1 (Fortsetzung)

	III.a) Sollte das Bezahlen mit Bargeld ab einem bestimmten Betrag untersagt werden?							III.b) Befürworten Sie den Beschluss der Europäischen Zentralbank, den 500€-Schein ab 2018 abzuschaffen?					
	Ja, ab 100 Euro	Ja, ab 500 Euro	Ja, ab 1.000 Euro	Ja, ab 5.000 Euro	Weiß nicht	Nein	Mittlere Obergrenze €	Ja, auf jeden Fall	Eher ja	Unentschieden	Eher nein	Nein, auf keinen Fall	SALDO
Alle	2,7	6,2	7,9	14,2	4,0	65,1	**2,652**	18,1	23,0	19,0	17,3	22,7	**1,1**
Nach Geschlecht:													
Weiblich	2,8	7,3	8,2	12,8	5,5	63,4	**2,448**	17,0	25,4	22,5	17,0	18,1	**7,3**
Männlich	2,6	5,5	7,7	15,1	3,0	66,2	**2,790**	18,8	21,4	16,8	17,4	25,6	**−2,8**
Ost/West:													
Osten	3,7	5,6	8,2	12,3	4,5	65,7	**2,445**	18,2	22,4	20,0	17,6	21,8	**1,2**
Westen	2,5	6,3	7,8	14,6	3,8	64,9	**2,699**	18,0	23,1	18,8	17,2	22,9	**1,0**
Nach Region:													
Stadtstaaten	3,0	6,6	8,2	13,9	5,3	63,0	**2,565**	20,7	24,0	21,3	14,6	19,3	**10,8**
Nord	2,6	6,8	8,0	13,3	3,3	66,0	**2,546**	19,0	24,0	18,9	17,0	21,1	**4,9**
Ost	3,9	5,1	8,5	12,1	4,5	65,8	**2,430**	17,8	22,5	18,9	19,2	21,6	**−0,5**
Süd	1,9	6,7	8,6	14,1	4,2	64,5	**2,640**	16,2	22,2	19,5	17,9	24,1	**−3,6**
West	2,8	5,8	7,0	15,7	3,5	65,3	**2,833**	18,3	22,8	18,1	16,9	23,9	**0,3**
Alter:													
18–29	3,3	6,5	8,9	11,8	5,8	63,7	**2,344**	19,2	20,8	19,8	18,9	21,3	**−0,2**
30–39	4,0	5,6	7,4	12,8	4,9	65,2	**2,503**	19,9	21,9	18,1	16,4	23,8	**1,6**
40–49	3,0	5,2	6,6	14,4	4,6	66,2	**2,791**	18,1	20,1	21,9	13,9	26,1	**−1,8**
50–64	2,2	4,5	6,6	13,8	3,9	68,9	**2,881**	16,2	20,0	20,8	16,9	26,1	**−6,8**
65+	2,5	7,6	9,0	15,3	3,2	62,4	**2,603**	18,6	26,7	17,0	18,1	19,6	**7,6**
Familienstand:													
verheiratet	2,8	6,1	7,8	14,8	3,5	64,9	**2,703**	18,5	23,9	18,6	16,7	22,3	**3,4**
geschieden	2,9	6,8	6,3	13,0	5,6	65,5	**2,586**	16,8	22,0	20,6	16,2	24,4	**−1,8**
alleinstehend	2,2	6,6	8,9	13,5	4,6	64,2	**2,562**	18,1	20,6	19,4	18,0	23,8	**−3,1**
verwitwet	3,1	6,4	8,3	12,3	3,5	66,4	**2,436**	17,1	22,1	20,8	20,6	19,4	**−0,8**

(Fortsetzung)

Tab. A.1 (Fortsetzung)

Höchster Schulabschluss:													
Abitur	2,8	6,0	8,1	14,8	4,1	64,2	**2,693**	18,0	22,0	20,0	16,8	23,3	**−0,1**
Mittlere Reife	2,4	7,0	7,1	13,7	3,5	66,2	**2,627**	19,2	26,1	16,9	18,2	19,6	**7,5**
Hauptschule	2,8	6,9	8,7	9,9	2,7	68,9	**2,188**	17,5	25,9	15,3	19,7	21,6	**2,1**
kein Abschluss	3,1	1,1	10,5	14,5	5,4	65,4	**2,872**	12,4	15,0	14,2	9,5	48,9	**−31,0**
Erwerbstatus:													
Vollzeit	3,1	5,7	7,0	13,7	4,6	66,0	**2,666**	19,6	21,2	20,4	15,3	23,5	**2,0**
Selbstständig	2,7	3,2	5,4	13,4	2,4	72,8	**3,007**	14,3	17,1	16,9	17,8	34,0	**−20,4**
Teilzeit	1,8	7,1	9,3	15,8	5,3	60,8	**2,707**	16,4	22,4	27,2	14,0	19,9	**4,9**
Student	3,1	6,2	8,7	12,8	6,0	63,3	**2,471**	19,3	25,6	17,5	21,2	16,4	**7,3**
Rente / Pension	2,7	7,3	8,7	15,5	3,5	62,2	**2,635**	18,4	26,6	18,1	17,6	19,4	**8,0**
Arbeitslos	1,9	5,3	5,1	10,5	4,1	73,1	**2,651**	17,7	13,8	18,2	21,7	28,6	**−18,8**
Nichterwerbstätige	0,3	6,9	12,4	10,0	4,2	66,1	**2,226**	17,0	18,0	17,6	22,0	25,4	**−12,4**
Parteipräferenz:													
CDU/CSU	3,2	6,1	8,8	15,0	2,8	64,1	**2,634**	18,0	25,6	16,7	18,8	21,0	**3,8**
SPD	2,8	7,3	9,3	16,4	4,7	59,5	**2,660**	22,1	26,6	20,9	14,9	15,5	**18,3**
Grüne	2,8	8,7	9,4	17,5	6,7	54,8	**2,644**	24,6	24,2	24,6	14,3	12,4	**22,1**
FDP	1,6	5,5	5,6	12,5	2,4	72,4	**2,818**	13,5	19,9	15,5	18,2	32,9	**−17,7**
Linke	2,9	4,6	6,2	13,6	4,9	67,9	**2,813**	16,5	18,3	24,1	18,1	23,0	**−6,3**
AfD	1,9	3,2	4,9	5,5	1,0	83,6	**2,206**	7,2	10,4	10,4	21,4	50,5	**−54,3**
Sonstige	1,6	4,1	3,7	4,6	3,5	82,6	**2,065**	10,2	14,7	16,9	17,2	41,1	**−33,4**
Nichtwähler	1,0	6,4	1,1	12,8	6,0	72,7	**3,211**	13,0	8,9	30,8	15,6	31,7	**−25,4**

(Fortsetzung)

Tab. A.1 (Fortsetzung)

	III.c) Würden Sie die Abschaffung von 1- und 2-Cent Münzen befürworten?						IV.a) Bezahlen Sie im Allgemeinen lieber mit Karte oder mit Bargeld?					
	Ja, auf jeden Fall	Eher ja	Unentschieden	Eher nein	Nein, auf keinen Fall	SALDO	Deutlich lieber mit Bargeld	Eher lieber mit Bargeld	Unentschieden	Eher lieber mit Karte	Deutlich lieber mit Karte	SALDO
Alle	36,7	25,5	5,9	16,8	15,2	**30,2**	25,8	22,0	14,1	24,1	14,1	**9,6**
Nach Geschlecht:												
Weiblich	33,0	27,1	6,3	19,9	13,8	**26,4**	25,3	22,2	13,5	26,0	12,9	**8,6**
Männlich	39,0	24,5	5,6	14,9	16,1	**32,5**	26,0	21,9	14,4	22,8	14,9	**10,2**
Ost/West:												
Osten	38,8	25,2	5,4	16,7	14,0	**33,3**	24,5	20,1	15,6	25,9	13,9	**4,8**
Westen	36,1	25,6	6,0	16,9	15,4	**29,4**	26,0	22,5	13,7	23,6	14,2	**10,7**
Nach Region:												
Stadtstaaten	37,5	27,9	7,3	14,8	12,5	**38,1**	24,0	21,5	16,2	23,1	15,3	**7,1**
Nord	34,5	24,4	5,0	20,2	15,8	**22,9**	25,1	23,8	12,3	25,1	13,7	**10,1**
Ost	38,3	24,0	5,3	17,7	14,7	**29,9**	25,7	19,3	15,5	26,2	13,3	**5,5**
Süd	34,7	25,7	6,2	17,4	16,0	**27,0**	26,9	21,6	14,6	23,5	13,4	**11,6**
West	38,3	25,8	5,8	14,8	15,2	**34,1**	25,8	22,6	13,3	23,3	15,0	**10,1**
Alter:												
18–29	45,3	20,4	8,2	13,5	12,6	**39,6**	31,2	22,3	9,9	17,7	18,9	**16,9**
30–39	41,6	24,1	6,0	14,9	13,4	**37,4**	22,3	16,6	13,5	25,5	22,1	**−8,7**
40–49	35,0	22,7	7,8	18,2	16,3	**23,2**	25,2	18,1	14,7	24,5	17,5	**1,3**
50–64	35,1	25,0	6,5	16,8	16,5	**26,8**	26,5	20,1	15,8	24,9	12,6	**9,1**
65+	34,3	28,5	4,1	18,0	15,1	**29,7**	24,3	25,7	14,3	25,2	10,5	**14,3**
Familienstand:												
verheiratet	35,8	26,3	5,0	17,7	15,2	**29,2**	22,9	22,0	14,4	26,2	14,5	**4,2**
geschieden	35,9	25,6	5,4	17,4	15,6	**28,5**	29,5	21,1	15,7	22,8	10,8	**17,0**
alleinstehend	40,6	22,1	7,7	14,8	14,8	**33,1**	31,0	22,1	12,4	19,3	15,1	**18,7**
verwitwet	33,3	29,0	7,7	15,0	14,9	**32,4**	27,6	23,6	15,0	23,9	9,9	**17,4**

(Fortsetzung)

Tab. A.1 (Fortsetzung)

Höchster Schulabschluss:											
Abitur	36,5	25,1	6,3	16,9	15,1	**29,6**	22,9	21,8	14,0	25,5	15,8	**3,4**
Mittlere Reife	37,7	26,0	4,6	16,8	15,0	**31,9**	30,1	22,6	14,1	22,2	11,1	**19,4**
Hauptschule	36,7	28,8	3,4	16,8	14,4	**34,3**	38,9	21,3	14,5	18,4	6,9	**34,9**
kein Abschluss	25,5	22,2	1,9	20,0	30,5	**-2,8**	17,9	41,6	15,7	18,0	6,9	**34,6**
Erwerbstatus:												
Vollzeit	38,4	22,7	7,4	16,4	15,1	**29,6**	21,7	18,2	15,3	25,4	19,4	**−4,9**
Selbstständig	33,1	25,1	5,2	17,9	18,6	**21,7**	30,3	20,0	15,2	23,2	11,3	**15,8**
Teilzeit	35,0	25,7	9,0	17,0	13,4	**30,3**	23,6	21,7	12,4	27,5	14,8	**3,0**
Student	44,3	22,4	8,7	16,0	8,6	**42,1**	29,4	24,0	10,9	19,3	16,3	**17,8**
Rente/Pension	35,0	28,4	4,1	17,6	15,0	**30,8**	24,9	25,2	13,8	25,1	10,9	**14,1**
Arbeitslos	31,8	26,7	4,9	15,2	21,4	**21,9**	40,7	25,5	11,9	12,5	9,4	**44,3**
Nichterwerbstätige	41,1	24,0	4,9	12,7	17,3	**35,1**	36,2	23,2	12,0	16,5	12,1	**30,8**
Parteipräferenz:												
CDU/CSU	35,3	25,8	5,1	18,8	14,9	**27,4**	22,3	22,7	13,1	27,3	14,7	**3,0**
SPD	39,0	26,5	5,7	16,7	12,1	**36,7**	21,7	23,9	14,5	25,8	14,2	**5,6**
Grüne	40,5	26,7	8,0	14,1	10,7	**42,4**	22,4	21,1	15,8	23,9	16,8	**2,8**
FDP	40,6	23,2	5,4	16,7	14,1	**33,0**	23,9	21,2	13,2	23,3	18,4	**3,4**
Linke	34,3	28,5	6,8	16,8	13,6	**32,4**	31,0	22,3	15,1	19,5	12,1	**21,7**
AfD	30,0	20,7	4,7	16,9	27,7	**6,1**	44,3	17,5	13,4	17,0	7,7	**37,1**
Sonstige	34,2	20,6	4,8	12,7	27,7	**14,4**	43,8	15,2	15,7	13,0	12,2	**33,8**
Nichtwähler	36,3	18,9	14,6	7,2	23,0	**25,0**	43,3	20,1	14,9	14,1	7,6	**41,7**

(Fortsetzung)

1 Was denken die Deutschen über die Abschaffung des Bargelds?

Tab. A.1 (Fortsetzung)

	IV.b) Wie häufig heben Sie Geld am Automaten ab?							IV.c) Wie häufig runden Sie an der Kasse den Betrag, um keine 1- oder 2-Cent-Münzen als Rückgeld zu erhalten?						
	Etwa einmal pro Woche oder häufiger	Etwa alle zwei Wochen	Etwa einmal im Monat	Seltener	Nie	Weiß nicht	**Anzahl pro Jahr**	Sehr häufig	Eher häufig	Manchmal	Eher selten	Nie	Weiß nicht	**SALDO**
Alle	25,3	38,2	21,7	10,5	3,2	1,0	**27,4**	7,7	8,2	11,3	18,3	53,3	1,2	**−55,7**
Nach Geschlecht:														
Weiblich	23,5	37,4	24,0	11,4	2,4	1,3	**26,6**	6,6	7,8	11,7	19,1	53,8	1,0	**−58,5**
Männlich	26,5	38,7	20,2	9,9	3,8	0,9	**28,0**	8,5	8,5	11,0	17,8	52,9	1,3	**−53,7**
Ost/West:														
Osten	20,7	37,3	24,2	12,8	3,1	1,8	**25,1**	8,3	9,0	12,5	20,8	48,4	1,0	**−51,9**
Westen	26,4	38,4	21,2	9,9	3,3	0,9	**28,0**	7,6	8,0	11,0	17,7	54,4	1,2	**−56,5**
Nach Region:														
Stadtstaaten	29,7	36,5	21,4	8,9	2,7	0,7	**29,2**	7,9	6,4	13,4	17,9	53,0	1,4	**−56,6**
Nord	24,7	38,3	21,5	11,2	3,2	1,1	**27,1**	5,1	6,9	8,2	16,6	62,0	1,3	**−66,6**
Ost	19,7	37,3	24,8	12,8	3,4	2,0	**24,7**	9,1	9,5	12,1	21,8	46,8	0,6	**−50,0**
Süd	25,1	39,4	22,4	9,1	3,3	0,7	**27,6**	8,3	9,4	14,2	18,4	48,3	1,4	**−49,0**
West	27,0	38,1	20,1	10,7	3,3	0,9	**28,1**	8,1	7,9	9,7	17,6	55,5	1,2	**−57,1**
Alter:														
18–29	25,6	36,8	19,6	13,2	3,7	1,0	**27,1**	7,2	7,9	10,3	16,3	57,1	1,3	**−58,3**
30–39	35,4	39,9	15,6	6,5	1,6	1,1	**32,3**	7,7	7,5	10,3	15,7	57,4	1,4	**−57,9**
40–49	31,1	38,3	19,3	8,5	2,3	0,5	**30,2**	8,2	8,8	11,0	17,3	53,2	1,5	**−53,5**
50–64	26,7	36,7	20,9	10,9	3,0	1,8	**27,7**	8,3	7,7	12,6	19,4	50,9	1,2	**−54,3**
65+	20,3	39,3	25,2	10,8	3,9	0,6	**25,5**	7,4	8,6	11,0	18,9	53,0	1,1	**−55,9**
Familienstand:														
verheiratet	25,6	38,3	21,6	10,2	3,3	0,9	**27,6**	8,2	8,6	11,3	18,3	52,3	1,3	**−53,8**
geschieden	22,4	38,4	25,1	10,6	2,6	1,0	**26,3**	6,3	7,9	10,9	20,9	53,4	0,5	**−60,1**
alleinstehend	27,3	36,7	20,0	11,1	3,5	1,4	**27,9**	6,8	7,3	11,1	16,6	56,7	1,5	**−59,2**
verwitwet	21,1	42,3	23,7	9,9	2,4	0,5	**26,5**	7,3	8,7	13,0	20,0	50,6	0,3	**−54,6**

(Fortsetzung)

Tab. A.1 (Fortsetzung)

Höchster Schulabschluss:													
Abitur	26,8	38,7	21,6	9,5	2,7	0,8	**28,3**	7,7	8,4	10,9	17,9	53,8	1,3	−55,6
Mittlere Reife	23,2	38,5	22,4	10,9	3,6	1,3	**26,5**	7,7	6,7	12,8	18,4	53,6	1,0	−57,6
Hauptschule	20,2	37,0	21,1	12,6	7,2	2,0	**24,4**	8,5	9,8	12,2	19,9	48,5	1,0	−50,1
kein Abschluss	14,6	41,3	23,1	16,5	4,0	0,5	**23,0**	8,2	6,7	3,9	23,5	57,2	0,5	−65,8
Erwerbstatus:													
Vollzeit	32,1	40,9	17,3	7,1	1,7	0,9	**31,1**	7,5	8,5	11,9	18,0	53,0	1,1	−55,0
Selbstständig	26,7	33,3	19,3	14,1	5,7	0,9	**26,8**	9,7	9,1	10,1	16,5	53,8	0,8	−51,5
Teilzeit	31,1	37,7	18,7	9,4	1,9	1,3	**30,0**	5,8	4,5	14,9	19,5	54,0	1,3	−63,2
Student	25,3	37,6	24,0	10,6	1,1	1,3	**27,6**	4,5	6,0	10,3	16,6	60,8	1,8	−66,9
Rente/Pension	19,4	39,1	26,4	10,6	3,8	0,7	**25,1**	7,6	8,6	11,1	19,5	52,0	1,3	−55,3
Arbeitslos	31,2	39,0	16,9	6,6	4,7	1,6	**30,0**	6,4	6,1	10,6	15,3	60,3	1,3	−63,1
Nichterwerbstätige	17,9	29,1	15,8	25,5	7,5	4,3	**21,1**	10,6	9,8	7,6	18,1	52,2	1,8	−49,9
Parteipräferenz:													
CDU/CSU	24,5	38,0	21,8	11,1	3,6	1,0	**27,0**	7,4	8,9	10,3	17,7	54,5	1,2	−55,9
SPD	27,0	40,1	20,8	9,5	1,7	0,8	**28,7**	6,6	8,1	12,4	20,4	51,7	0,9	−57,4
Grüne	29,0	39,1	19,2	9,7	2,1	0,8	**29,3**	7,2	7,1	12,5	17,4	54,8	1,0	−57,9
FDP	25,7	36,4	22,5	11,2	3,5	0,6	**27,3**	8,4	8,6	11,4	19,1	51,4	1,1	−53,5
Linke	26,5	36,3	22,2	9,5	3,6	1,9	**27,6**	8,7	9,5	10,9	17,9	51,8	1,3	−51,5
AfD	25,2	32,1	22,8	12,2	6,7	1,1	**26,0**	6,8	8,6	11,8	17,6	54,2	0,8	−56,4
Sonstige	17,2	40,2	27,0	9,9	5,0	0,7	**24,2**	12,8	3,4	9,8	14,0	56,3	3,7	−54,1
Nichtwähler	18,6	38,3	17,6	13,9	7,8	3,8	**23,5**	8,0	8,3	13,4	18,7	51,0	0,6	−53,4

(Fortsetzung)

Tab. A.1 (Fortsetzung)

	V.a) Wie sollte Ihrer Meinung nach der Datenschutz in Deutschland weiterentwickelt werden?								V.b) Haben Sie Bedenken gegen die Verwendung Ihrer privaten Daten zur Käuferanalyse bei Kartenzahlung?					
	Deutlich verschärfen	Deutlich verschärfen	Eher verschärfen	So belassen wie er ist	Eher lockern	Deutlich lockern	Weiß nicht	SALDO	Ja, zukünftig	Unentschieden	Eher nein	Nein, auf keinen Fall	Ich weiß nicht, was das ist	SALDO
Alle	25,9	32,9	25,4	9,5	3,2	3,2	46,0	**25,9**	14,3	5,9	27,8	44,9	5,0	**−56,3**
Nach Geschlecht:														
Weiblich	26,1	32,8	27,1	8,0	2,1	3,8	48,8	**26,1**	11,3	5,9	28,2	46,4	7,5	**−62,6**
Männlich	25,8	32,9	24,2	10,5	4,0	2,7	44,2	**25,8**	16,1	5,9	27,5	44,0	3,4	**−52,4**
Ost/West:														
Osten	26,5	30,5	24,7	10,3	3,4	4,5	43,3	**26,5**	14,0	5,1	26,4	45,2	7,1	**−55,3**
Westen	25,8	33,4	25,5	9,3	3,2	2,8	46,7	**25,8**	14,3	6,1	28,1	44,9	4,5	**−56,6**
Nach Region:														
Stadtstaaten	25,5	32,3	24,2	11,4	3,8	2,8	42,6	**25,5**	16,5	6,6	26,2	43,2	5,0	**−50,4**
Nord	24,8	32,4	27,4	9,3	3,6	2,5	44,3	**24,8**	14,3	4,8	26,8	48,0	4,6	**−59,0**
Ost	25,9	31,1	25,4	9,9	3,1	4,7	44,0	**25,9**	14,2	5,1	25,7	45,3	7,6	**−54,7**
Süd	26,4	33,0	26,6	8,1	3,2	2,7	48,1	**26,4**	13,9	6,9	29,0	43,6	4,0	**−56,1**
West	26,2	34,0	23,6	10,0	3,0	3,2	47,2	**26,2**	13,8	6,0	28,8	44,6	4,8	**−57,7**
Alter:														
18–29	34,1	36,2	17,7	7,3	2,6	2,1	60,4	**34,1**	28,9	6,6	24,0	33,1	2,0	**−22,8**
30–39	30,2	34,2	20,1	10,3	2,8	2,4	51,3	**30,2**	23,4	9,7	29,8	29,9	2,0	**−31,2**
40–49	27,9	32,1	23,6	9,8	3,5	3,1	46,7	**27,9**	19,9	8,0	28,5	36,7	3,3	**−41,7**
50–64	27,8	31,4	24,1	9,2	3,3	4,2	46,7	**27,8**	14,3	7,4	29,3	42,9	4,5	**−56,3**
65+	20,8	32,8	29,9	10,1	3,4	3,0	40,1	**20,8**	6,8	3,5	27,2	54,8	7,2	**−74,7**
Familienstand:														
verheiratet	23,9	32,4	26,7	10,4	3,7	2,9	42,2	**23,9**	12,2	5,9	28,0	46,8	5,4	**−60,9**
geschieden	25,2	29,8	29,5	7,9	2,4	5,2	44,7	**25,2**	12,3	5,6	27,2	48,8	5,0	**−62,6**
alleinstehend	32,0	35,5	19,4	7,1	3,0	3,0	57,4	**32,0**	23,1	6,8	26,4	36,3	3,1	**−35,3**
verwitwet	24,3	33,7	27,3	10,4	1,2	3,1	46,4	**24,3**	9,2	4,6	28,6	49,7	7,5	**−68,6**

(Fortsetzung)

Tab. A.1 (Fortsetzung)

Höchster Schulabschluss:													
Abitur	25,0	32,9	25,7	9,9	3,5	2,9	44,5	**25,0**	16,3	6,5	28,0	42,5	4,3	−51,8
Mittlere Reife	27,3	33,5	25,3	8,4	2,3	3,2	50,1	**27,3**	9,4	4,9	27,5	50,7	6,1	−67,3
Hauptschule	28,0	31,1	24,2	8,9	2,5	5,3	47,7	**28,0**	8,0	3,5	27,4	52,5	7,6	−70,9
kein Abschluss	26,5	18,1	27,7	3,6	16,7	7,4	24,3	**26,5**	7,8	2,9	33,7	40,6	13,6	−65,2
Erwerbstatus:													
Vollzeit	25,9	33,7	23,5	10,0	3,7	3,2	45,9	**25,9**	18,2	8,0	29,4	37,8	2,8	−45,2
Selbstständig	28,3	28,9	25,9	9,9	4,2	2,7	43,1	**28,3**	19,1	7,4	26,1	41,7	2,6	−45,6
Teilzeit	30,0	35,3	21,5	7,3	1,9	3,9	56,1	**30,0**	13,8	7,6	31,0	37,9	8,1	−53,6
Student	35,0	36,0	17,8	7,0	1,8	2,4	62,2	**35,0**	30,7	5,8	27,4	29,8	2,3	−22,5
Rente/Pension	21,5	32,6	29,5	10,1	3,2	3,1	40,8	**21,5**	6,8	3,3	27,5	54,6	7,5	−74,9
Arbeitslos	43,6	26,9	17,2	1,9	4,6	5,8	64,0	**43,6**	20,9	6,8	19,5	43,0	7,1	−38,9
Nichterwerbstätige	37,9	35,5	14,3	9,1	0,8	2,4	63,5	**37,9**	20,4	10,5	22,9	41,5	2,8	−42,1
Parteipräferenz:													
CDU/CSU	18,3	29,6	33,2	12,5	4,1	2,3	31,3	**18,3**	10,4	3,9	29,1	49,8	5,8	−67,5
SPD	28,4	38,5	22,6	6,0	1,6	2,9	59,3	**28,4**	13,5	6,9	28,3	45,4	4,8	−59,0
Grüne	30,3	38,4	21,5	6,8	0,9	2,2	61,0	**30,3**	23,4	7,9	32,2	31,2	2,9	−37,6
FDP	16,2	33,9	29,0	14,5	5,1	1,3	30,5	**16,2**	19,3	5,8	29,9	39,6	2,8	−47,6
Linke	42,1	30,6	15,8	4,6	2,9	4,1	65,2	**42,1**	16,3	7,1	26,3	41,5	5,9	−48,5
AfD	23,8	27,6	23,8	12,1	7,6	5,0	31,7	**23,8**	14,9	6,2	21,8	48,9	5,0	−52,6
Sonstige	42,7	23,5	15,0	12,0	3,4	3,4	50,8	**42,7**	18,3	8,2	21,6	39,8	4,1	−35,1
Nichtwähler	22,3	35,5	7,2	9,5	2,9	22,6	45,4	**22,3**	16,3	6,8	13,6	44,4	10,6	−33,4

(Fortsetzung)

Tab. A.1 (Fortsetzung)

	V.c) Könnten Sie sich vorstellen, in Kryptowährungen (z.B. „BitCoin") zu bezahlen?						
	Ja, das tue ich bereits	Ja, zukünftig	Unentschieden	Eher nein	Nein, auf keinen Fall	Ich weiß nicht, was das ist	SALDO
Alle	2,1	14,3	5,9	27,8	44,9	5,0	−56,3
Nach Geschlecht:							
Weiblich	0,7	11,3	5,9	28,2	46,4	7,5	**−62,6**
Männlich	3,0	16,1	5,9	27,5	44,0	3,4	**−52,4**
Ost/West:							
Osten	2,3	14,0	5,1	26,4	45,2	7,1	**−55,3**
Westen	2,1	14,3	6,1	28,1	44,9	4,5	**−56,6**
Nach Region:							
Stadtstaaten	2,5	16,5	6,6	26,2	43,2	5,0	**−50,4**
Nord	1,5	14,3	4,8	26,8	48,0	4,6	**−59,0**
Ost	2,1	14,2	5,1	25,7	45,3	7,6	**−54,7**
Süd	2,6	13,9	6,9	29,0	43,6	4,0	**−56,1**
West	1,9	13,8	6,0	28,8	44,6	4,8	**−57,7**
Alter:							
18–29	5,4	28,9	6,6	24,0	33,1	2,0	**−22,8**
30–39	5,1	23,4	9,7	29,8	29,9	2,0	**−31,2**
40–49	3,6	19,9	8,0	28,5	36,7	3,3	**−41,7**
50–64	1,6	14,3	7,4	29,3	42,9	4,5	**−56,3**
65+	0,5	6,8	3,5	27,2	54,8	7,2	**−74,7**
Familienstand:							
verheiratet	1,7	12,2	5,9	28,0	46,8	5,4	**−60,9**
geschieden	1,1	12,3	5,6	27,2	48,8	5,0	**−62,6**
alleinstehend	4,3	23,1	6,8	26,4	36,3	3,1	**−35,3**
verwitwet	0,5	9,2	4,6	28,6	49,7	7,5	**−68,6**

(Fortsetzung)

Tab. A.1 (Fortsetzung)

Höchster Schulabschluss:							
Abitur	2,4	16,3	6,5	28,0	42,5	4,3	−51,8
Mittlere Reife	1,5	9,4	4,9	27,5	50,7	6,1	−67,3
Hauptschule	1,0	8,0	3,5	27,4	52,5	7,6	−70,9
kein Abschluss	1,3	7,8	2,9	33,7	40,6	13,6	−65,2
Erwerbstatus:							
Vollzeit	3,8	18,2	8,0	29,4	37,8	2,8	−45,2
Selbstständig	3,1	19,1	7,4	26,1	41,7	2,6	−45,6
Teilzeit	1,5	13,8	7,6	31,0	37,9	8,1	−53,6
Student	4,0	30,7	5,8	27,4	29,8	2,3	−22,5
Rente/Pension	0,4	6,8	3,3	27,5	54,6	7,5	−74,9
Arbeitslos	2,7	20,9	6,8	19,5	43,0	7,1	−38,9
Nichterwerbstätige	1,9	20,4	10,5	22,9	41,5	2,8	−42,1
Parteipräferenz:							
CDU/CSU	1,0	10,4	3,9	29,1	49,8	5,8	−67,5
SPD	1,2	13,5	6,9	28,3	45,4	4,8	−59,0
Grüne	2,4	23,4	7,9	32,2	31,2	2,9	−37,6
FDP	2,6	19,3	5,8	29,9	39,6	2,8	−47,6
Linke	3,0	16,3	7,1	26,3	41,5	5,9	−48,5
AfD	3,2	14,9	6,2	21,8	48,9	5,0	−52,6
Sonstige	8,0	18,3	8,2	21,6	39,8	4,1	−35,1
Nichtwähler	8,3	16,3	6,8	13,6	44,4	10,6	−33,4

Literatur

Bundesverband deutscher Banken e. V. (2016) Bevorzugte Zahlungsart und Nutzung von Geldautomaten. Ergebnis einer repräsentativen Bevölkerungsumfrage im Auftrag des Bundesverbands deutscher Banken. Bundesverband deutscher Banken e. V., Berlin

Bundesverband deutscher Banken e. V. (2017) Positionspapier des Bankenverbandes. zu geschäftspolitischen Anforderungen der privaten Banken in Deutschland an das „Digitale Bezahlen 2020" in der EU. Bundesverband deutscher Banken e. V., Berlin

Deutsche Bundesbank (2014) Zahlungsverhalten in Deutschland 2014. Dritte Studie über die Verwendung von Bargeld und unbaren Zahlungsinstrumenten. Deutsche Bundesbank, Frankfurt a. M.

Deutsche Bundesbank (2017) International cash conference – war on cash: is there a future of cash? Deutsche Bundesbank, Insel Mainau (25.–27. April 2017)

Europäische Kommission (div.) The euro area. Public attitudes and perceptions. Analytical report. Europäische Kommission, Brüssel. http://ec.europa.eu/commfrontoffice/publicopinion/archives/flash_arch_en.htm. Zugegriffen: 30. Okt. 2017

Europäische Zentralbank (2016) EZB stellt Produktion und Ausgabe der 500-€-Banknote ein. Frankfurt a. M. https://www.ecb.europa.eu/press/pr/date/2016/html/pr160504.de.html. Zugegriffen: 30. Okt. 2017

Häring N (2016) Die Abschaffung des Bargelds und die Folgen. Der Weg in die totale Kontrolle. Originalausgabe. Quadriga, Köln

Kleine J, Krautbauer M, Weller T (2013) Cost of Cash. Status Quo und Entwicklungsperspektiven in Deutschland. Steinbeis-Hochschule Berlin & Steinbeis Research Center for Financial Services, Berlin

Otte M (2016) Rettet unser Bargeld!. Ullstein, Berlin

Rogoff K (2016) The curse of cash. Princeton University Press, Princeton

Sveriges Riksbank (2017) Payment statistics. Sveriges Riksbank

YouGov (2015) Sicher und übersichtlich: Deutsche hängen am Bargeld. Köln. https://yougov.de/news/2015/05/27/sicher-und-gut-fur-die-ubersicht-deutsche-gegen-ba. Zugegriffen: 30. Okt. 2017

Prof. Dr. Oliver Serfling ist Professor für Wirtschaftspolitik und Entwicklungsökonomik und Studiendekan an der Fakultät Gesellschaft und Ökonomie der Hochschule Rhein-Waal in Kleve. Er promovierte zu Datenqualitätsaspekten von Umfragedaten am Wirtschaftswissenschaftlichen Zentrum der Universität Basel. Anschließend arbeitete er mehrere Jahre in der Politikberatung beim Land Hessen sowie als Projektmanager bei einem Weltbank-Projekt in Südostasien. Er ist Mitgründer des Meinungsforschungsunternehmens Civey GmbH in Berlin.

2. Bargeldloses Zahlen – Digitalisierung als Triebfeder für Innovation

Johannes Klocke und Heike Winter

Inhaltsverzeichnis

2.1	Grundlagen	35
2.2	Besonderheiten des Marktes für Zahlungsdienste	37
2.3	Voraussetzungen für den Erfolg von Innovationen im Zahlungsverkehr	39
2.4	Trends	40
	2.4.1 APIs als neue Schlüsseltechnik	40
	2.4.2 Plattformen geben die Richtung vor	42
	2.4.3 Tendenz zum Universalinstrument	42
	2.4.4 Zahlungsverkehr wird schneller	43
	2.4.5 Anforderungen an Sicherheit und Datenschutz im Zahlungsverkehr nehmen zu	44
2.5	Ausblick	45
Literatur		45

2.1 Grundlagen

Zahlungen über Distanzen hinweg oder über höhere Beträge lassen sich von Konto zu Konto bequemer und sicherer vornehmen als mit Bargeld. Daher erledigen Banken, Unternehmen und Institutionen Zahlungen untereinander heutzutage ganz überwiegend

---

J. Klocke (✉) · H. Winter
Deutsche Bundesbank, Frankfurt am Main, Deutschland
E-Mail: johannes.klocke@bundesbank.de

H. Winter
E-Mail: heike.winter@bundesbank.de

© Springer Fachmedien Wiesbaden GmbH, ein Teil von Springer Nature 2018
J. Lempp et al. (Hrsg.), *Die Zukunft des Bargelds*,
https://doi.org/10.1007/978-3-658-21720-4_2

bargeldlos. Regelmäßige Zahlungen von Privatpersonen an Unternehmen werden in der Regel ebenfalls bargeldlos abgewickelt, allein bei Zahlungen von Privatpersonen untereinander und an der Ladenkasse spielen Bargeldzahlungen in Deutschland noch eine große Rolle (Deutsche Bundesbank 2018).

Der bargeldlose Zahlungsverkehr lässt sich grundsätzlich in Massen- und Individualzahlungsverkehr unterteilen. Unter dem Stichwort „Massenzahlungsverkehr" werden weniger eilige Zahlungen mit zumeist nicht ganz so hohen Beträgen abgewickelt. Das sind Zahlungen des täglichen Lebens (z. B. Bezahlen von Telefonrechnungen, Gehältern oder Mieten) oder auch Zahlungen zwischen Unternehmen (vgl. Tab. 2.1). Beim „Individualzahlungsverkehr" handelt es sich meist um Zahlungen mit sehr hohen Beträgen, die innerhalb von Sekunden abgewickelt werden. In der Regel werden Individualzahlungen für Zahlungen zwischen Banken genutzt. Allerdings beginnt diese Unterscheidung zwischen weniger eilbedürftigen Massenzahlungen und zeitkritischen Individualzahlungen im Zuge von innovativen Entwicklungen in der Zahlungsabwicklung (Stichwort Instant Payments, also Echtzeitzahlungen) zunehmend zu verschwimmen. Die Ausführungen in diesem Aufsatz konzentrieren sich auf den Massenzahlungsverkehr, zu dem auch Instant Payments zählen.

Im Wesentlichen stehen für alltägliche Zahlungen vier klassische Zahlungsinstrumente zur Verfügung – die Überweisung, die Lastschrift, die Zahlungskarte und der Scheck.[1] Innovative Zahlungsdienste setzen vielfach auf den klassischen Zahlungsinstrumenten auf, unterscheiden sich vor allem im Zugang (siehe Tab. 2.1). Die Zahlungsinstrumente können mittels verschiedener Zugangsmedien wie Karte, Smartphone oder auch papierhaft über unterschiedliche Zugangskanäle wie Kassenterminal, Internet oder Bankfiliale eingesetzt werden. Darüber hinaus sind virtuelle Währungen wie etwa Bitcoin als innovative Zahlungsinstrumente zu erwähnen, die völlig unabhängig von Zentralbanken und Geschäftsbanken eingesetzt werden können.

Das Zahlungsverhalten in Deutschland zeichnet sich durch eine weiterhin hohe Bargeldnutzung aus. In der Zahlungsverhaltensstudie der Deutschen Bundesbank protokollierten 2000 repräsentativ ausgewählte Personen in Deutschland im Jahr 2017 die Ausgaben einer Woche (Deutsche Bundesbank 2018). Dabei wurde für 47,6 % ihrer Transaktionen Bargeld eingesetzt, 39,6 % mit der Karte gezahlt sowie für 5,6 % Überweisung und für 2,4 % Lastschrift genutzt. Anzunehmen ist, dass dabei die Lastschrift etwas unterrepräsentiert ist, denn die Erfassung der regelmäßigen Zahlungen per Lastschrift wie für Strom oder Telefon wird von den Befragten vermutlich vielfach nur unzureichend erfasst.

---

[1]Der Scheck wird aufgrund seiner im Vergleich zu den anderen Instrumenten relativ geringen Bedeutung in den nachfolgenden Ausführungen nicht weiter betrachtet. Überweisung: Vom Zahler ausgelöste Übertragung von Guthaben auf das Zahlungskonto des Zahlungsempfängers. Lastschrift: Vom Zahlungsempfänger ausgelöster Auftrag zur Belastung des Zahlungskontos des Zahlers mit dessen Zustimmung. Debitkarte: Zahlungskarte, die mit einem Girokonto verbunden ist und unmittelbar nach der Zahlung belastet wird. Kreditkarte: Zahlungskarte, bei der in der

Tab. 2.1 Zahlungsdienste nach Verwendungszweck

Zahler	Häufig genutzte Zahlungsinstrumente	Häufige Verwendungszwecke	Zahlungsempfänger
Unternehmen	Überweisung (Dauerauftrag)	Lieferungen	Unternehmen
Unternehmen	Überweisung (Dauerauftrag)	Lohnzahlungen	Privatperson
Privatperson	Traditionell: Überweisung (Dauerauftrag), Lastschriften	Beiträge für Versicherungen, Versorgungsleistungen, Mieten	Unternehmen
	Innovativ: Kartenzahlungen am mobilen Point of Sale	Handwerksleistungen, Taxifahrten, Einkäufe auf temporären Verkaufsveranstaltungen	
Privatperson	Traditionell: Bargeld, Karte	Einkäufe vor Ort	Stationärer Einzelhandel
	Innovativ: Kontaktloszahlungen mit Karte oder Smartphone (auf der Grundlage von u. a. Near Field Communication, QR-Code)		
Privatperson	Traditionell: Überweisung, Kreditkarte, Lastschrift	Einkäufe im Internet	Onlinehandel
	Innovativ: Interzahlverfahren (z. B. PayPal, Sofortüberweisung, paydirekt, giropay, Bitcoin)		
Privatperson	Traditionell: Bargeld, Überweisung	Erstattung von Auslagen für Restaurantbesuche, Geschenke, Taschengeldzahlungen	Privatperson
	Innovativ: P2P-Verfahren mithilfe des Smartphones (z. B. Kwitt, Geld senden & anfordern, PayPal, paydirekt)		

2.2 Besonderheiten des Marktes für Zahlungsdienste

Der Markt für Zahlungsdienste zeichnet sich durch einige ökonomische Besonderheiten aus. Dazu gehören vor allem Skalen- und Verbundeffekte, Netzwerkeffekte und die Besonderheit, dass die Nachfrage zweiseitig strukturiert ist, in Händler und Verbraucher (Deutsche Bundesbank 2012, S. 58), Abb. 2.1.

Skaleneffekte entstehen durch sinkende Durchschnittskosten bei steigenden Stückzahlen in der Produktion. Ursächlich hierfür sind unabhängig von der Produktionsmenge anfallende Fixkosten, die bei einer steigenden Produktionsmenge auf eine größere

---

Regel eine zeitlich verzögerte Kontobelastung erfolgt, bei mehrfachem Einsatz entweder in einer Summe oder gestreckt in Form von Teilbelastungen. Die Zahlung ist dem Händler garantiert. girocard: Debitkartensystem der Deutschen Kreditwirtschaft für den Einsatz der Karte an Geldausgabeautomaten und POS-Terminals. Durch die Eingabe der PIN ist die Zahlung durch die kartenausgebende Bank garantiert.

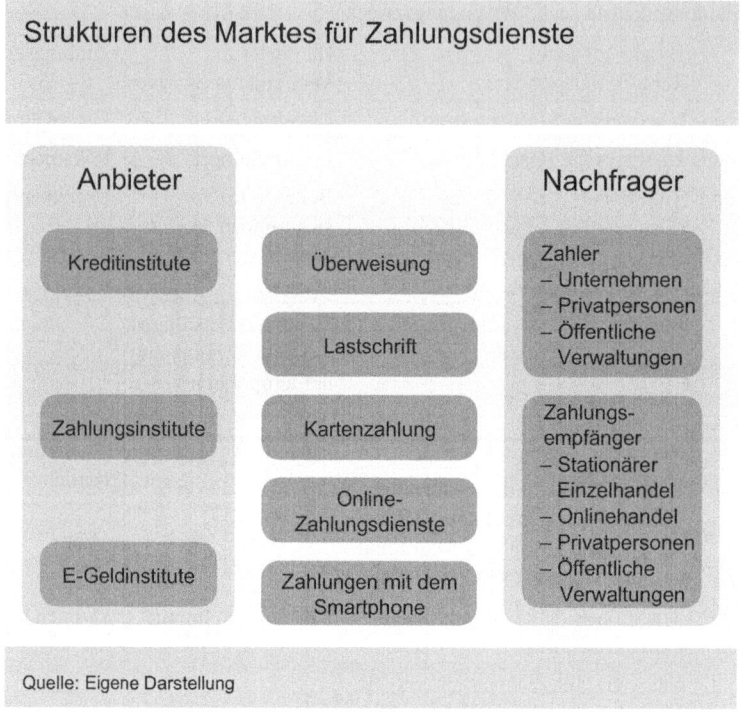

Abb. 2.1 Strukturen des Marktes für Zahlungsdienste. (Quelle: eigene Darstellung)

Anzahl an Produkten umgelegt werden können, sofern die Kapazitätsgrenzen noch nicht erreicht sind. Im Zahlungsverkehr findet das Konzept vor allem auf die Abwicklungskosten in den Systemen der Zahlungsdienstleister oder in den Interbank-Zahlungssystemen Anwendung.

Indem dieselbe Infrastruktur für die Produktion verschiedener Güter genutzt wird, lassen sich darüber hinaus Skaleneffekte mittels Verbundeffekten erzielen. So kann beispielsweise technische Standardisierung dafür sorgen, dass in einem Zahlungssystem unterschiedliche Zahlungsinstrumente wie Überweisungen, Lastschriften und Einzüge von Kartenzahlungen verarbeitet und abgewickelt werden können.

Der Nutzen für jeden bestehenden Teilnehmer steigt mit der Zahl aller Teilnehmer. In Kombination mit hohen Fixkosten für die Bereitstellung der Zahlungsverkehrsinfrastruktur bedeutet dies, dass eine Mindestanzahl an Nutzern (die sogenannte „kritische Masse") erreicht werden muss, um einen entsprechend hohen Nutzwert für die Teilnehmer (z. B. Handel) zu erreichen.

Darüber hinaus teilt sich am Markt für Zahlungsdienste die Nachfrage in zwei aufeinander angewiesene Seiten, zum Beispiel auf Händler und Verbraucher. Für die Anbieter von Zahlungsdiensten bedeutet dies, dass sie auf beiden Seiten die „kritische Masse" erreichen müssen. Dies gilt vielfach als „Henne-Ei-Problem". Sofern nicht beide Marktseiten einen Anreiz haben, einen Zahlungsdienst einzuführen, scheitert dieser.

2.3 Voraussetzungen für den Erfolg von Innovationen im Zahlungsverkehr

Die Marktchancen und das Erfolgspotenzial von Innovationen im Zahlungsverkehr hängen von einer Vielzahl an Faktoren ab. Hierzu zählen nachfrageseitige Faktoren wie das Zahlungsverhalten der Nutzer und die Entscheidungskriterien der Händler für die Akzeptanz von Zahlungsverfahren, allgemeine technologische Entwicklungen und Veränderungen des Kaufverhaltens, regulatorische Rahmenbedingungen sowie Wettbewerbsfaktoren.

Besonders wichtig für den Erfolg eines neuen Zahlungsdienstes ist das Erreichen einer „kritischen Masse", die das Verfahren für den Anbieter rentabel werden lässt. Dies ist umso schwieriger, je reifer und effizienter ein Zahlungsverkehrsmarkt bereits ist. Der deutsche Markt weist einen hohen Reifegrad aus. Neue Zahlungsinstrumente müssen daher mit bereits weit verbreiteten und am Markt etablierten Zahlverfahren in den Wettbewerb treten, die die Bedürfnisse der Nutzer in der Regel bereits weitgehend erfüllen. Sowohl für Händler als auch für Verbraucher spielen vor allem die Faktoren breite Akzeptanz, geringe Kosten, hohe Schnelligkeit und Sicherheit eine Rolle, für Verbraucher ist die Benutzerfreundlichkeit noch eine wichtige Komponente (Deutsche Bundesbank 2009, S. 34; EHI 2016). Es kommt hinzu, dass Zahlungsgewohnheiten ein hohes Beharrungsvermögen haben (Deutsche Bundesbank 2015, S. 77). Sobald Nutzer sich für ein aus ihrer Sicht bequemes, sicheres und kostengünstiges Zahlungsinstrument entschieden haben, ist der Wechselwille zu einem anderen Instrument gering. Auch sind die meisten Bezahlverfahren für Verbraucher gebührenfrei, sodass neue Verfahren gegenüber etablierten und vertrauten Instrumenten einen deutlichen Zusatznutzen bieten müssen, um Wechselbereitschaft zu erzeugen.

Diese strukturelle Marktbeschaffenheit trägt dazu bei, dass Innovationen im Zahlungsverkehr häufig nicht über die Pilotphase hinauskommen oder lange Zeit benötigen, um sich auf hoch entwickelten Märkten neben bestehenden Verfahren etablieren oder diese verdrängen zu können. So konnte sich in Deutschland beispielsweise weder die Geld-Karte noch dessen kontaktlose Variante, girogo, durchsetzen. Gleiches gilt beispielsweise für verschiedene mobile-Payment-Verfahren, die nach einer gewissen Zeit am Markt wieder eingestellt wurden.[2] Die Markteinführung von „paydirekt" verdeutlicht wiederum, dass es für neue Zahlverfahren selbst dann schwierig sein kann, sich auf einem reifen Markt zu etablieren und größere Marktanteile zu gewinnen, wenn sie aufgrund der bereits bestehenden großen Kundenbasis auch einen großen potenziellen Nutzerkreis haben.

Erschwerend für Innovationen im Zahlungsverkehr wirkt, dass die Zahlungsbereitschaft für Zahlungsdienste bei den Nutzern sehr gering ist, was gerade im sehr wettbewerbsintensiven deutschen Markt die Ertragsspielräume für neue Produkte eher begrenzt.

Positiv beeinflussen können das Erfolgspotenzial von Innovationen beispielsweise technologische Entwicklungen (z. B. biometrische Verfahren zur bequemen Autorisierung

---

[2] Der von der Ottogroup eingeführte Zahlungsdienst Yapital etwa wurde nach nur vier Jahren Betrieb wieder eingestellt.

von Zahlungen) oder auch ein geändertes Kaufverhalten (z. B. stärkere Nutzung des Internets).

Zu den wichtigsten Faktoren, die weitgehend im Einflussbereich der Anbieter selbst liegen, gehören strategische Entscheidungen wie etwa die Incentivierung der Nutzung bestimmter Zahlungsinstrumente, Kooperationen untereinander beim Angebot und der Entwicklung von Zahlungsdiensten oder die Vereinbarung gemeinsamer Standards. So können durch Kooperationen Fixkosten auf mehrere Beteiligte verteilt oder das Erreichen einer kritischen Masse durch eine höhere Reichweite erleichtert werden (Bank für Internationalen Zahlungsausgleich 2012). Dabei ist sowohl eine horizontale Kooperation auf einer Prozessstufe möglich, beispielsweise die gemeinsame Entwicklung eines Onlinebezahlverfahrens, als auch eine vertikale Kooperation auf verschiedenen Ebenen der Wertschöpfungskette. Insbesondere der vertikalen Kooperation kommt im Zuge der Digitalisierung eine wachsende Bedeutung zu, gerade auch zwischen kreditwirtschaftlichen und technologiefokussierten Anbietern wie beispielsweise FinTech-Unternehmen.[3]

Standardisierung trägt dazu bei, Produkte und Lösungen verschiedener Anbieter interoperabel zu machen und der Herausbildung von Insellösungen entgegenzuwirken. Die kritische Masse kann so tendenziell leichter erreicht und Markteintrittsbarrieren gesenkt werden. Allerdings kann von Standards auch ein potenziell innovationshemmender Lock-in-Effekt ausgehen.

Die regulatorischen Rahmenbedingungen haben auch einen wichtigen Effekt auf Innovationspotenziale. So wurden in der Europäischen Union verschiedene Maßnahmen ergriffen, um die Rahmenbedingungen für Innovationen im Zahlungsverkehr zu verbessern. Mit der Novellierung der Zahlungsdiensterichtlinie (Payment Service Directive2- PSD2) 2015 wurde Drittanbietern bei Zustimmung des Kunden unter klar definierten Voraussetzungen Zugriff auf das Bankkonto ermöglicht.

2.4 Trends

Im Zuge der Digitalisierung lässt sich eine Reihe von Trends im bargeldlosen Zahlungsverkehr ausmachen.

2.4.1 APIs als neue Schlüsseltechnik

Eine Kombination aus technologischer Entwicklung und regulatorischem Wandel trägt zu sinkenden Markteintrittshürden und potenziell höherem Wettbewerb bei. So

---

[3]FinTech bezeichnet technologiegetriebene, innovative Finanzdienstleistungen, die sowohl von Start-ups als auch von klassischen Finanzdienstleistern, Telekommunikations- oder beispielsweise auch großen Internetunternehmen angeboten werden. FinTech-Unternehmen bieten FinTech-Lösungen an.

sind sehr leistungsfähige IT-Komponenten inzwischen günstig zu haben. Cloud und Shared-Software-Services senken die Investitions- und laufenden Kosten. Eine App für ein Smartphone lässt sich recht schnell entwickeln und die dahinterliegenden Prozesse als White-Label-Lösung einkaufen. Dies zeigen die sogenannten „Challenger-Banken" wie etwa N26, die als reine Smartphone-Banken durch die konsequente Ausrichtung auf digitale Kundenbedürfnisse und ohne den Ballast komplexer und kostenintensiver über die Jahrzehnte gewachsener IT-Systeme und Infrastrukturen mit hoher Kosteneffizienz in den Markt drängen. Diese neuen Herausforderer setzen auch stark auf die Nutzung offener Schnittstellen zur Anwendungsprogrammierung, sogenannte APIs (Application Programming Interface), durch die sich mit relativ wenig Aufwand neue Dienstleistungen in ein bestehendes Angebot integrieren lassen. So können Anbieter schnell auf sich verändernde Kundenbedürfnisse reagieren und ihre Plattform weiter ausbauen.

Regulatorisch ist mit der PSD2 die Grundlage geschaffen, Open Banking zum neuen Standard im Zahlungsverkehr werden zu lassen. So sollen künftig Zahlungsauslöse- und Kontoinformationsdienste über eine standardisierte API auf die für den Dienst notwendigen Kontodaten des Zahlers beim kontoführenden Institut zugreifen können. Dies dürfte für einen zunehmenden Wettbewerb im Markt für Zahlungsdienste sorgen.

Von den tendenziell sinkenden Markteintrittsbarrieren haben in jüngerer Vergangenheit bereits viele FinTech-Unternehmen profitiert. Sie überzeugen meist mit einem einfachen, sehr nutzerfreundlichen Angebot und agiler IT-Infrastruktur, während sie die grundlegende Infrastruktur unangetastet lassen. Etwa 40 FinTechs sind in Deutschland allein im Zahlungsverkehr aktiv (Ernst & Young 2017). Doch auch sie stehen nicht außerhalb der Marktmechanismen. Bislang haben FinTech-Unternehmen noch keinen disruptiven Wandel hervorgerufen oder etablierte Finanzdienstleister verdrängt (World Economic Forum 2017). Doch sie bestimmen die Stoßrichtung neuer Angebote auch der etablierten Anbieter und verschieben die Kundenerwartungen in Richtung besserer Nutzererfahrung. Dadurch treiben sie vor allem auch die Innovationsdynamik der Etablierten an und erhöhen deren Kooperationsbereitschaft. Allerdings wird in der Diskussion der Wechselwille der Endkunden, weg von den etablierten Marktteilnehmern hin zu den neuen Anbietern, bislang tendenziell etwas überschätzt. Die relativ geringe Wechselbereitschaft der Kunden dürfte u. a. auf hohe Wechselkosten sowie nicht ausreichende Mehrwerte der neuen Angebote zurückzuführen sein. Auch konnten FinTech-Unternehmen bislang mit einzelnen Ausnahmen (z. B. PayPal) keine eigenständigen Infrastrukturen und Ökosysteme schaffen. Etablierte Finanzdienstleister nutzen FinTech-Unternehmen hingegen zunehmend zur Externalisierung eigener Innovationsanstrengungen, integrieren eigenständig FinTech-Lösungen wie etwa P2P-Bezahllösungen in ihr Angebot oder setzen andere Arten von Kooperationen auf. Darüber hinaus bringen die etablierten Finanzdienstleister das regulatorische Know-how und im Gegensatz zu den häufig jungen FinTech-Unternehmen eine breite Kundenbasis mit, was ihnen einen Vorteil gegenüber den neu auf den Markt drängenden Wettbewerbern verschafft.

2.4.2 Plattformen geben die Richtung vor

Etablierte Finanzdienstleister sind jedoch nicht die einzigen, die eine große Anzahl von Bestandskunden vorweisen können. Dies gilt insbesondere auch für die wichtigsten Internet-Plattformen. Zum Vergleich: Alle deutschen Kreditinstitute zusammen führen 63 Mio. Online-Girokonten. PayPal verwaltet weltweit 218 Mio. aktive Konten, Amazon führt ca. 300 Mio. Kundenkonten weltweit. Auch wenn bisher erst relativ wenige Käufer in Deutschland die von Internet-Plattformen heute schon angebotenen Zahlungsdienste nutzen, wird der Wettbewerbsdruck durch diese Plattformen steigen. Denn Plattformen können von der Tendenz zur Monopolbildung, die u. a. für Zahlungsnetzwerke charakteristisch ist, auch bei Zahlungsdiensten profitieren. Mit der Verbreitung integrierter Zahlungen, z. B. über Facebook, WhatsApp oder Amazon, Voice Commerce wie über Alexa oder Echo sowie die Integration von Bezahllösungen in die Prozesse des Internet-of-Things wird sich diese Entwicklung tendenziell beschleunigen. Denn in den beschriebenen Anwendungen dürften Kunden aus Gründen der Praktikabilität eher eine standardmäßig voreingestellte Bezahllösung bevorzugen, als diese regelmäßig zu ändern.

Aus Sicht der Kreditwirtschaft geht es darum, gemeinsam die Grundlagen und Standards für wettbewerbsfähige Bezahlverfahren festzulegen und die Schnittstelle zum Kunden zu behaupten. Abgesicherte Zugänge von Konto-zu-Konto über APIs in Verbindung mit einer bequem zu bedienenden Oberfläche könnten die durchgängig digitale Abwicklung von Geschäftsprozessen nicht nur im Zahlungsverkehr, sondern auch bei anderen Finanzdiensten erleichtern. So könnten sich durch den modularen Aufbau von finanzwirtschaftlichen Services auf Basis des bestehenden Girokontos auch Skaleneffekte durch höhere Automatisierung sowie Kostensenkungspotenziale realisieren lassen.

2.4.3 Tendenz zum Universalinstrument

Für das Bezahlen im stationären Handel, e- und m-commerce und für direkte Zahlungen zwischen Personen dürfte der Wunsch nach Lösungen aus einer Hand bei Nutzern weiter steigen. Mit dem Smartphone als dem neuen Universalinstrument gleichen sich Bezahlsituationen immer stärker an. Im Onlinehandel wird zu immer größeren Teilen inzwischen das Smartphone sowohl für die Recherche als auch zum Bezahlen eingesetzt (Bundesverband E-Commerce und Versandhandel Deutschland e. V. 2017). Auch wenn Zahlungen von Person zu Person bisher noch zum allergrößten Teil in bar durchgeführt werden, nimmt die Anzahl der Angebote für P2P-Zahlungen mit dem Smartphone und ihre Akzeptanz zu. Zurzeit weitgehend ohne Interoperabilität entstehen P2P-Angebote verschiedener kreditwirtschaftlicher Anbieter neben den schon länger existierenden Lösungen von PayPal und verschiedenen Start-ups. Grundsätzlich ist hier aber zu erwarten, dass der Kunde bei der Gewöhnung an einen dieser Smartphone-basierten Zahlungsdienste diesen für verschiedene Zahlungssituationen einsetzen möchte. Denn die Konzentration auf einen Dienst erleichtert die Handhabung und die Ausgabenübersicht.

2.4.4 Zahlungsverkehr wird schneller

Die sich immer stärker abzeichnende Digitalisierung des Alltagslebens führt auch zu einer geänderten Wahrnehmung der Nutzer, wenn sie sich die Angebote an Zahlungsdiensten ansehen. Insbesondere ist es für viele Konsumenten kaum noch nachvollziehbar, wieso der Austausch aller sonstigen Nachrichten, sei es per E-Mail, SMS oder spezieller Services wie etwa WhatsApp, in nahezu Echtzeit funktioniert und die große Masse aller Zahlungen weiterhin Auslieferungszeiten von einem Geschäftstag benötigt. Zurzeit beruhen die Verarbeitungsprozesse im Massenzahlungsverkehr durchgehend auf der Weitergabe der Zahlungsnachrichten in gebündelter Form, in „Batches". Im Unterschied dazu werden nur in RTGS (Real Time Gross Settlement)-Systemen, die vor allem für die Abwicklung von Zahlungen zwischen Banken bestimmt sind, die Zahlungsnachrichten einzeln mit sofort daran anschließender Buchung weitergegeben. Doch solche sind technisch sehr aufwendig und werden daher bisher nur für den Individualzahlungsverkehr genutzt.

Um in Europa diese Innovation im Zahlungsverkehr anzustoßen und eine gemeinsame Grundlage für Echtzeitzahlungen im Massenzahlungsverkehr zu schaffen, wurde das Thema im Euro Retail Payments Board (ERPB) im Dezember 2014 erstmals auf die Agenda genommen. In diesem Gremium sind unter Leitung der Europäischen Zentralbank (EZB) sowohl Anbieter als auch Nutzer von Zahlungsdiensten auf europäischer Ebene vertreten. Mit der Diskussion im ERPB sollte vermieden werden, dass sich erst einmal geschlossene Systeme entlang nationaler Grenzen herausbilden, die dann später erst (wie bei der Überweisung und der Lastschrift) wieder auf einen gemeinsamen Standard überführt werden müssen (Euro Retail Payment Board 2014).

Am Anfang stand die Einigung auf den Begriff „Instant Payments". Die Abwicklung in Echtzeit oder Fast-Echtzeit meint, dass der Empfänger sofort oder äußerst zeitnah über den gutgeschriebenen Betrag verfügen können soll. Instant Payments sollen darüber hinaus grundsätzlich 365 Tage im Jahr rund um die Uhr möglich sein.

Um Instant Payments einzuführen, bedurfte es zunächst der Festlegung von System(Scheme)regeln im Interbankenverkehr, die vom European Payments Council (EPC) ausgearbeitet wurden. Ein solches Regelwerk für die Überweisung von Euro in Echtzeit (SCTinst: SEPA Credit Transfer Instant) wurde vom EPC am 17. November 2017 zur Nutzung zur Verfügung gestellt.

Auf dieser Basis bieten inzwischen die ersten Banken europaweit Instant Payments an. In Deutschland wird mit ersten Angeboten in größerem Umfang ab 2019 gerechnet. Dabei bieten Instant Payments neue Möglichkeiten vor allem in Verbindung mit einer App-basierten Lösung für das Smartphone. Denn ein Teil des Marktpotenzials von Instant Payment besteht vermutlich in der Substitution von Bargeldzahlungen zwischen Privatpersonen, aber auch an der Ladenkasse. Entscheidend für die Nutzung von Instant Payments per Smartphone-App ist die Verknüpfung von IBAN und Mobilfunknummer der Nutzer in einer Datenbank, die möglichst europaweit nutzbar sein sollte, um eine möglichst flächendeckende Erreichbarkeit für Instant Payments sicherzustellen.[4]

2.4.5 Anforderungen an Sicherheit und Datenschutz im Zahlungsverkehr nehmen zu

Im bargeldlosen Zahlungsverkehr spielen Sicherheitsaspekte für alle Beteiligten eine wichtige Rolle. Anbieter von Zahlungsdiensten müssen prüfen, ob die Zahlung von einer berechtigten Person veranlasst wurde. Traditionell wurde für diese Prüfung die persönliche Unterschrift genutzt. Inzwischen gibt es zahlreiche weitere Verfahren, die zum Teil auch auf das Online-Banking, Zahlvorgänge im Internet oder mit Smartphone ausgelegt sind. Diese Verfahren stützen sich auf die Kriterien Besitz (z. B. Debit- oder Kreditkarte oder Smartphone), Wissen (z. B. Persönliche Identifikationsnummer PIN oder Passwort) und Biometrie (z. B. Fingerabdruck oder Gesichtserkennung). Um die Sicherheit zu erhöhen, sollten bei einem Zahlvorgang mindestens zwei dieser Kriterien geprüft werden (Zwei-Faktor-Authentifizierung). Die verstärkte Nutzung von Zwei-Faktor-Authentifizierungsverfahren hat in der Vergangenheit zu großen Erfolgen bei der Betrugsbekämpfung im Internetzahlungsverkehr geführt.

Ganz entscheidend ist die zweifelsfreie Gewährleistung von Sicherheit insbesondere auch bei innovativen Produkten für die Nutzerakzeptanz. Vor allem persönliche Daten (wie PIN oder biometrische Daten) sollen nicht durch Cyberangriffe oder den Einsatz von Schadsoftware abgegriffen werden können.

Neben Sicherheit gewinnt der Datenschutz im Zahlungsverkehr an Bedeutung. Daten gelten als die Rohdiamanten des digitalen Zeitalters. Große Mengen werden laufend gesammelt und analysiert, um Prozesse zu optimieren und Leistungen zu personalisieren. Gerade in Deutschland mit seiner hohen Sensibilität für dieses Thema gilt der Schutz von Daten als ein ganz wichtiger Faktor für die Akzeptanz von Innovationen. Der Schutz der persönlichen Daten ist eng mit der Sicherheit im virtuellen Raum verknüpft. Aufgrund vielfältiger Abhängigkeiten im Gesamtsystem Zahlungsverkehr kann dieses nur so sicher sein, wie sein schwächstes Glied. Deshalb sind Vorkehrungen und Maßnahmen zum Schutz vor Cyberschäden sowohl von Unternehmen als auch von Verbrauchern unerlässlich.

---

[4]Eine ERPB-Arbeitsgruppe zu P2P-Mobile-Payments arbeitet an den Anforderungen, die teilweise schon existierenden nationalen Lösungen zu verlinken.

2.5 Ausblick

Es ist zu erwarten, dass auf Verbraucherseite das Heranwachsen einer internet- und technologieaffinen Generation dazu beitragen wird, dass die Offenheit für innovative Zahlverfahren insgesamt weiter steigen wird. Unverzichtbar für eine zielgerichtete und effiziente Weiterentwicklung des bargeldlosen Zahlungsverkehrs ist daher ein konsistenter und ausgewogener Regulierungsrahmen. Es sind gleiche Wettbewerbsbedingungen zwischen kreditwirtschaftlichen und nichtkreditwirtschaftlichen Anbietern zu gewährleisten und Kooperation zwischen Marktteilnehmern zu ermöglichen. Dabei kommt es darauf an, die notwendige Balance zwischen Innovationsförderung und einem ausreichenden Sicherheitsniveau zu finden, technologieneutral zu sein und neue digitale Lösungen zu ermöglichen. Zwar hat die Distributed-Ledger-Technologie bislang keine wirkliche Bedeutung für den Massenzahlungsverkehr, doch kann sich dies noch ändern. Auch solche technologischen Veränderungen müssten sich gegebenenfalls im regulatorischen Rahmen widerspiegeln.

Neuartige Technologien für einfache, sichere und auch mobile Zahlungen, Instant Payments, APIs, dynamische Newcomer, Daten- und IT-Sicherheit sind die Parameter, denen sich Marktteilnehmer im bargeldlosen Zahlungsverkehr künftig stellen müssen. Es liegt vor allem bei den Anbietern von Zahlungsdiensten in Deutschland, sowohl den Etablierten als auch den Herausforderern, zukunftsweisende Produkte auf den Weg zu bringen, um bestehende Bezahlprozesse in einer digitalisierten Welt zu optimieren. Als Beispiele seien hier das Bezahlen mit der kontaktlosen Karte und die Bezahlung innerhalb von Apps genannt. Dabei müssen stets die Kunden auf beiden Seiten des Marktes im Blick behalten werden. Einfach, schnell und sicher wollen Käufer bezahlen und Zahlungsempfänger das Geld erhalten. Das sind die entscheidenden Faktoren, an denen sich Zahlungsdienste heute und in Zukunft messen lassen müssen.

Literatur

Bank für Internationalen Zahlungsausgleich (2012) Innovation in retail payments. Committee on Payment and Settlement Systems. Report of the Working Group in Retail Payments. Mai 2012

Bundesverband E-Commerce und Versandhandel Deutschland e. V. (2017) Interaktiver Handel in Deutschland 2016. https://www.bevh.org/uploads/media/Auszug_aus_der_bevh-Studie_Interaktiver_Handel__in_Deutschland_2016_.pdf. Zugegriffen: 19. Dez. 2017

Deutsche Bundesbank (2009) Zahlungsverhalten in Deutschland – Eine empirische Studie über die Auswahl und Verwendung von Zahlungsinstrumenten in der Bundesrepublik Deutschland

Deutsche Bundesbank (2012) Innovationen im Zahlungsverkehr. Monatsbericht September 2012

Deutsche Bundesbank (2015) Zahlungsverhalten in Deutschland 2014 – Dritte Studie über die Verwendung von Bargeld und unbaren Zahlungsinstrumenten

Deutsche Bundesbank (2018) Zahlungsverhalten in Deutschland 2017 – Vierte Studie über die Verwendung von Bargeld und unbaren Zahlungsinstrumenten

EHI Retail Institute (2016) Kartengestützte Zahlungssysteme im Einzelhandel 2016

Ernst & Young (2017) Germany FinTech landscape. http://www.ey.com/Publication/vwLUAssets/ey-germany-fin-tech-landscape/$FILE/ey-germany-fin-tech-landscape.pdf. Zugegriffen: 19. Dez. 2017

Euro Retail Payments Board (2014) ERPB to address instant payments in euro and remaining SEPA issues. https://www.ecb.europa.eu/press/pr/date/2014/html/pr141209.en.html. Zugegriffen: 19. Dez. 2017

World Economic Forum (2017) Beyond Fintech – a pragmatic assessment of disruptive potential in financial services. http://www3.weforum.org/docs/Beyond_Fintech_-_A_Pragmatic_Assessment_of_Disruptive_Potential_in_Financial_Services.pdf. Zugegriffen: 10. Dez. 2017

Johannes Klocke arbeitete nach dem Studium der Volkswirtschaftslehre von 2011 bis 2016 als Senior Experte für Politik und Strategie im Massenzahlungsverkehr bei der Deutschen Bundesbank. Dabei hat er zunächst die SEPA-Umstellung begleitet, bevor er sich insbesondere mit Innovationen im Massenzahlungsverkehr beschäftigt hat. Nachdem er von 2016 bis 2017 als Referent für digitale Finanztechnologien im Bundesministerium der Finanzen gearbeitet hat, hat er sich als Senior Experte für die Digitalisierung im Zahlungsverkehr wieder der Deutschen Bundesbank angeschlossen.

Dr. Heike Winter ist in der Deutschen Bundesbank für Fragen der Digitalisierung im Zahlungsverkehr verantwortlich. Dazu gehören die Diskussion im Eurosystem und mit dem deutschen Kreditgewerbe ebenso wie die Analyse des Marktes für Zahlungsdienste. Nach dem Studium der Volkswirtschaftslehre war sie Mitarbeiterin an einem Lehrstuhl für Wirtschaftstheorie. Sie arbeitet seit Februar 1999 bei der Deutschen Bundesbank, zunächst in den Bereichen Öffentlichkeitsarbeit und ökonomische Bildung und seit März 2007 im Zahlungsverkehr.

Einführung einer Obergrenze für Bargeldtransaktionen – Rechtliche Grenzen und die Perspektive der Praxis

Frank Rieger

Inhaltsverzeichnis

3.1	Regeln zum Umgang mit Bargeld	48
3.2	Perspektive der Praxis	49
3.3	Rechtliche Grenzen einer Begrenzung von Bargeldtransaktionen	50
	3.3.1 Recht auf informationelle Selbstbestimmung	50
	3.3.2 Vertragsfreiheit und Berufsfreiheit	51
	3.3.3 Eigentumsfreiheit	52
	3.3.4 Regelung zur Bargeldobergrenze als Grundrechtsschranke	52
3.4	Fazit	54
Literatur		54

Die Einführung von Obergrenzen für Bargeldtransaktionen oder gar dessen Abschaffung ist in Deutschland und Europa in der Diskussion (Fischer et al. 2017, S. 42 ff.). Hintergrund sind Überlegungen, dass Bargeld gerade im Bereich der organisierten Kriminalität, der Korruption oder der Terrorismusfinanzierung eingesetzt wird und man sich von einer Einschränkung des Bargeldverkehrs positive Wirkungen auf die Kriminalitätsbekämpfung erhofft. So hatte die Europäische Kommission in einer Mitteilung an den Rat und das Europäische Parlament am 2. Februar 2016 einen Aktionsplan für ein intensiveres Vorgehen gegen die Terrorismusfinanzierung veröffentlicht (EU-Kommission 2016). Darin wurde festgestellt, dass zur Terrorismusfinanzierung weitgehend Barzahlungen eingesetzt

---

Dieser Beitrag gibt ausschließlich die persönliche Auffassung des Autors wieder.

F. Rieger (✉)
Niederrheinische IHK Duisburg-Wesel-Kleve zu Duisburg, Duisburg, Deutschland
E-Mail: rieger@niederrhein.ihk.de

© Springer Fachmedien Wiesbaden GmbH, ein Teil von Springer Nature 2018
J. Lempp et al. (Hrsg.), *Die Zukunft des Bargelds*,
https://doi.org/10.1007/978-3-658-21720-4_3

werden und deshalb eine Obergrenze für Barzahlungen als Maßnahme in Betracht käme (EU-Kommission 2016, S. 11). Der Rat der Wirtschafts- und Finanzminister hat daraufhin die Kommission mit einer näheren Untersuchung beauftragt, in deren Folge im Frühjahr 2017 eine Konsultation durchgeführt wurde (EU-Kommission 2017). Für das Jahr 2018 ist eine Folgenabschätzung geplant, die Vorschläge für das weitere Vorgehen enthalten soll. In der EU gibt es derzeit in 12 Staaten Bargeldobergrenzen in einer Bandbreite von 1000 € in Frankreich und Portugal bis zu 15.000 € in Polen (Fischer et al. 2017, S. 45).

Vor dem Hintergrund der Entwicklungen in der EU lohnt sich ein Blick auf die erwarteten praktischen Folgen solcher Einschränkungen und die Frage insbesondere nach verfassungsrechtlichen Grenzen entsprechender Regelungen in Deutschland. Zuvor ist jedoch zunächst ein Blick auf die bereits bestehenden Regelungen zum Umgang mit Bargeld in Deutschland zu werfen.

3.1 Regeln zum Umgang mit Bargeld

Auf der Grundlage der ausschließlichen Gesetzgebungskompetenz des Bundes aus Art. 73 Abs. 1 Nr. 4 GG für das Währungs-, Geld- und Münzwesen hat der Bundesgesetzgeber Regelungen zum Umgang mit Bargeld in § 3 Münzgesetz und § 14 Bundesbankgesetz getroffen. Darüber hinaus finden sich die Regelungen zum Euro-Bargeld primärrechtlich in Art. 128 Abs. 1 S. 3 AEUV sowie in Art. 10 f. der EG-Verordnung Nr. 974/98 über die Einführung des Euro.[1] Nach diesen Regelungen sind die Euro-Banknoten und -Münzen alleiniges gesetzliches Zahlungsmittel. Darüber hinaus wird ein Annahmezwang für Banknoten sowie für Münzen bis zu einer Anzahl von 50 Stück statuiert. Vertragsparteien können jedoch diesen weiten Annahmezwang im Rahmen von Treu und Glauben (§ 242 BGB) zivilrechtlich einschränken.[2]

Neben diesen Grundlagen des Währungsrechts hat der Bundesgesetzgeber auf der Grundlage einer EU-Richtlinie das Gesetz über das Aufspüren von Gewinnen aus schweren Straftaten (Geldwäschegesetz – GwG) erlassen. Danach haben die Vertragspartner bei Barzahlungen ab 10.000 € insbesondere Informationspflichten zu erfüllen. Güterhändler, die Barzahlungen in dieser Höhe entgegennehmen oder tätigen, müssen nach § 4 Abs. 4 i. V. m. § 2 Abs. 1 Nr. 16 GwG ein wirksames Risikomanagement nachweisen. Gewerbetreibende aus der Banken- und Versicherungsbranche treffen weitergehende Verpflichtungen.

Damit wird deutlich, dass es aktuell keine Beschränkungen im Einsatz von Bargeld in Deutschland gibt, wenngleich ab einer gewissen Höhe von Bargeldtransaktionen den Handelnden gewisse Pflichten auferlegt werden.

---

[1]Verordnung (EG) Nr. 074/98 des Rates vom 3. Mai 1998 über die Einführung des Euro (Abl. L 139 vom 11.05.98, S. 1).
[2]Zur Entwicklung und der zivilrechtlichen Einordnung vgl. nur Grundmann (2015, MüKo-BGB § 245 Rn. 5 ff., 48 ff.).

3.2 Perspektive der Praxis

Die Bedeutung des Bargelds in der gewerblichen Wirtschaft macht eine aktuelle Studie aus dem Einzelhandel deutlich, die festgestellt hat, dass 78 % aller Einkäufe bar bezahlt werden und der Bargeldumsatz zumindest noch 51 % beträgt. Die Studie konstatiert, dass es insbesondere bei Kleinbetragszahlungen keinen vom Kunden breit akzeptierten oder im Handel flächendeckend angebotenen Ersatz für Bargeld gibt (Rüter 2017, S. 10 f.). Auch für die nächsten fünf Jahre, so ergab die Befragung der Einzelhändler im Rahmen der Studie, rechnen 72 % der Händler damit, dass das Bargeld für Beträge unter 10 € die dominante Zahlungsart bleibt (Rüter 2017, S. 11).

Auch nach einer Umfrage der GfK im Auftrag des Bundesverband deutscher Banken aus dem Jahr 2016 zahlen 47 % der Deutschen beim alltäglichen Einkauf in einem Geschäft lieber bar, weil sie so einen besseren Überblick über die Ausgaben behalten (61 %) bzw. sie es so gewohnt sind (44 %). Danach sind auch 60 % der Befragten gegen eine gesetzliche Bargeldobergrenze – bspw. bei einer Grenze von 1000 €. Eine vollständige Abschaffung lehnen 91 % ab (GfK 2016).

Aus diesen Studien wird deutlich, dass sich insbesondere die Kunden gegen Beschränkungen bei Bargeldtransaktionen wenden. Der HDE Handelsverband Deutschland fordert als Vertreter des Einzelhandels vielmehr, dass der Gesetzgeber stärker die Möglichkeiten der unbaren Zahlung fördern solle (HDE 2017). Zudem zweifelt der HDE in einem Positionspapier aus dem Jahr 2016 generell die Wirksamkeit einer Obergrenze von Bargeldzahlungen von 5000 € an (HDE 2016). Der Deutsche Industrie- und Handelskammertag als Vertretung der gesamten gewerblichen Wirtschaft mit Ausnahme der ausschließlich handwerklich Tätigen betont in einer Stellungnahme zur Umsetzung der vierten EU-Geldwäscherichtlinie, dass große Teile der Wirtschaft hoffen, dass Bargeldobergrenzen nicht gesetzlich geregelt werden (DIHK 2016, S. 2).

Dieses Statement der Wirtschaft wird durch die Ergebnisse der oben bereits erwähnten Konsultation der EU-Kommission aus dem Jahr 2017 bestätigt, an der zu 93 % Privatpersonen teilgenommen haben. Sie sprechen sich zu 95 % gegen die Einführung von Beschränkungen bei Barzahlungen aus, wobei es keine Rolle spielte, ob der Mitgliedstaat, in dem der Teilnehmer der Konsultation wohnt, selbst bereits Beschränkungen eingeführt hat oder nicht. Als Grund für ihre Ablehnung gaben 87 % der Befragten an, dass sie dies als Eingriff in essenzielle persönliche Freiheiten betrachten. Darüber hinaus sehen 74 % dieses Mittel als ineffektiv zur Zielerreichung an und 66 % betonen, dass die Zahlungsart bequem sei. Schließlich heben 74 % der Befragten hervor, dass sie signifikante negative Effekte auf die wirtschaftliche Entwicklung als Folge der Einführung von Beschränkungen im Barzahlungsverkehr befürchten (EU-Kommission 2017). Die repräsentativen Befragungen und Konsultationen zeigen damit deutlich, dass den Bestrebungen, Bargeldobergrenzen einzuführen, eine deutliche Ablehnung entgegenschlägt. Bemerkenswert ist dabei insbesondere bei der Konsultation der EU-Kommission, dass die damit einhergehende Freiheitsbeschränkung als wesentlicher Nachteil angesehen wird. Dieses Gefühl der Freiheitsbeeinträchtigung korrespondiert mit den Freiheitsgewährleistungen in den Grundrechtskatalogen des Grundgesetzes und der Europäischen Grundrechtecharta.

3.3 Rechtliche Grenzen einer Begrenzung von Bargeldtransaktionen

Aufgrund der Bindung des nationalen, wie europäischen Gesetzgebers an die Freiheitsrechte des Grundgesetzes (GG) bzw. der Europäischen Grundrechtecharta sind vor einer gesetzlichen Regelung etwaiger Obergrenzen für Bargeldtransaktionen deren Leitplanken auszuloten. Die nachfolgende Betrachtung konzentriert sich auf die Grundrechte des Grundgesetzes unter dem Hinweis, dass die Grundrechtecharta qualitative vergleichbare Grundrechtsverbürgungen enthält.

Der Einsatz von Bargeld bei Transaktionen als Tauschmittel bietet gegenüber den unbaren Zahlungsvarianten den Vorteil für den Nutzer, dass eine Zuordnung des Zahlungsvorgangs zur Person nicht möglich ist. Aus grundrechtlicher Perspektive ist dabei zwar auch der Zahlungsvorgang von Relevanz, aber insbesondere der mit diesem Zahlungsvorgang verbundene Leistungszweck, d. h. aus welchem Grund eine Zahlung erfolgt. Sie kann eine Gegenleistung für Waren oder Dienstleistungen, aber auch die Begebung eines Darlehens, eine Schenkung oder Zuwendung sein. Nur mit Bargeld besteht die Sicherheit für den Zahlenden, dass die Zahlung und damit auch der Zahlungszweck nicht nachvollzogen werden kann. Das berechtigte Interesse des Einzelnen an der Geheimhaltung liegt dabei auf der Hand, wenn man sich lediglich den Kauf von Arzneimitteln oder Drogerieartikeln vor Augen führt, die Rückschlüsse auf den Gesundheitszustand zulassen.

3.3.1 Recht auf informationelle Selbstbestimmung

Dieses Geheimhaltungsinteresse wird grundrechtlich durch das vom Bundesverfassungsgericht aus dem allgemeinen Persönlichkeitsrecht entwickelte Grundrecht auf informationelle Selbstbestimmung geschützt. Das Recht auf informationelle Selbstbestimmung ist eine Ausprägung eines sich an moderne Entwicklungen anpassenden Persönlichkeitsschutzes aus Art. 2 Abs. 1 i. V. m. Art. 1 Abs. 1 GG (di Fabio 2017, Art. 2 Rn. 173). Im Volkszählungsurteil hat das Bundesverfassungsgericht darauf hingewiesen, dass aufgrund der Möglichkeit mithilfe moderner Informationstechnologie alle verfügbaren Daten einer Person zusammenzuführen, ein umfassendes Persönlichkeitsprofil erstellt werden kann und es deshalb kein belangloses einzelnes Datum mehr gibt.[3] Es geht um die Entscheidungsfreiheit des Menschen, die gefährdet ist, wenn der Einzelne nicht mit

---

[3]BVerfGE 65, 1 (45).

hinreichender Sicherheit übersehen kann, welche Informationen über ihn in bestimmten Bereichen bekannt sind. „Wer das mögliche Wissen möglicher Kommunikationspartner nicht einigermaßen abzuschätzen vermag, kann in seiner Freiheit wesentlich gehemmt werden, aus eigener Selbstbestimmung zu planen oder zu entscheiden."[4]

3.3.2 Vertragsfreiheit und Berufsfreiheit

Neben dem Geheimhaltungsinteresse als Grundlage für die freie Entfaltung der Persönlichkeit stehen bei einer Einschränkung von Bargeldtransaktionen weitere Grundrechtsbeeinträchtigungen in Rede. Durch eine Einschränkung wird der Einzelne mittelbar gezwungen, unbare Wege der Transaktion zu nutzen und ist damit verpflichtet mit Dienstleistern, die diese Transaktionsarten anbieten, Verträge abzuschließen, da andernfalls eine Transaktion nicht möglich ist. Das Grundrecht der allgemeinen Handlungsfreiheit aus Art. 2 Abs. 1 GG beinhaltet nach der Rechtsprechung des Bundesverfassungsgerichts auch die Vertragsfreiheit, also die Freiheit selbst zu entscheiden, ob, mit wem und mit welchem Inhalt Verträge abgeschlossen werden. Da ein Vertragsschluss immer auch bedeutet, dass man bei entsprechenden Vorleistungen das Risiko der Insolvenz des Vertragspartners zu tragen hat, kann eine weitgehende Einschränkung von Bargeldtransaktionen oder gar ein Verbot mit erheblichen Auswirkungen auf dieses Grundrecht zusammenhängen.[5]

Im Falle der beruflich Tätigen kommt neben der Vertragsfreiheit u. U. noch eine Betroffenheit der Berufsfreiheit nach Art. 12 Abs. 1 GG in Betracht (Papier 2016, S. 34).[6] Das einheitliche Grundrecht der Berufsfreiheit fasst die Berufswahl- und die Berufsausübungsfreiheit zusammen und gewährleistet „die ökonomische Seite menschlichen Strebens nach Glückseligkeit" (Ruffert 2017, Art. 12 Vor Rn. 1). Allerdings dürfte die für einen Eingriff erforderliche berufsregelnde Tendenz für die Mehrzahl der Berufe nicht gegeben sein. Das Merkmal der berufsregelnden Tendenz dient der Abgrenzung zwischen den Anwendungsbereichen der Berufsfreiheit und der Allgemeinen Handlungsfreiheit für Regelungen, die berufliche Handlungen ebenso belasten, wie nicht-berufliche Handlungen bzw. die Berufsfreiheit nur am Rande berühren.[7] Soweit man nicht diese Einschränkung aus grundsätzlichen Erwägungen ablehnt (Ruffert 2017, Art. 12 Rn. 54 ff.), dürfte bei einer allgemeinen Bargeldobergrenze ohne berufsspezifische Besonderheiten regelmäßig nicht von einer berufsregelnden Tendenz auszugehen sein.

---

[4]BVerfGE 65, 1 (43).
[5]Zu Vertragsfreiheit vgl. nur di Fabio (2017, Art. 2 Rn. 101 ff. m. w. N.).
[6]Zur Abgrenzung der Anwendungsbereiche von Vertragsfreiheit und Berufsfreiheit vgl. nur BVerfGE 134, 204 Rn. 67 ff.
[7]Vgl. nur BVerfGE 13, 181 (186).

3.3.3 Eigentumsfreiheit

Neben der Funktion des Bargelds als Transaktionsmittel kommt es auch zum Einsatz, wenn es darum geht, Vermögen aufzubewahren. Bei entsprechenden Einschränkungen kommt die Eigentumsfreiheit aus Art. 14 Abs. 1 GG als betroffenes Grundrecht in den Blick. Der Eigentumsgarantie kommt nach der Rechtsprechung des Bundesverfassungsgerichts im Gefüge der Grundrechte die Aufgabe zu, dem Träger des Grundrechts einen Freiheitsraum im vermögensrechtlichen Bereich zu sichern und ihn dadurch eine eigenverantwortliche Gestaltung seines Lebens zu ermöglichen.[8] Dabei hat die Eigentumsgarantie sowohl eine freiheitssichernde, als auch eine rechtsbewahrende Funktion. Sie gewährleistet Rechtssicherheit in Bezug auf die durch die Rechtsordnung anerkannten Vermögensrechte und schützt das Vertrauen in deren Bestand (Wendt 2018, Art. 14 Rn. 4 ff.). Geschützt wird grundsätzlich jedes von der Rechtsordnung anerkannte konkrete Vermögensrecht, nicht jedoch das Vermögen als solches, da es sich dabei nicht um eine konkrete Rechtsposition handelt, sondern um den Inbegriff aller geldwerten Güter einer Person. Der verfassungsrechtliche Eigentumsbegriff geht damit über den zivilrechtlichen Eigentumsbegriff hinaus und erstreckt sich auch auf nicht-dingliche Rechtspositionen.[9] Die Freiheit der Nutzung des Bargelds als Tauschmittel und Aufbewahrungsmittel fällt damit in den Schutzbereich der Eigentumsfreiheit.

Das Bundesverfassungsgericht hat darüber hinaus in einer funktionalen Betrachtungsweise anerkannt, dass bei einer Reglementierung der Nutzung vermögenswerter Rechte, wie der Bargeldnutzung, gleichzeitig die Eigentumsfreiheit als Schutz des Ergebnisses einer beruflichen Betätigung und die berufliche Betätigung selbst betroffen sein könnten. In der Literatur wird aus diesem Grund der Zusammenhang beider Grundrechte auch als allgemeine Verfassungsgewährleistung der Wirtschaftsfreiheit, als Einheit und Komplex aller wirtschaftlich relevanten Verhaltens- und Bestandsweisen verstanden (Scholz 2017, Art. 12 Rn. 138 ff.).

3.3.4 Regelung zur Bargeldobergrenze als Grundrechtsschranke

Die Betroffenheit der Grundrechte der Eigentums-, Berufs- und allgemeinen Handlungsfreiheit sowie des Rechts auf informationelle Selbstbestimmung hat aber nicht zur Folge, dass entsprechende Beeinträchtigungen der Nutzungsmöglichkeit von Bargeld durch den Gesetzgeber generell unzulässig wären. Diese Grundrechte sind nicht schrankenlos gewährleistet. Einschränkungen sind bei jedem der genannten Grundrechte zulässig und im Grundgesetz vorgesehen. Danach kann die Vertragsfreiheit als Ausprägung der

---

[8]Vgl. nur BVerfGE 102, 1 (15); 30, 292 (334); 53, 257 (290); 68, 193 (222); 79, 292 (303 f.); 83, 201 (208); 97, 350 (370 f.); 100, 1 (32).
[9]BVerfG stRspr., vgl. nur BVerfGE 4, 7 (17).

allgemeinen Handlungsfreiheit durch die verfassungsmäßige Ordnung (Art. 2 Abs. 1 GG), die Eigentumsfreiheit durch den Gesetzgeber beschränkt werden, der Inhalt und Schranken (Art. 14 Abs. 1 Satz 2 GG) regelt, die Berufsausübung durch oder aufgrund eines Gesetzes (Art. 12 Abs. 1 Satz 2 GG) sowie das Recht auf informationelle Selbstbestimmung ebenfalls durch die verfassungsmäßige Ordnung im oben genannten Sinne.

Entscheidend bei den Möglichkeiten der Beschränkung ist jedoch, dass diese gesetzlichen Regelungen insbesondere den Grundsatz der Verhältnismäßigkeit beachten müssen und nur unter dieser Voraussetzung mit dem Grundgesetz vereinbar sind. Der Grundsatz der Verhältnismäßigkeit in Gestalt des Übermaßverbots verlangt, dass die Beschränkung ein legitimes Ziel hat und als Mittel zur Zielerreichung nicht außer Verhältnis steht, d. h. geeignet, erforderlich und angemessen ist (Antoni 2016, Art. 1 Rn. 9).

Ziel der aktuellen Beschränkungen und der Begründungen für entsprechende Vorschläge ist die Bekämpfung von Kriminalität, zum Teil schwerster Kriminalität insbesondere, wenn der Schutz der Rechtsgüter Leib und Leben bei der Bekämpfung der Terrorismusfinanzierung und der organisierten Kriminalität in den Blick genommen wird. Dabei handelt es sich um legitime Ziele, die auch zum in Art. 2 Abs. 2 GG hervorgehobenen Schutzauftrag des Staates gehören, Leben und körperliche Unversehrtheit zu schützen. Allerdings wird in der Diskussion (EU-Kommission 2017; Fischer et al. 2017; Papier 2016) die Eignung zur Zielerreichung mit dem Argument infrage gestellt, dass auch in den Ländern, die bereits entsprechende Bargeldobergrenzen, teilweise sogar ab 1000 €, eingeführt haben, noch die gewünschten Wirkungen ausgeblieben sind. Andere gehen davon aus, dass die Kriminellen, die damit bekämpft werden sollen, längst andere unbare Wege gefunden haben, die Geschäfte abzuwickeln.

Falls man gleichwohl von einer Eignung ausgehen und dem Gesetzgeber bei der Frage der Erforderlichkeit (ob also ein gleich geeignetes, aber anderes Mittel zur Verfügung steht, dass das betroffene Grundrecht weniger beeinträchtigt) eine entsprechende Einschätzungsprärogative zubilligen will, muss insbesondere bei dem Grundrecht auf informationellen Selbstbestimmung die Frage gestellt werden, ob selbst bei Unterstellung der Vorteile die Grundrechtsbeeinträchtigung angemessen ist. Danach dürfen die Nachteile, die mit den Beschränkungen der Bargeldnutzung verbunden sind, nicht außer Verhältnis zu den Vorteilen stehen. Hierbei muss der Gesetzgeber die positiven Wirkungen insbesondere deshalb näher untersuchen, weil diese infrage gestellt werden. Bei diesen Untersuchungen kann er über die Festlegung der Höhe, bei der Bargeldtransaktionen noch möglich sind, eine Vielzahl von Fällen, in denen das Recht auf informationelle Selbstbestimmung betroffen wäre, ausschließen und so zu einer grundrechtsfreundlicheren Regelung kommen. Schließlich muss der Gesetzgeber im Sinne einer Erforderlichkeit eines Verbotes, also einer inhaltlich zwingenden Regelung immer prüfen, ob Informationspflichten, wie sie im Rahmen der Geldwäscheregelungen für Bargeldtransaktionen beim Güterkauf ab 10.000 € vorgesehen sind, nicht ebenso effektiv sind. Diese beinhalten zwar ebenfalls eine Beeinträchtigung des Rechts auf informationelle Selbstbestimmung, verhindern aber Beschränkungen der Eigentumsfreiheit und weitgehend auch der Berufs- bzw. Vertragsfreiheit.

3.4 Fazit

Bargeldobergrenzen stoßen sowohl in der Praxis als auch in der verfassungsrechtlichen Bewertung auf große Bedenken. Der nationale, wie der europäische Gesetzgeber ist aufgerufen, vor einer entsprechenden Regelung durch Untersuchungen in den Ländern, in denen bereits entsprechende Bargeldobergrenzen bestehen, nachzuweisen, dass sie die zugeschriebenen oder auch nur erhofften Wirkungen zeitigen. Eine bloße Hoffnung auf eine Wirkung reicht jedenfalls nicht aus, um die Betroffenen und die über eine etwaige Regelung entscheidenden Gerichte zu überzeugen.

Literatur

Antoni M (2016) Art. 1. In: Hömig D, Wolff, HA (Hrsg) Grundgesetz für die Bundesrepublik Deutschland, 11. Aufl. Nomos, Baden-Baden

Di Fabio U (2017) Art. 2. In: Maunz T, Dürig G (Hrsg) Grundgesetz, Kommentar, Loseblatt, 81. Erg.-Lfg. September 2017. Beck, München

DIHK (2016) Stellungnahme zum Referentenentwurf eines Gesetzes zur Umsetzung der Vierten EU-Geldwäsche-Richtlinie, 30. Dezember 2016, S. 2. http://www.bundesfinanzministerium.de/Content/DE/Gesetzestexte/Gesetze_Gesetzesvorhaben/Abteilungen/Abteilung_VII/18_Legislaturperiode/2017-06-24-EU-Geldwaescherichtlinie/Stellungnahme-11-DIHK.pdf?__blob=publicationFile&v=2. Zugegriffen: 4. Dez. 2017

EU-Kommission (2016) Mitteilung der Kommission an das Europäische Parlament und den Rat – Ein Aktionsplan für ein intensiveres Vorgehen gegen Terrorismusfinanzierung, COM (2016) 50. http://ec.europa.eu/transparency/regdoc/rep/1/2016/DE/1-2016-50-DE-F1-1.PDF. Zugegriffen: 4. Dez. 2017

EU-Kommission (2017) Outcome of the open public consultation on potential restrictions on large payments in cash. https://ec.europa.eu/info/sites/info/files/statistical_overview.pdf. Zugegriffen: 4. Dez. 2017

Fischer M, Höss A, Vogel L (2017) Bargeld – Analyse, Zeitschrift „Euro" Heft 11/2017, S. 42 ff.

GfK (2016) Bargeldgebrauch – Ergebnisse einer repräsentativen Umfrage im Auftrag des Bundesverbandes deutscher Banken. https://bankenverband.de/dossier/bargeld-dossier/bargeld-was-die-menschen-denken/. Zugegriffen: 4. Dez. 2017

Grundmann S (2015) § 245. In: Säcker FJ, Rixecker R, Oetker H, Limperg B (Hrsg) Münchener Kommentar zum Bürgerlichen Gesetzbuch (MüKo-BGB). Beck, München

HDE (2016) HDE-Position zur Begrenzung von Barzahlungen, 22. Februar 2016. https://www.einzelhandel.de/index.php?option=com_attachments&task=download&id=7502. Zugegriffen: 4. Dez. 2017

HDE (2017) Kleine Centmünzen erhalten. Wie steht der Handel zur Abschaffung von 1 und 2 Cent-Münzen oder zu freiwilligen Rundungsregeln? 29. Mai 2017. https://www.einzelhandel.de/index.php?option=com_attachments&task=download&id=8828. Zugegriffen: 4. Dez. 2017

Papier H-J (2016) Gesetzliche Begrenzungen von Bargeldzahlungen – verfassungsrechtlich zulässig? In: Deutsche Bundesbank (Hrsg) 3. Bargeldsymposium der Deutschen Bundesbank

Ruffert M (2017) Art. 12. In: Epping V, Hillgruber C (Hrsg) BeckOK Grundgesetz, 35. Aufl. Beck, München

Rüter H (2017) EHI-Studie – Kartengestützte Zahlungssysteme im Einzelhandel 2017, Daten, Fakten, Marktstrukturen. EHI Retail Institute, Köln
Scholz R (2017) Art. 12. In: Maunz T, Dürig G (Hrsg) Grundgesetz, Kommentar, Loseblatt, 80. Erg.-Lfg. Juni 2017. Beck, München
Wendt R (2018) Art. 14. In: Sachs M (Hrsg) Grundgesetz, Kommentar, 8. Aufl. Beck, München

Dr. Frank Rieger ist Leiter des Geschäftsbereichs Recht und Steuern der Niederrheinischen Industrie- und Handelskammer Duisburg-Wesel-Kleve zu Duisburg und Schriftleiter des „GEWERBEARCHIV – Fachzeitschrift für Wirtschaftsverwaltungsrecht". Er hat an der Martin-Luther-Universität Halle-Wittenberg Rechtswissenschaften und Wirtschaftsrecht studiert und anschließend mehrere Jahre als Geschäftsführer des Instituts für Kammerrecht gearbeitet.

Gebühren für Bargeldtransaktionen bei Banken

Thomas Birnstein

Inhaltsverzeichnis

4.1	Einleitung	57
4.2	Ausgangslage	58
	4.2.1 Kostensituation	58
	4.2.2 Erlössituation	59
	4.2.3 Wirtschaftlichkeit	60
4.3	Bargeld als Produkt verstehen	61
	4.3.1 Ist Bargeld ein Produkt?	61
	4.3.2 Einordnung der Banken	62
4.4	Preisbildung	63
	4.4.1 Zielstellung einer Bepreisung im Barzahlungsverkehr	64
	4.4.2 Praxiserprobtes Vorgehensmodell	64
	4.4.3 Preisbildung	67
4.5	Umsetzungshürden meistern	71
4.6	Fazit	71

4.1 Einleitung

Die anhaltende Niedrigzinsphase führt zu teilweise dramatisch verschlechterten Betriebsergebnisprognosen der Sparkassen und Genossenschaftsbanken. Die Institute sind somit gezwungen, ihre bisherigen Geschäftsmodelle auf den Prüfstand zu stellen – sowohl auf der Kostenebene als auch auf der Erlösseite. Dabei liegt der Fokus insbesondere auf der

---

T. Birnstein (✉)
P3N AG, Werdau, Deutschland
E-Mail: thomas.birnstein@p3n.de

© Springer Fachmedien Wiesbaden GmbH, ein Teil von Springer Nature 2018
J. Lempp et al. (Hrsg.), *Die Zukunft des Bargelds*,
https://doi.org/10.1007/978-3-658-21720-4_4

Suche nach bisher ungenutzten Erlöspotenzialen. Jene liegen in der Regel in einer Vielzahl derzeit nicht oder nur unzureichend bepreister Servicetätigkeiten, welche mitarbeiterbedient in den Filialen und durch den Einsatz von Selbstbedienungsgeräten erbracht werden. Oft sind diese Dienstleistungen bislang ohne konkrete Kenntnis der tatsächlich entstehenden Kosten und der wirklichen Inanspruchnahme durch den Kunden in pauschale Girokonto-Preise eingebunden. In diesem Kontext rückt nun zunehmend auch die Bepreisung von Bargelddienstleistungen in den Mittelpunkt – mit teilweise unerwünschten Folgen: Negative Publicity in der Öffentlichkeit oder Kundenbeschwerden sind oftmals die Konsequenz. Speziell regional verbundene Kreditinstitute wie Sparkassen und Genossenschaftsbanken sind aufgrund des öffentlichen Auftrags bzw. der Vorgaben in den Satzungen in der rein betriebswirtschaftlichen Betrachtung des Barzahlungsverkehrs reglementiert. Gerade diese Bankengruppen befinden sich somit im Spannungsfeld zwischen den Anforderungen der Eigentümer/Mitglieder auf der einen und der betriebswirtschaftlichen Stabilisierung des Geschäftsbetriebs auf der anderen Seite.

Wie können also regional tätige Kreditinstitute ihren Charakter behalten, die Kosten für das Bargeldhandling optimieren und gleichzeitig zusätzliche Erlöse aus diesem Geschäftsfeld generieren? Dieser Frage geht der Autor in den folgenden Abschnitten nach und zeigt dabei praxiserprobte Lösungsansätze auf.

4.2 Ausgangslage

4.2.1 Kostensituation

Die Basis für die Preiskalkulation im Barzahlungsverkehr ist zunächst einmal der Blick auf die Kostensituation. Damit einher geht in der Regel rasch die Erkenntnis, das Bargeld teuer ist. Dass das so ist, ist längst bekannt. Die offene Frage ist jedoch: Was bedeutet dies konkret?

Im Rahmen des P3N-Benchmarkings[1] mit ca. 200 Kreditinstituten aus dem Sparkassen- und Genossenschaftsbereich ließ sich ermitteln, dass jedes Institut ca. 0,1 % der durchschnittlichen Bilanzsumme an Kosten für den Barzahlungsverkehr aufwendet. Für die gesamte Sparkassen- und Genossenschaftsorganisation entstehen folglich insgesamt ca. 2 Mrd. € Kosten p. a. für den Barzahlungsverkehr – allein im Jahr 2016! Vergleicht man die Kosten, die in den Prozessen mit Kundenbeteiligung (Bargeldvertriebs-Prozessen) und den Prozessen ohne Kundenbeteiligung (Bargeldlogistik-Prozessen) entstehen, wird im Durchschnitt ein Verhältnis von etwa 55 % Bargeldvertriebskosten zu ca. 45 % Kosten in der Bargeldlogistik deutlich. Folglich lohnt es sich, dieses defizitäre Geschäftsfeld näher anzuschauen und die Kostentreiber genau zu ermitteln.

---

[1]P3N ist ein Beratungsunternehmen im Finanzsektor mit Sitz in Werdau.

Unbeeindruckt von der zunehmenden Digitalisierung im Bankenbereich nehmen in den Filialen der Sparkassen und Genossenschaftsbanken nach wie vor die mitarbeiterbedienten Bargeldvorgänge zwischen 35 % und 45 % aller mitarbeiterbedienten Servicetätigkeiten ein, obwohl eine mitarbeiterbediente Bargeldtransaktion mindestens das Vierfache einer Bargeld-SB-Transaktion kostet und ca. 90 % der heute mitarbeiterbedienten Transaktionen eigentlich SB-fähig sind. Im Schnitt aller untersuchten Institute liegen die im Benchmarking ermittelten Herstellungskosten für eine Bargeldtransaktion – unabhängig von der Abwicklungsart – bei 0,91 € je Transaktion. Die durchschnittlichen Herstellungskosten für eine SB-Transaktion belaufen sich hingegen nur auf ca. 0,66 € je Transaktion und im mitarbeiterbedienten Bereich auf 2,38 € je Transaktion. Gleichzeitig wird in den Filialen häufig eine Überausstattung an SB-Cashpoints vorgehalten. Im Durchschnitt der untersuchten Kreditinstitute liegt die jährliche Transaktionszahl bei ca. 35.000 Transaktionen pro Gerät. Spitzenwerte von teilweise 150.000 Transaktionen pro SB-Cashpoint zeigen jedoch auf, welche rein technischen Potenziale in der Optimierung der Geräteanzahl stecken.

Anders als im Einzelhandel, wo die Kundennachfrage das Angebotssortiment bestimmt, halten die Banken und Sparkassen in jeder Filiale in der Regel ein vollumfängliches Bargeldleistungsangebot vor, unabhängig vom tatsächlichen Kundenbedarf. Greift man diesen Sortimentsgedanken auf, ergeben sich folgende Indikatoren, die auf Handlungsbedarf im Bargeldvertrieb hinweisen:

- Der Anteil mitarbeiterbedienter Transaktionen ist zu hoch,
- die Anzahl SB-Geräte ist zu hoch,
- das Leistungsangebot Barzahlungsverkehr in den Filialen ist nicht bedarfsgerecht konzipiert und
- die Bargeld-Großkunden sind nicht identifiziert.

4.2.2 Erlössituation

Die Kreditinstitute erwirtschaften aus dem Barzahlungsverkehr durchschnittlich ca. 0,05 % der durchschnittlichen Bilanzsumme an Erlösen. Etwa 81,5 % davon werden allerdings durch den Einsatz von SB-Cashpoints generiert. Hier bildet aktuell insbesondere das direkte Kundenentgelt eine wichtige Einnahmequelle und deckt gleichzeitig neue Abhängigkeiten auf: Regionale Kreditinstitute beispielsweise, deren Geschäftsgebiet nicht in Ballungsräumen oder Urlaubsregionen liegt und deren Marktanteil folglich kleiner ausfallen muss, haben hier eindeutig einen Standortnachteil.

Mit jeweils ca. 7 % liegen die Erlöse aus dem Sorten- und Edelmetallgeschäft und die vereinnahmten Buchungspostenentgelte für Bar-Buchungen auf Rang zwei und drei.

Im Durchschnitt über alle Bartransaktionen hinweg nehmen Genossenschaftsbanken und Sparkassen pro Transaktion ein Entgelt in Höhe von 0,38 € ein. Diese Erlöse liegen deutlich unter den durchschnittlichen Herstellungskosten im Barzahlungsverkehr.

Um diese Lücke zu kompensieren, greifen viele Kreditinstitute aktuell verstärkt die Bepreisung von bargeldintensiv Großkundengeschäftsbeziehungen auf. Wirklich greifen kann dieser Ansatz jedoch nur, wenn er im Tagesgeschäft gelebt wird. In der Praxis zeigt sich jedoch ein anderes Bild: Gerade im Barzahlungsverkehr räumen die Mitarbeiter oft Sonderkonditionen ein, ohne die tatsächliche Kostensituation zu kennen. Im Ergebnis können die in den Preis-/Leistungsverzeichnissen definierten Entgelte häufig nicht realisiert werden.

Des Weiteren werden Zusatzleistungen, wie z. B. die Ausgabe von Münzrollen, praktisch nicht oder nicht ausreichend bepreist. Diese und weitere derzeit ungenutzte Potenziale haben zwei unerwünschte Konsequenzen:

1. Eine Steuerung der Kunden hin zu kostengünstigeren Transaktionen findet nicht statt und
2. den hohen Bargeldkosten stehen weiterhin kaum Erlöse gegenüber.

Auf der anderen Seite gibt es aber auch positive Beispiele: Eine Sparkasse etwa konnte durch die konsequente Bepreisung von Münzgeldtransaktionen das Münzgeldeinzahlungsvolumen um fast 60 % reduzieren. Dadurch wird zwar der Erlösfaktor ebenfalls geschmälert, aber gleichzeitig werden die Logistikkosten für den Transport und die Verarbeitung des Münzgeldes in einem höheren Maße reduziert.

4.2.3 Wirtschaftlichkeit

Der Quotient aus Kosten und Erlösen ergibt die Cost-Income-Ratio (CIR; vgl. Abb. 4.1) für den Barzahlungsverkehr. Die durchschnittliche CIR im Barzahlungsverkehr liegt im aktuellen Benchmarking bei 2,04, was letztlich bedeutet, dass eine Bank oder Sparkasse mehr als 2 € an Kosten aufwendet, um 1 € Erlös zu generieren.

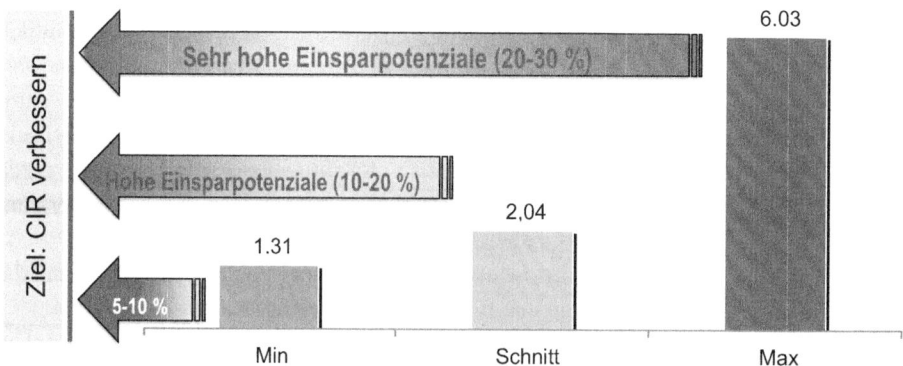

Abb. 4.1 Cost-Income-Ratio. (Quelle: eigene Darstellung)

Aufgrund dieses Defizits steht naturgemäß die Frage im Raum, ob und wie sich dieses Geschäftsfeld als Bank oder Sparkasse zukünftig betreiben lässt, oder ob sich gar ein vollständiger Rückzug aus dem Bereich empfiehlt. Letzterem stehen gerade in Genossenschaftsbanken und Sparkassen die Satzungen bzw. die regionalen Sparkassengesetze entgegen. Die Option, das Geschäftsfeld abzugeben, steht folglich nicht zur Wahl. Daher befassen sich diese Institutsgruppen verstärkt mit möglichen Hebeln zur Verbesserung der Wirtschaftlichkeit im Barzahlungsverkehr. Jene sind nicht nur auf der Erlösseite, sondern auch auf der Kostenseite zu finden. Dass diese Rechnung aufgeht, beweisen zahlreiche positive Beispiele von Sparkassen und Genossenschaftsbanken, die mit einer konsequenten Optimierung dieses Geschäftsfeldes nun eine CIR-Barzahlungsverkehr unter 1 erreichen, das „Produkt" Bargeld also wirtschaftlich betreiben. Dabei spielten jedoch stets nicht nur die Bepreisung von Bargeldleistungen, sondern auch Prozess- und Mengenveränderungen auf der Kostenseite eine Rolle.

4.3 Bargeld als Produkt verstehen

4.3.1 Ist Bargeld ein Produkt?

Um Bargeld als Dienstleistung verkaufen zu können, muss zunächst ein Grundverständnis für das Produkt „Bargeld" entstehen. Auf dem Weg dorthin, lohnt sich der Blick auf die Produkteigenschaften des Bargelds. In der Praxis werden hierfür folgende Parameter beleuchtet:

- Mittel zur Bedürfnisbefriedigung des Nachfragers,
- stiftet einen Nutzengewinn,
- verkörpert eine Leistung (Sachgut, Dienstleistung),
- hat einen „Bedarfsträger",
- hat eine Nutzungsdauer und
- hat in der Regel einen Preis.

Bei der Überprüfung, ob Bargeld diese Kriterien erfüllt, gelangen Fachexperten zu folgenden Ergebnissen:

- Ist Bargeld ein Mittel zur Bedürfnisbefriedigung? Die Nachfrager, in diesem Fall die Kunden der Banken und Sparkassen haben das Bedürfnis, Güter und/oder Dienstleistungen gegen Bargeld zu beziehen oder anzubieten. Damit stellt Bargeld ein wichtiges Mittel zur Bedürfnisbefriedigung der Bankkunden dar.
- Stiftet Bargeld einen Nutzengewinn? Bargeld stiftet aus Kundenperspektive in jedem Fall einen Nutzengewinn, da sie alle Geschäfte, die auf Bargeldtransaktionen beruhen, mithilfe dieses Zahlungsmittels erledigen können.

- Verkörpert Bargeld eine Leistung (Sachgut, Dienstleistung)? Bargeld verkörpert ein Sachgut und eine Dienstleistung, in dem es einerseits physisch vorhanden ist und andererseits durch die regulatorischen Auflagen der Europäischen Zentralbank (EZB) und der Deutschen Bundesbank einer besonderen Bearbeitung, also einer Echtheits- und Fitnessprüfung bedarf.
- Hat Bargeld einen Bedarfsträger? In jedem Fall, denn: Die Kunden der Banken und Sparkassen sind die Bedarfsträger des Bargelds.
- Hat Bargeld einen Nutzungsdauer? Physisch gesehen haben Banknoten und Münzen eine Nutzungsdauer. Über die definierten Fitnessprüfungen wird das Ende der Nutzungsdauer definiert.
- Hat Bargeld in der Regel einen Preis? Einerseits ist in Form von Zinsen ein Preis definiert, andererseits entstehen der Kreditwirtschaft durch verschiedene Dienstleistungen rund um das Bargeld Herstellungskosten, welche in Form eines Preises an Kunden weitergereicht werden dürfen.

Zusammengefasst lässt sich feststellen, dass Bargeld und Dienstleistungen rund ums Bargeld die vorgenannten Produkteigenschaften erfüllen und somit zu Recht als Produkte gelten dürfen.

4.3.2 Einordnung der Banken

Banken und Sparkassen erkennen diese Produkteigenschaften zunehmend, was ihnen neue Horizonte eröffnet. Dabei stehen zunächst die folgenden Abwicklungskanäle für Bargeldleistungen im Fokus:

- Filiale, mitarbeiterbedient
- Filiale, Selbstbedienung
- Großkundenkasse
- Einbindung von Wertdienstleistern
- Abwurftresorlösungen für Bargeldgroßkunden.

Neben der Betrachtung der verschiedenen Kanäle, ist auch die differenzierte Betrachtung der Leistungsinhalte notwendig, nämlich:

- Betragsgrenzen,
- das Vorhalten von Banknoten und/oder Münzen und
- das Service-Level (24/7 Verfügbarkeit vs. Verfügbarkeit während der Öffnungszeiten).

Diese differenzierte Sichtweise auf sämtliche Bargeldprodukte hat zweifelsohne Auswirkungen auf die Konzeption etwaiger Preismodelle und die Ausstattung der Filialen mit entsprechender Kassen- und SB-Technik. Aus der Definition von Bargeld als Produkt heraus ergibt sich zudem die Frage, wer sich innerhalb der Institutsorganisation für seine Gestaltung und Weiterentwicklung verantwortlich zeichnet. Bislang waren häufig die Betriebsbereiche (Organisation/Verwaltung, Unternehmensservice, Marktservice) für die Bereitstellung der Bargelddienstleistungen verantwortlich. Im Kontext der nun notwendigen Produktbetrachtung und der damit auch notwendigen Maßnahmen zur Produktgestaltung ist allerdings eine Zuordnung der Verantwortlichkeit für Bargelddienstleistungen innerhalb der Vertriebseinheiten, insbesondere im Vertriebsmanagement empfehlenswert. Klare Verantwortlichkeiten und die Einführung einer neuen Funktion „Bargeldmanager" oder „Cashmanager" tragen im Übrigen nachweislich zur Verbesserung der Wirtschaftlichkeit im Barzahlungsverkehr bei.

4.4 Preisbildung

Mit der Definition, dass Bargeld ein Produkt ist, wird gleichzeitig die Möglichkeit präsent, dass dieses Produkt auch einen Preis haben darf. Mit Blick auf die Defizite im Barzahlungsverkehr ist es nur zu verständlich, dass sich diese Option viele Institute zu Nutze machen wollen. Doch auch hier liegt der Teufel im Detail. Im Rahmen der Preisbildung sollten unterschiedliche Rahmenparameter einbezogen werden, die sich in drei Kernthemen zusammenfassen lassen (vgl. Abb. 4.2).

Eine wesentliche Komponente sind die Herstellungskosten. Hier ist es zielführend, nicht von der heutigen Ausgangslage auszugehen, sondern von Soll-Herstellungskosten nach infrastrukturellen und prozessualen Optimierungen. Die Potenziale hierfür sind erfahrungsgemäß sehr hoch. Die somit optimierten Herstellungskosten können nun in Relation zur Wettbewerbssituation gesetzt werden. In Abhängigkeit von der Zielstellung betrachten die Institute nun die am Markt durchsetzbaren Preise. Dem Prozess der Bepreisung von Bargeldleistungen wird nicht ohne Grund eine hohe Bedeutung beigemessen: Viel zu schnell können unstimmige Parameter zu falschen Schlüssen und damit zu einer fehlerhaften Preisgestaltung führen.

Abb. 4.2 Preisbestimmende Parameter. (Quelle: eigene Darstellung)

4.4.1 Zielstellung einer Bepreisung im Barzahlungsverkehr

Wenn es nun um die Definition der Preise für die jeweiligen Bargeldprodukte geht, ist eine konkrete Zielstellung, die sich in die Gesamtstrategie einfügt, unerlässlich: Was soll durch die Bepreisung erreicht werden? Bei der Beantwortung dieser zentralen Frage steht zunächst im Mittelpunkt, ob über die Bepreisung eine Vermeidungsstrategie oder eine Strategie der verursachergerechten Bepreisung und Kundensteuerung verfolgt wird.

Die Vermeidungsstrategie hat zum Ziel, die kostenintensiven Bargeldtransaktionen auf ein Minimum zu reduzieren, um im nächsten Schritt die Leistung aus dem Sortiment nehmen zu können. Gekennzeichnet sind derartige Strategien beispielsweise durch im Vergleich zu Wettbewerbern sehr hohe Preise. Ein typisches Beispiel hierfür ist die Annahme von Münzgeld in Safebags zu Preisen von mehr als 7 €. Über den Preis bringt das Institut zum Ausdruck, dass die Bank oder Sparkasse diese Leistung nicht mehr erbringen möchte, ohne dass sie die Leistung aus dem Sortiment entfernt. Ein wesentlicher Nachteil dieser Strategie ist, dass damit zwar die Häufigkeiten sehr stark abnehmen, die Bank oder Sparkasse dennoch in allen Filialen die Infrastruktur für die Erbringung der Dienstleistung vorhalten muss. Die Fix-Kosten bleiben also vorerst bestehen.

Die Strategie einer verursachergerechten Bepreisung und Kundensteuerung hat zum Ziel, die bargeldintensiven Kunden über einen Preis am tatsächlich entstandenen Aufwand zu beteiligen. Gleichzeitig soll über die Bepreisung von Bargelddienstleistungen eine Steuerung der Kunden auf bargeldlose Bezahlverfahren, auf preisgünstigere SB-Transaktionen oder auf die Abwicklung von Bargelddienstleistungen außerhalb der Filiale gelingen. Damit richtet dieser Ansatz den Fokus stärker auf die Kostensenkung und weniger auf die Erlösmaximierung. Im Kern ist die Aussage einer solchen Strategie, dass die Bank oder Sparkasse unverändert alle Leistungen rund um das Bargeld anbietet, jedoch nicht mehr an jedem Ort und nur noch zu einem verursachergerechten Preis. Es ist zu beobachten, dass regional verwurzelte Kreditinstitute, wie Sparkassen und Genossenschaftsbanken, in der Regel eine Strategie der verursachergerechten Bepreisung inklusive des Kundensteuerungsansatzes verfolgen. Großbanken hingegen bevorzugen eher eine Vermeidungsstrategie.

4.4.2 Praxiserprobtes Vorgehensmodell

Mit der Strategie einer verursachergerechten Bepreisung und Steuerung der Kunden gelingt Sparkassen und Banken der Spagat zwischen zunehmender Wirtschaftlichkeit im Barzahlungsverkehr und der pflichtgemäßen Erfüllung ihres Versorgungsauftrages in der Region. Allerdings bedarf eine solche Strategie eines systematischen Vorgehensmodells, welches auf einer fundierten Analyse- und Transparenzphase aufbaut und dann im Zuge der Konzeption systematisch folgende Kernthemen mit allen dazugehörigen Einflussfaktoren bearbeitet (vgl. Abb. 4.3):

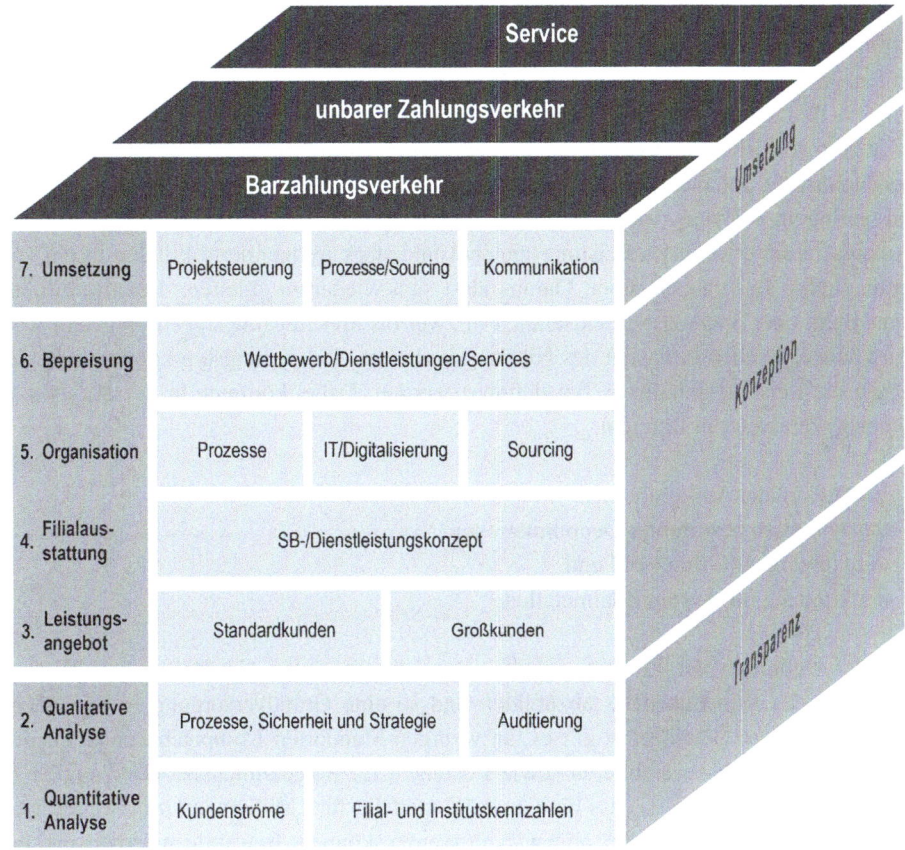

Abb. 4.3 Vorgehensweise – P3N-Würfel. (Quelle: eigene Darstellung)

1. Leistungsangebot und Filialtypisierung
2. Filialausstattung
3. Interne Prozesse und Sourcing
4. Bargeldbepreisung.

Die vorgeschaltete Transparenzphase dient zum einen der Analyse des Nutzungsverhaltens sowie der Ermittlung der Wirtschaftlichkeit in der Abwicklung im Barzahlungsverkehr und zum anderen der Identifikation von Defiziten im Leistungsangebot sowie der Erhebung des Anteils bepreister Bargeldprodukte im Sinne der Verursachergerechtigkeit.

Auf diese Weise lassen sich zum einen die aktuellen Herstellungskosten für die einzelnen Bargeldprodukte sichtbar machen. Zum anderen kristallisieren sich Optimierungshebel heraus, die bei den meisten Kreditinstituten weniger in den einzelnen Preisen für in Anspruch genommene Wertdienstleistungen, sondern primär in der strukturellen Art und Weise, also wie Bargelddienstleistungen in der Fläche angeboten werden, liegen.

Ist die Analysephase erfolgreich abgeschlossen worden, kann nun der erste Optimierungsschritt „Leistungsangebot und Filialtypisierung" folgen. Hier sollten die Institute zunächst prüfen, ob anhand des tatsächlichen Kundenverhaltens Muster erkennbar sind, die eine differenzierte Betrachtung der Filialen erforderlich machen.

In Abb. 4.4 ist beispielsweise ersichtlich, dass sich die Filialen in dem dargestellten Beispielinstitut anhand des Kundenverhaltens in drei Typen einteilen lassen: Filialen mit geringem Nutzungsverhalten fallen in ein Basis-Angebot, Filialen mit mittlerer Nutzung in ein erweitertes Leistungsangebot und stark frequentierte Filialen in ein voll umfängliches Leistungsangebot. Daraus lässt sich wiederum ableiten, dass die Filialen einer Bank oder Sparkasse grundsätzlich in zwei bis drei Leistungstypen eingeteilt werden können. Je nach Intensität des Nutzungsverhaltens je Leistungstyp können nun wiederum die Leistungsinhalte je Typ definiert werden. Dabei kommen in der Praxis u. a. folgende Parameter in Betracht:

- Ein maximaler Auszahlbetrag,
- das Vorhalten bestimmter Denominationen,
- der Umgang mit Münzgeld und
- der Umgang mit Sorten/Edelmetallen.

Ziel der Definition der Leistungsinhalte ist es, im gesamten Geschäftsgebiet mindestens 80 % des Kundenbedarfs abzubilden und so eine Grundversorgung in der Fläche zu gewährleisten. Gleichzeitig gilt es, an wenigen Standorten Kompetenzcenter für den Barzahlungsverkehr zu etablieren sowie Lösungen für bargeldintensive Großkunden zu erarbeiten. Dies impliziert, dass die Geschäftsmodelle für Großkunden im Zweifel auch außerhalb des Kanals „Filiale" abgewickelt werden können. Bewährte Alternativen sind hier beispielsweise die direkte Entsorgung von Einzelhändlern durch einen Wertdienstleister an einzelnen Firmenkundenkassen, die entweder durch die Banken und Sparkassen oder durch ein Werttransportunternehmen in ihrem Auftrag betrieben werden.

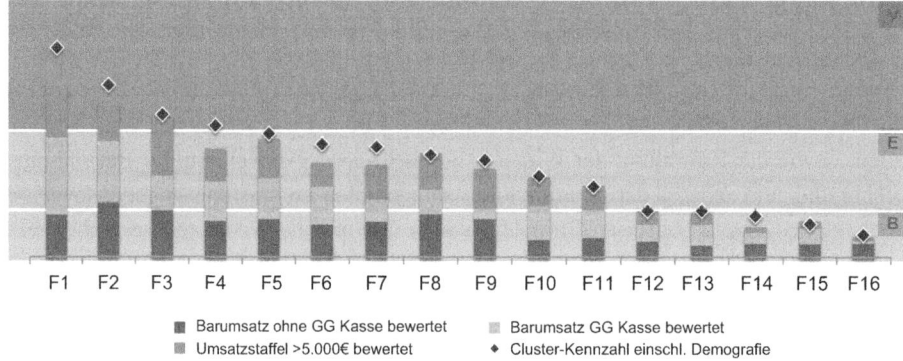

Abb. 4.4 Anonymisierte Grafik Clusterkennzahl. (Quelle: eigene Darstellung)

Daneben spielen auch innovative Tresorlösungen, die direkt beim Einzelhändler eingesetzt werden, zunehmend eine Rolle. Der Vorteil liegt hier neben der zusätzlichen Sicherheit unter anderem in der sofortigen Kontogutschrift von Einzahlungen und der somit gewonnenen Unabhängigkeit von der Valuta-optimierten Transportlogistik durch einen Wertdienstleister.

Die Verknappung von Sonderleistungen in der Fläche und deren Konzentration auf wenige Standorte hilft dabei, das Nachfrageverhalten der Kunden zu steuern. Gleichzeitig schafft dieses geänderte Nutzungsverhalten der Kunden die Basis für die Reorganisation der Filialausstattung mit einer bedarfsgerechten Kassen- und SB-Technik. Um eine effektive Kostenreduzierung im Barzahlungsverkehr zu erreichen, ist beispielsweise die Neuausrichtung der Kassensysteme und deren technische Umsetzung ein wesentlicher Hebel. Denn mit Ausnahme der beschriebenen Großkundenkassen können grundsätzlich alle Bargeldvorgänge über Selbstbedienungsgeräte, teilweise mit Unterstützung der Mitarbeiter, realisiert werden. Insbesondere der Einsatz von Recyclingsystemen hat sich hier im Sinne der Effizienzsteigerung bewährt – wenn Banken und Sparkassen bestimmte Rahmenparameter beachten.

4.4.3 Preisbildung

Anhand des veränderten, auf den Kundenbedarf ausgerichteten Leistungsangebots und der darauf aufsetzenden optimierten Filialausstattung mit Kassen- und SB-Technik, können die Herstellungskosten für Bargelddienstleistungen signifikant gesenkt werden.

Nun stellt sich im nächsten Schritt die Frage, wie sich die direkten Wettbewerber bei der Bepreisung von Bargelddienstleistungen aufstellen. Hierfür ist eine umfangreiche Marktrecherche erforderlich, die neben den reinen Preisen natürlich auch die angebotenen Leistungen und die Leistungstiefe einbezieht.

In der Praxis lässt sich erkennen, dass die meisten Institute für inhaltlich gleiche Dienstleistungen mehrere Abwicklungsformen anbieten. Dies wird speziell am Beispiel des Bargeldprodukts „Münzgeld" deutlich. Die Tatsache, dass in Tab. 4.1 die Anteile der Münzeinzahlungskanäle in Summe über 100 % ist, unterstreicht den aktuell gängigen Einsatz von heterogenen Abwicklungsformen.

Die Unterschiede bezüglich der Anteile der Abwicklungskanäle zwischen Privat- und Firmenkunden zeigen auf, dass die Banken und Sparkassen den unterschiedlichen

Tab. 4.1 P3N Marktrecherche: Münzeinzahlungskanäle. (Quelle: eigene Darstellung)

	Anteil der Münzeinzahlungskanäle	
Münzeinzahlungskanäle	Privatkunden (%)	Firmenkunden (%)
Kasse	65	85
Safebag	60	85
SB-Münzeinzahler	35	60

Tab. 4.2 P3N Marktrecherche: Noteneinzahlungskanäle. (Quelle: eigene Darstellung)

Noteneinzahlungskanäle	Anteil der Noteneinzahlungskanäle Firmenkunden (%)
Kasse	100
Safebag	65
Nachttresor	75
SB-CRS	95

Volumina Rechnung tragen. Allerdings ist diese erkennbare Heterogenität eine Ursache für relativ hohe Herstellungskosten, denen die Institute mit unterschiedlichen Maßnahmen wie etwa Safebag-Verfahren oder der Aufstellung von Münzeinzahlern an ausgewählten Standorten begegnen. Ein ähnliches Bild ergibt sich auch im Banknotenumfeld (Tab. 4.2).

Trotz des Sachverhaltes, dass 95 % der von P3N untersuchten Banken und Sparkassen SB-Cashrecyclingsysteme einsetzen, betreiben noch immer viele Institute parallel Nachttresore und SB-Deposits für Noten-Safebags. Doch auch hier beginnt ein Umdenken. Kreditinstitute etablieren verstärkt Großkundenkassen in zentraler Lage, während sie gleichzeitig das Leistungsangebot in den Filialen deutlich einschränken.

Neben der Frage nach dem Leistungsangebot ist in der Marktrecherche auch der Vergleich der Preise für Bargelddienstleistungen maßgeblich (vgl. Abb. 4.5). Hier sind in praxi deutliche Unterschiede zwischen Privat- und Firmenkunden zu erkennen. Aufgrund der aktuellen Ertragssituation der Banken verstärkt sich der Trend, dass auch im Privatkundenbereich für mitarbeiterbediente Transaktionen Preise definiert und dem betreffenden Kunden auch in Rechnung gestellt werden.

In Anbetracht dessen, dass die durchschnittlichen, nicht-optimierten Herstellungskosten für eine mitarbeiterbediente Bartransaktion bei ca. 2,50 € liegen, können Preise

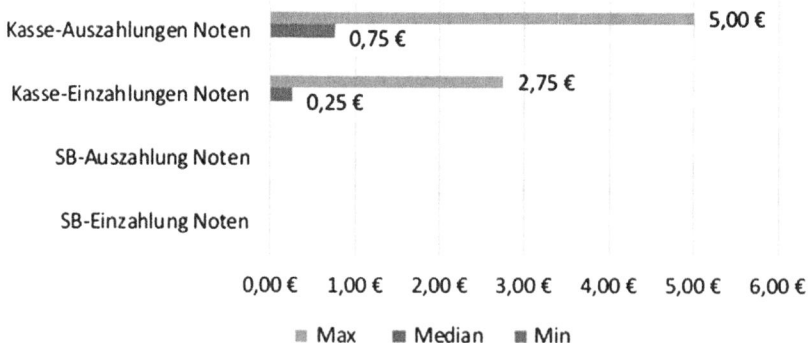

Abb. 4.5 Preisvergleich P3N-Marktrecherche. (Quelle: eigene Darstellung)

unter 2 € für mitarbeiterbediente Transaktionen nicht kostendeckend sein. Des Weiteren bewirkt erst eine möglichst hohe Differenz zwischen mitarbeiterbedienten und SB-Transaktionen eine optimale Steuerungswirkung in Richtung kostengünstigerer SB-Geräte. Neben der Bezugsmöglichkeit über das Geldautomatennetz der Filialbanken binden einige Banken zunehmend den Einzelhandel als Bargeldstation für ihre Kunden ein. Was für städtische Regionen nach einer klugen Alternative klingt, ist in ländlichen Regionen mit rückläufiger Einzelhandelsinfrastruktur allerdings nur schwer umsetzbar.

Anders als im Privatkundenbereich werden im Firmenkundenbereich auch Transaktionen im SB-Umfeld bepreist (vgl. Abb. 4.6).

Auf Basis der Marktrecherche, der optimierten Soll-Herstellungskosten und der festgelegten strategischen Ausrichtung, können nun die Preise für die Standardleistungen im Barzahlungsverkehr definiert werden. Dabei gilt es zu unterscheiden, welche Bargeldprodukte Bestandteil der Girokontomodelle und welche Bargeldprodukte Zusatzleistungen sind. Je nach Höhe des monatlichen Grundpreises des Girokontomodells können Bargeldleistungen in den Grundpreis eingebaut werden. Einzig mitarbeiterbediente Bargeldtransaktionen sollten von diesem All-inclusive-Gedanken ausgenommen bleiben (Tab. 4.3).

Neben der Bepreisung von Bargeldprodukten für Standardkunden entwickeln die meisten Banken und Sparkassen auch Bepreisungsmodelle für bargeldintensive Kunden.

Für diese Kundengruppe, die typischerweise im Firmenkundenbereich angesiedelt ist, sind grundsätzlich zwei Ansatzpunkte im Fokus:

1. Die Beteiligung der Kunden an den entstehenden Kosten und
2. die Beratung der Kunden zur Bargeldvermeidung und Beteiligung an den Kosten.

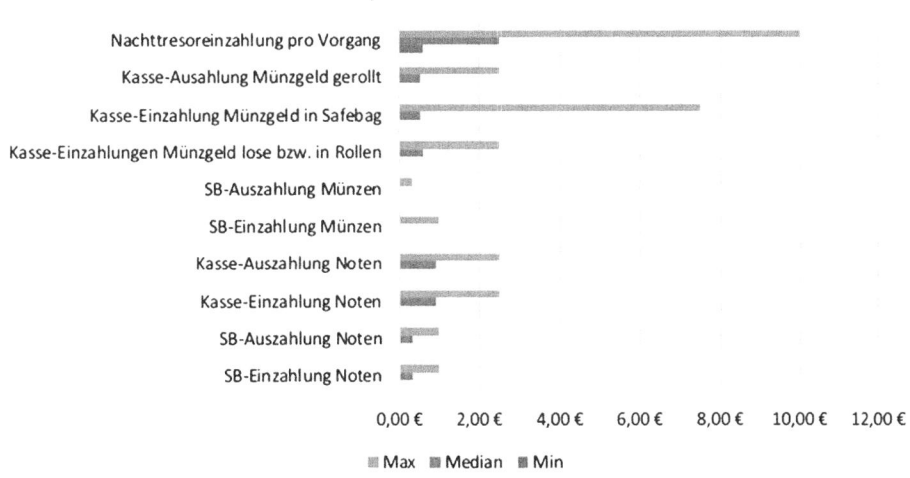

Abb. 4.6 Preisspanne Firmenkunden P3N Marktrecherche. (Quelle: eigene Darstellung)

Tab. 4.3 P3N Umsetzungsbeispiel Kontomodell. (Quelle: eigene Darstellung)

	Modell 1	Modell 2	Modell 3	Modell 4
Freiposten	**0**	**0**	**0**	**0**
Barauszahlung SB	0,45 €	0,45 €		
Barauszahlung Kasse	2,40 €	2,40 €	2,40 €	
Bareinzahlung SB	0,45 €	0,45 €		
Bareinzahlung Kasse	2,40 €	2,40 €	2,40 €	
Bareinzahlung Münzen SB	5 % vom Nominalwert	5 % vom Nominalwert	5 % vom Nominalwert	5 % vom Nominalwert
Bareinzahlung Münzsafebag	4,00 €	4,00 €	4,00 €	4,00 €
Je ausgezahlte Rolle Münzgeld (zusätzlich zum Buchungsposten)	0,50 €	0,50 €	0,50 €	0,50 €

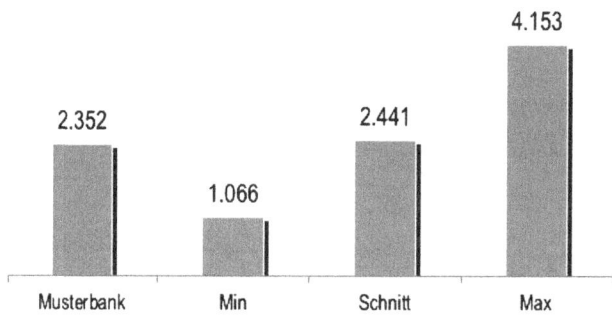

Abb. 4.7 P3N Benchmarking BZV Gesamtkosten. (Quelle: eigene Darstellung)

Für die Ermittlung der Herstellungskosten für solche Bargeldgroßkunden lohnt der Blick auf die Relation der Gesamtkosten des Barzahlungsverkehrs mit dem abgewickelten Barumsatz.

Die Musterbank in Abb. 4.7 wendet beispielsweise in der Ausgangslage Vollkosten in Höhe von 2352 € für die Bearbeitung von 1 Mio. € Barumsatz auf. Ausgehend von einem Optimierungspotenzial von 20 % bleiben nach einer Optimierung noch immer Kosten in Höhe von 1882 € pro 1 Mio. € Barumsatz übrig. Anhand dieser Betrachtung kann nun zum Beispiel für einen Bargeldgroßkunden, der pro Jahr 6 Mio. € Einzahlvolumen bewegt, ein Kostenbeitrag von 11.292 € pro Jahr ermittelt werden. In Abhängigkeit des gewählten Girokontomodells und des Deckungsbeitrags für die Gesamtbank können eine Rabattierung oder Gewinnaufschläge in Betracht kommen – je nach Verhandlungsbasis mit dem Kunden.

4.5 Umsetzungshürden meistern

Die Umsetzung von Bepreisungen im Barzahlungsverkehr ist kein Selbstläufer und erfordert Kraft und Durchhaltevermögen. Dass ihr Steine im Weg liegen, hat unterschiedliche Gründe: Vom historisch gewachsenen Selbstverständnis, dass Bargeldleistungen zur originären Serviceaufgabe einer Bank oder Sparkasse zählen bis hin zu fehlenden Alternativen für kostengünstigere Transaktionen. Wenn allerdings die richtige Vorgehensweise eingehalten wird, fallen die anfänglichen Hürden schnell in sich zusammen. Bewährt hat sich hier folgende Maßnahmenreihe:

1. Die Angebotspalette ausbauen,
2. Führungskräfte und Mitarbeiter informieren und
3. die aktive Ansprache der betroffenen Kunden.

Vor Einführung der Preisregelungen sollte idealerweise die Angebotspalette erweitert werden. Hierbei müssen Lösungen für Großkunden, wie zum Beispiel Großkunden-Kassen, Tresorlösungen oder Verträge mit Wertdienstleistern reifen und in ein standardisiertes Angebot münden. Parallel dazu empfiehlt es sich, über Electronic Banking eine unterstützende Vertriebsaktion für Kartenterminals zu starten. Manche Institute übernehmen hier teilweise die Kosten für die Terminals bei bisherigen Bargeldkunden.

Zudem ist die Information der Mitarbeiter und der Führungskräfte einer, wenn nicht der erfolgsentscheidende Schritt. Damit die Kommunikation hier auf einem stabilen Fundament startet, lohnt es sich für diese Information mit den Beteiligten Workshops im Sinne eines Organisationscoachings (Verbindung von fachlicher und kommunikativer Konzeptvermittlung) durchzuführen. Zunächst muss jedoch die in der Analysephase geschaffene Transparenz vermittelt werden, die den Mitarbeitern die Chance gibt, Kosten und Ursache-Wirkungs-Ketten zu erkennen und zu verstehen. Begleitend kann es sich aus Privatkundensicht als sinnvoll erweisen, die Veränderungen mit ausliegenden Prospekten leicht verständlich zu dokumentieren. In der Firmenkundenkommunikation wird dies nicht ausreichen. Hier kann nur das persönliche Gespräch mit dem Berater helfen. Diese Ansprache muss allerdings Hand-in-Hand mit den serviceerbringenden Filialen stattfinden, um Informationslücken zu vermeiden. Unterstützend setzen erfolgreiche Banken und Sparkassen zusätzlich spezielle Beratungstools für den Barzahlungsverkehr ein, die den Kunden neben der Preiskalkulation auch Optimierungsvorschläge unterbreiten.

4.6 Fazit

Die Zeit, dass Bargelddienstleistungen den Kunden kostenlos angeboten werden, ist über kurz oder lang vorbei. Endverbraucher müssen sich verstärkt darauf einstellen, dass Banken und Sparkassen Bargelddienstleistungen verursachergerecht und in Höhe der tatsächlichen Kosten bepreisen. Perspektivisch werden für die Kunden bequeme

Abwicklungsformen durch hoch standardisierte technische Lösungen ersetzt. Manche Leistungen werden voraussichtlich vollständig aus dem Angebot der Institute verschwinden. Durch diese Verknappung und Verteuerung von Bargeldleistungen wird erstmals eine echte Vergleichbarkeit mit bargeldlosen Bezahlverfahren hergestellt, welche zu einer verstärkten Nutzung von bargeldlosen Bezahlverfahren führt und gleichzeitig den Nährboden für die Entwicklung von autarken Bargeldkreisläufen jenseits der Institute bildet. Auch wird das Bargeld als Diversifikationsmerkmal zwischen verschiedenen Banken zunehmend ausdienen.

Diese Entwicklung bietet für die Banken und Sparkassen sowohl Chancen als auch Risiken. Gehen die Institute nach bewährten Methoden vor, werden die Chancen überwiegen.

Thomas Birnstein (geb. 1974) erlernte in der Sparkasse Zwickau den Beruf des Bankkaufmannes. Anschließend arbeitete er in der Abteilung EDV-Organisation ehe er im Jahr 2000 die Gruppenleitung der Abteilung IT-Organisation und 2002 die Leitung der Abteilung Dienstleistungen übernahm. Parallel absolvierte er ein Studium an der Ostdeutschen Sparkassenakademie, welches er 2003 als Sparkassenbetriebswirt erfolgreich abschloss. Im Januar 2008 gründete er gemeinsam mit Frank Hummel die P3N BERATUNGs GMBH. Seit ihrer Umwandlung in eine Aktiengesellschaft im Jahre 2016 leitet Thomas Birnstein die P3N AG gemeinsam mit Frank Hummel als Vorstand.

Bargeld in privaten Geldsystemen

5

Christian Thiel

Inhaltsverzeichnis

5.1	Einleitung	73
5.2	Komplementäre Währungen weltweit	74
5.3	Regionalgelder in Deutschland	76
5.4	Aktueller Stand und zukünftige Entwicklung	78
5.5	Bargeld in Komplementärwährungssystemen – eine Diskussion	80
	5.5.1 Technisch-funktionale Aspekte: Kosten und rechtliche Lage	81
	5.5.2 Kulturelle Aspekte: Symbolik und Zahlungsgewohnheiten	83
5.6	Schlussfolgerung und Ausblick	85
Literatur		86

5.1 Einleitung

Das Verschwinden des Bargelds kennzeichnet einen tief greifenden Wandel des Geldes in der fortschreitenden Moderne, in dem Geld sich immer weiter *ausdifferenziert* und *privatisiert*. Längst liegt der Großteil des Geldes in unbarer Form vor, als von den privaten Geschäftsbanken erzeugtes Giralgeld. Der bargeldlose Zahlungsverkehr wird durch Zahlungsinstrumente wie Überweisung, Lastschrift, Bank- oder Kreditkarten abgewickelt und ersetzt zunehmend die bisherigen monetären Transaktionen mit dem staatlich legitimierten Zahlungsmittel des Bargeldes. Neben den Banken bieten inzwischen zahlreiche private Zahlungsdienstleister wie PayPal, giropay, paysafecard

---

C. Thiel (✉)
Universität Augsburg, Augsburg, Deutschland
E-Mail: christian.thiel@phil.uni-augsburg.de

© Springer Fachmedien Wiesbaden GmbH, ein Teil von Springer Nature 2018
J. Lempp et al. (Hrsg.), *Die Zukunft des Bargelds*,
https://doi.org/10.1007/978-3-658-21720-4_5

oder Western Union Zahlungsmittel und Zahlungsverfahren an. Hinzu kommen diverse außerhalb des offiziellen Zentralbankgeldsystems geschöpfte Kryptowährungen wie Bitcoins, Ether oder Dogecoins. „Das" Geld wird damit vielfältiger, virtueller, privatisierter und grenzüberschreitender. Es beginnt den nationalstaatlichen Rahmen zu verlassen, in den es die letzten 150 Jahre eingebunden war, und löst sich dabei auch immer stärker von seiner bisherigen Gestalt als Banknote und Münze. Diese Entwicklung wird begleitet von einer lebhaften Diskussion, in der eine Seite die Abschaffung des Bargeldes fordert (um Kriminalität zu unterbinden oder Konjunkturpolitik mit Negativverzinsung zu ermöglichen; vgl. Rogoff 2016), während die andere Seite dies vehement ablehnt (etwa aus Gründen der informationellen Selbstbestimmung; vgl. Häring 2016). Diese Debatte steht hier jedoch nicht im Fokus. Vielmehr soll der Frage nachgegangen werden, ob das Medium „Bargeld" jenseits des offiziellen Geldsystems eine Zukunft hat. Betrachtet werden hierbei nicht-kommerziell ausgerichtete private Geldsysteme (sog. „Komplementärwährungen"), die ebenfalls einen beachtenswerten Aspekt der Ausdifferenzierung und Privatisierung des Geldes der letzten Jahrzehnte darstellen.

5.2 Komplementäre Währungen weltweit

Komplementärwährungen sind Geldsurrogate, die parallel (nicht alternativ!) zur vorherrschenden Nationalwährung existieren.[1] Sie beruhen auf der Vereinbarung einer Gemeinschaft, etwas (Gutscheine, virtuelle Kredite, Zeiteinheiten, etc.) neben dem offiziellen Geld als Zahlungsmittel zu akzeptieren (Seyfang und Pearson 2000, S. 57). Seit den 1990er Jahren sind weltweit tausende solcher Systeme entstanden (Kennedy und Lietaer 2004, S. 73).[2] Trotz großer Unterschiede lassen sich alle letztlich als Reaktion auf aktuelle wirtschaftliche und soziale Entwicklungen verstehen, seien dies die Erosion traditioneller sozialer Netzwerke, steigende Arbeitslosigkeit, die Krise des regionalen Einzelhandels oder eine „entfesselte Finanzwirtschaft". Viele dieser Problemlagen werden von bestimmten gesellschaftlichen Gruppen wahrgenommen und auf das herrschende Geldsystem zurückgeführt. Daraus entwächst die Motivation eigene Gelder zu emittieren, die

---

[1]Zur Einführung in die Thematik siehe: Gründler (2005); Kennedy und Lietaer (2004); North (2010); Plettenbacher (2008). Detailliertere Beschreibungen von Komplementärwährungen finden sich etwa unter http://complementarycurrency.org/ oder http://monneta.org/. Wissenschaftliche Forschung zu dem Thema wird u. a. orchestriert von der „Research Association on Monetary Innovation and Community and Complementary Currency Systems" (http://ramics.criterical.net/) und oftmals publiziert im Online-Journal „International Journal of Community Currency Research" (https://ijccr.net/). Eine umfangreiche Datenbank mit einschlägiger Literatur bietet die von Rolf Schröder herausgegebene „Bibliography of Community Currency Research" (http://cc-literature.org/).
[2]Ein relativ aktueller Forschungsüberblick listet weltweit 3418 Komplementärwährungen auf (Seyfang und Longhurst 2013).

bestimmte Ungleichgewichte kompensieren sollen.[3] Je nach wahrgenommener Problemlage entstehen unterschiedliche Varianten: Regionalgelder wollen die regionale Wirtschaft stärken, Tauschringe praktizieren Vergemeinschaftung, Zeitbanken fördern Ehrenamt und soziales Engagement, Seniorengenossenschaften versuchen die Versorgungslage von Rentnern zu verbessern und die Gold- und Silbermünzen privater Organisationen in den USA zielen auf Sicherheit und Unabhängigkeit (für eine Klassifikation siehe etwa Blanc 2011). All dies sind Versuche, unterschiedliche Geldarten zu konstruieren, die jeweils eigene Anreizstrukturen für bestimmte Verhaltensmuster beinhalten (Lietaer et al. 2008). Die maßgebliche Grundidee lautet: Geld ist ein grundsätzlich positives Instrument, das nur wegen bestimmter „Konstruktionsfehler" oder in bestimmten Ausprägungen negativ wirkt. Man kann ihm mittels unterschiedlicher Konstruktionsarten verschiedene Ziele „einprogrammieren" und es damit veranlassen, „sozialen Nutzen [zu] stiften" (Kennedy 2005, S. 20). Dementsprechend wollen Komplementärwährungen „Werkzeuge" zur Lösung aller möglichen Probleme sein. In ihren theoretischen Grundlagen und praktischen Intentionen unterscheiden sich die Systeme jedoch stark, was daran liegt, dass sich unterschiedliche soziale Bewegungen diese Grundidee vor dem Hintergrund ihrer je eigenen ideologischen Konzeption zu eigen machen (vgl. dazu Degens 2013; Thiel 2011).

Betrachten wir im Folgenden einige dieser Komplementärwährungen, und zwar – entsprechend der hier verfolgten Fragestellung – solche, die mit *physischem Geld* operieren. Ausgeklammert werden damit beispielsweise Tauschringe oder Zeitbanken, die mit gegenseitigen Krediten arbeiten und diese als virtuelle Währungen in Form von Kontoständen verwalten (ausführlich dazu Hoeben 2003; Meier 2001; Seyfang 2002).

---

[3]Die grundsätzliche, wenn auch in ihren Details verschiedene *idealistische* Intention dieser privaten Geldsysteme ermöglicht eine (wenn auch nicht absolut trennscharfe) Abgrenzung von *kommerziell* ausgerichteten privaten Geldsystemen. Unter letztere fallen etwa: *Barterorganisationen,* die teilnehmenden Unternehmen einen multilateralen Tausch über verschiedene Verrechnungssysteme ermöglichen; *Token-Systeme* wie die (inzwischen eingestellten) ‚MicrosoftPoints' oder ‚Facebook-Credits', die bei den beiden Unternehmen als interne Währung für den Kauf verschiedener Produkte und Dienstleistungen verwendet werden können; *Bonusprogramme* (Miles&More, Happy Digits etc.), bei denen eigene, oft nur begrenzt einsetzbare Währungen (Loyality Tokens) der Kundenbindung dienen; *Gutscheinsysteme* wie die von der ‚Schweizer Reisekasse' herausgegebenen ‚Reka-Checks', mit denen in Verkehrs- und Tourismusbetrieben bezahlt werden kann, oder die in Frankreich als Lohnnebenleistung gewährten ‚Tickets Restaurant', die in vielen Restaurants und Lebensmittelläden wie Geld verwendet werden können. Man könnte noch eine Vielzahl weiterer derartiger Geldsubstitute nennen, der entscheidende Punkt ist: Sie alle dienen *kommerziellen Interessen,* indem sie etwa Unternehmen zusätzliche Liquidität für ihren Austausch zur Verfügung stellen, steuer- und sozialabgabenfreie Gehaltszulagen ermöglichen, Konsumenten durch Verwendungseinschränkung des Geldsurrogats an Produkte und Unternehmen binden usw. Entsprechend sind diese kommerziellen Währungen zumeist von *Unternehmen* initiiert, während die idealistischen Komplementärwährungen von *zivilgesellschaftlichen Akteuren* herausgegeben und deswegen auch als „grassroot currencies" (Seyfang und Longhurst 2012) bezeichnet werden.

Die meisten der bargeldbasierten Komplementärwährungen sind sog. *regionale Währungssysteme* („Regionalgelder"). Kerngedanke ist, das jeweilige Geld durch seine räumlich beschränkte Gültigkeit an die Region zu binden, um so einen Kapitalabfluss zu verhindern und die regionale Ökonomie zu stärken. Die erste dieser modernen Regionalwährungen wurde 1991 von Paul Glover in der kleinen Universitätsstadt Ithaca als Mittel der ökonomischen Selbsthilfe entwickelt. Er konzipierte sein „Ithaca Hours" genanntes Geld als ungedeckte Papierwährung,[4] deren Werteinheit in Zeiteinheiten (von einer Viertelstunde bis zu vier Stunden, wobei eine Stunde mit 10 US$ gleichgesetzt wurde) ausgedrückt wurde. Auf dem Höhepunkt ihrer Popularität Mitte der 1990er Jahre verwendeten Tausende in Ithaca und Umgebung die Ithaca Hours für ihre Ein- und Verkäufe (Jacobs et al. 2004). Die Idee verbreitete sich rasch und allerorts entstanden Ableger, beispielsweise die UkiahHours, die PeakHours oder die RiverHours. Allerdings ist die Kontrolle von Werthaltigkeit, Geldumlauf und Geldschöpfung bei solchen ungedeckten Papierwährungssystemen schwierig, weshalb ab Ende der 1990er Jahre zunehmend Regionalwährungen entstanden, die durch die jeweilige Nationalwährung gedeckt waren. In solchen Systemen tauschen die Teilnehmer ihr offizielles Geld in die jeweilige Regionalwährung um, die in begrenztem Maße auch wieder zurücktauschbar ist. In den USA entstanden u. a. die BerkShares (Region Massachusetts; seit 2006), in Kanada der Calgary Dollar (seit 1996), die Salt Spring Dollars (seit 2001), die Kawartha Loons (Peterborough, Ontario; seit 2013) und die Cochrane Dollars (seit 2017), in Großbritannien etwa das Totnes Pound (seit 2006), das Bristol Pound (seit 2012) und das Exeter Pound (seit 2015). Auch außerhalb des englischsprachigen Raums entwickelten sich einige regionale Währungen, beispielsweise in Thailand 1998 der Bia Kud Chum, in Mexiko 1996 der Tlaloc und in Argentinien Mitte der 1990er Jahre der Credito.

5.3 Regionalgelder in Deutschland

In Deutschland entstand die Idee eines nur regional gültigen und dabei gemeinnützigen Geldes in einem ganz speziellen Kontext. Die ideengeschichtlichen Wurzeln der deutschen Regionalgelder liegen in Freiwirtschaft, Anthroposophie und den neuen sozialen Bewegungen der 1960er Jahre (ausführlich siehe Thiel 2011). Silvio Gesells (1862–1930) Konzept des Freigeldes sieht den maßgeblichen Fehler des Geldsystems in der Wertaufbewahrungsfunktion des Geldes und fordert ein negativ verzinstes Geld. Um Gesell herum

---

[4]Der Wert dieses Geldes basiert also allein auf der Vereinbarung der Teilnehmer, es als Geld zu akzeptieren. Bei Tauschringen entsteht die (virtuelle) Währung im Tauschvorgang, oder bei den eurogedeckten Regionalgeldern durch Eintausch von National- in Regionalwährung und die Ithaca Hours kommen durch Schenkungen an Teilnehmer (jeder erhält jährlich das Äquivalent von 20 US$) oder regionale Nonprofit-Organisationen, als Vergütung für die Kosten der Trägerorganisation oder als zinslose Kredite in den Umlauf.

entstand eine soziale Bewegung, die in den 1930er Jahren einige praktische Experimente mit Freigeld (etwa in Wörgl) durchführte und rasch von Notenbanken verboten wurden. In den 1960er Jahren verbanden sich Teile der Freigeldbewegung einerseits mit der Anthroposophie, einer von Rudolf Steiner (1861–1925) gegründeten esoterischen Bewegung, die ein ähnliches Geldkonzept hatte, andererseits mit den Neuen Sozialen Bewegungen mit ihren ökosozialen Intentionen. So entstand ein beachtliches, wenn auch nur lose verbundenes Netzwerk. Innerhalb dieses wurden Anfang der 1980er Jahre mit den Tauschringen erneut praktische Geldexperimente durchgeführt. Allerdings blieben die Tauschringe eher klein und milieuspezifisch, weshalb man um die Jahrtausendwende nach neuen Möglichkeiten zur Durchsetzung einer Alternativ-Ökonomie suchte. Globalisierungskritische Tendenzen sowie die (vor allem in Deutschland) durchaus kritisch beäugte Einführung des Euros beförderten sicher die Entstehung der Idee einer regionalen Währung. Der Startschuss für die deutschen Regionalgelder fiel (nach zwei eher unbeachtet gebliebenen Initiativen 1998 bei Erfurt und 2001 in Bremen) im bayerischen Prien am Chiemsee im Jahr 2003. Der Wirtschaftslehrer Christian Gelleri initiierte, zunächst als Schülerprojekt an der dortigen Waldorfschule, den „Chiemgauer" – das bislang erfolgreichste Regionalgeld und Auslöser eines regelrechten Booms. In der Folge entstanden in den 2000er Jahren im Bundesgebiet zahlreiche Regionalgelder (zeitweise über 40 aktive Initiativen) mit Namen wie Ammerlechtaler, Bürgerblüte, Dreyecker, Elbtaler, Havelblüte, KannWas, Landmark, Nahgold, Roland, Sterntaler, TauberFranken oder Zschopautaler. Bei ihnen allen handelt es sich um regional gültige und von mehreren Teilnehmern akzeptierte komplementäre Geldarten privater Emittenten in Form von Bargeld,[5] die mit einer negativen Verzinsung (oder zumindest Zinslosigkeit) versehen sind und gemeinnützige Ziele verfolgen, wobei sich in den Details (Konstruktionsweise, Zielsetzungen, Teilnehmerkreis) viele Unterschiede finden.

Praktisch funktionieren die Regionalgelder wie folgt (hier am Beispiel des Chiemgauers illustriert): Ein Verbraucher tauscht in einer Ausgabestelle (teilnehmende Geschäfte oder Banken) Euros gegen den gleichen Betrag in Chiemgauer-Scheinen ein. Damit kann er in den teilnehmenden Geschäften einkaufen. Die Geschäftsleute wiederum können den Chiemgauer beim Verein in Euro zurücktauschen, der dabei fällige Abschlag von 5 % kommt teilweise Vereinen und sozialen Einrichtungen in der Region zugute. Zudem verliert der Chiemgauer durch seine negative Verzinsung an Wert, d. h. jedes Quartal muss der Schein mittels einer Klebemarke, die 2 % des Nennwertes kostet, erneuert werden. Auf den ersten Blick erscheint ein solches Geldsystem ökonomisch irrational. Bei genauerem Hinsehen zeigt sich jedoch, dass die beteiligten Gruppen jeweils eigene Vorteile daraus ziehen (ausführlich siehe Thiel 2011): Die Initiatoren des Regionalgeldsystems, die sich (insgeheim) als Protestbewegung sehen, wollen damit als „moralische Unternehmer" (Becker 1973, S. 133) die Gesellschaft von einem anderen und besseren Geldsystem überzeugen. Für die teilnehmenden Geschäftsleute ist das Regionalgeld

---

[5]Zumeist verwenden die Regionalgelder (häufig aufwendig gestaltete) Papierscheine, einige wenige auch Münzen (Sademach 2010).

ein Werbe- und Marketinginstrument, das die Bekanntheit des Geschäfts steigert, einen Konkurrenzvorteil darstellt und ein positives Image verleiht. Die teilnehmenden Verbraucher wiederum können mit jedem Umtausch eine kleine Spende an ‚ihren' Verein bewirken. Wichtiger noch ist für sie die moralische Komponente des Einkaufens mit Regionalgeld: Aufgrund von dessen Einschränkungen und symbolischer Aufladung nutzen Verbraucher es als Selbstbindungsmechanismus (man kann nur in den teilnehmenden regionalen – und damit als „gut" erachteten – Geschäften einkaufen), der gleichzeitig einer gewissen Selbstemblematisierung von bestimmten regional, ökologisch oder sozial orientierten Einstellungen dient. Dies ermöglicht es, im Rahmen der alltäglichen Einkaufsroutinen soziales Engagement (in Form von Spenden) und moralisch korrekten Konsum quasi automatisch abzuwickeln.

5.4   Aktueller Stand und zukünftige Entwicklung

Nach der Boom-Phase der 2000er Jahre ist die Entwicklung von bargeldbasierten Komplementärwährungen, vor allem der deutschen Regionalgelder, inzwischen rückläufig. Viele Regionalgeld-Initiativen sind mittlerweile gescheitert. Die Gründe hierfür sind vielfältig: Man konnte nicht annähernd die Wirkungen erzielen, die man sich erhofft hatte.[6] Es gelang – trotz mitunter gelungenem und aufwendigem Marketing – nicht, eine ausreichende Akzeptanz und Verbreitung der neuen Geldform zu erreichen (ein Problem, das auch wirtschaftliche „Big Player" kennen – man denke beispielsweise an das Scheitern der Smartphone-Geldbörse My-Wallet der Telekom oder der PayCard von Telekom und Deutscher Bahn). Und nicht zuletzt zeigte sich, dass Regionalgeld ein höchst kosten- und arbeitsintensives Projekt ist, das zwar anfangs, aber nicht dauerhaft ehrenamtlich bewerkstelligt werden kann.[7] Heute gilt das Währungsmodell „Regionalgeld" in Deutschland als gescheitert und es entstehen kaum mehr neue Projekte. Dies mag daran liegen, dass sich die wirtschaftliche Gesamtlage in Deutschland geändert hat. Zu Anfang des Jahrtausends befand sich die deutsche Wirtschaft in einer Stagnationsphase, der Konsum

---

[6]Beim Chiemgauer, der bei weitem erfolgreichsten Regionalwährung, werden zwar mittlerweile von über 3000 teilnehmenden Verbrauchern bei fast 600 Unternehmen über 7 Mio. EUR Umsatz generiert und mehr als 60.000 EUR Begünstigungen an Vereine und Projekte ausgeschüttet (http://www.chiemgauer.info/fileadmin/user_upload/Dateien_Verein/Chiemgauer-Statistik.pdf) Zugegriffen: September 2017. In ökonomischer Hinsicht ist dies jedoch vernachlässigbar gering (ca. 0,01 % des Bruttoinlandsproduktes der Region). Noch ernüchternder ist die Bilanz, wenn man die anderen Regionalwährungen betrachtet. Zumeist sind diese sehr klein, wenige tausend EUR werden von einigen Überzeugungstätern in der immer gleichen Handvoll Geschäfte ausgegeben.
[7]Der Chiemgauer hat es als einzige Initiative geschafft, eine tragfähige (aber immer noch großteils ehrenamtlich basierte) Organisationsstruktur aufzubauen, was auch daran liegt, dass er sein „Geschäftsmodell" mittels der Sozialgenossenschaft Regios eG auf Mikrofinanzierungen ausgeweitet hat.

schwächelte und die Krise des Einzelhandels sowie die Bedrohung der regionalen Wirtschaft durch die Globalisierung wurden häufig thematisiert.[8] Hinzu kommt, dass sich die den Regionalgeldern zugrunde liegende soziale Bewegung inzwischen fast aufgelöst hat. Der Kern dieser Bewegung war der Praxisbezug – man wollte nicht mehr nur über ein „besseres Geld" theoretisieren, man wollte ein solches in der Praxis umsetzen. Nachdem sich dies deutlich schwieriger gestaltete, als ursprünglich gedacht, verlor die Bewegung viel von ihrer Schubkraft. Inzwischen betreten neue Akteure die Bühne und betreiben (in verschiedenen Ländern) die Weiterentwicklung der Komplementärwährungen. Sie verstehen sich häufig als „social entrepreneurs" und knüpfen zwar an die ursprünglichen Ideen und Intentionen an, entideologisieren diese aber deutlich bzw. streben eine höhere Rentabilität und Profitabilität an. Ein Aspekt davon ist die *Abwendung vom Bargeld*.

Diese Komplementärwährungen der neueren Generation (siehe dazu Blanc 2011; Fare und Ahmed 2017) nutzen vorzugsweise elektronische Zahlverfahren. Um die technische Infrastruktur und die nötige Organisationsstruktur zu finanzieren, gehen sie vielfältige Kooperationen mit lokalen Regierungen und Verwaltungen, mit Unternehmen und Non-Profit-Organisationen sowie mit nationalen und internationalen Förderprogrammen ein.[9] Allerdings scheint gerade die Kooperation mit Politik, Wirtschaft und Non-Profit-Sektor neue Probleme für die Komplementärwährungen aufzuwerfen, beispielsweise die teils unterschiedlichen Zielsetzungen und Anforderungen sowie die potenzielle Unzuverlässigkeit der Förderung ihrer „Stakeholder" (Blanc und Fare 2013). Hinzu kommt, dass sich die technischen Umsetzungen als mitunter schwierig und kostspielig erwiesen haben (Fare und Ahmed 2017, S. 855). Dies führt uns zu den Vor- und Nachteilen von Bargeld in Komplementärwährungssystemen.

---

[8]Nicht ohne Grund entstehen viele neue Komplementärwährungen in ökonomisch schwierigen Ländern wie Spanien, Portugal oder Italien. Möglicherweise entsteht gerade in Krisenzeiten ein Bedarf an Alternativen zum offiziellen Geld. So hat etwa der Credito während der Währungskrise in Argentinien 1998–2002 kurzzeitig extrem an Bedeutung und Verbreitung gewonnen.

[9]Ein Beispiel für eine solche neuere Komplementärwährung ist der NU-Spaarpas, ein Komplementärwährungssystem in Rotterdam, das eine Mischung aus elektronischer Bankkarte und Loyality-Punkte-Programm darstellte. Für nachhaltiges (Konsum-)Verhalten wie den Einkauf von lokalen, biologischen oder fair gehandelten Produkten oder Müll-Recycling wurden der Karte Punkte gutgeschrieben, die dann in teilnehmenden Geschäften ausgegeben werden konnten. Als Partner und Förderer beteiligten sich lokale und kommunale Regierungen, eine Bank und sogar die Europäische Union. Das System florierte zwischen 2002 und 2003 und hatte zu Spitzenzeiten über 10.000 Teilnehmer und ca. 100 teilnehmende Unternehmen. Als jedoch 2003 die Rotterdam Municipal Authority ihre Unterstützung einstellte, war das System am Ende. Vgl. http://community-currency.info/de/braucht-ubersetzung/nu-spaarpas/.

5.5 Bargeld in Komplementärwährungssystemen – eine Diskussion

Beginnen wir mit den häufig genannten *Nachteilen* von Bargeld in Komplementärwährungssystemen: Währungssysteme, die mit physischem Geld operieren, stehen vor eine Reihe von Herausforderungen, die Aufwand und Kosten mit sich bringen. Banknoten und/oder Münzen erfordern seitens der herausgebenden „Zentralbank" eine aufwendige Gestaltung (auch damit diese Wert symbolisieren), einen möglichst fälschungssicheren Druck (Spezialpapier, aufwendige Druckverfahren, Sicherheitsmerkmale), eine umsichtige Kontrolle der Geldmenge sowie vielfältige administrative Aufgaben wie Herausgabe, Umtausch, Lagerung, Transport, ständige Echtheitskontrollen usw. (zu Aspekten des Produktionskontexts von Banknoten siehe Thiel 2013, S. 201–205). Komplementäre Währungen müssen Marketing betreiben, um die Bekanntheit „ihres" Geldes zu steigern, und brauchen klare Regelungen, wie dieses zur jeweiligen offiziellen Währung steht (Konvertibilität). Auch Handel und Konsumenten haben diverse Aufwendungen: sie müssen die jeweilige Währung eintauschen (und ggf. zurücktauschen), transportieren, aufbewahren, ggf. verbuchen usw.[10] Amy Kirschner kommt deswegen in ihrer Fallstudie über die Papierwährung Slices des Burlington Currency Projects in Vermont, USA zu dem Schluss: „Paper currencies are expensive and hard to administer" (Kirschner 2011, S. 54). Auch wenn alle Komplementärwährungen mit der Aufgabe konfrontiert sind, die für das reibungslose Funktionieren ihres Geldsystems notwendige Finanzierung (von Organisation, Infrastruktur, Personal) auf Dauer sicherzustellen (vgl. dazu Schröder 2015), schlagen die mit der Bargeldherstellung verbundenen Fixkosten hier besonders zu Buche (und zwar umso stärker, je geringer die Verbreitung des jeweiligen Geldes). Deshalb operieren viele neuere Komplementärwährungen mit elektronischen Zahlverfahren.[11] Selbst etliche der älteren Regionalwährungen haben inzwischen elektronische Zahlverfahren eingeführt – das Bristol Pound etwa das Mobile Payment

---

[10]Viele dieser Punkte gelten natürlich auch für das offizielle Bargeld. So hat etwa eine (von Mastercard finanzierte) Studie des Research Center for Financial Studies der Steinbeis Hochschule die Kosten für die Bargeldversorgung in Deutschland auf jährlich acht Milliarden EUR taxiert. Der größte Teil entfällt dabei auf den Einzelhandel (Personal, Transport, Lagerung, Versicherung) und die Banken (Schaltermitarbeiter, Geldtransporter und -automaten) (Kleine et al. 2013). Dem muss man allerdings entgegenhalten, dass auch elektronische Zahlverfahren Kosten nach sich ziehen (Infrastruktur usw.). Die tatsächlichen Herstellungs- und Verwaltungskosten der Zentralbank sind eher gering: Prägen und Druck belaufen sich auf ca. 72 Mio. EUR pro Jahr, Recycling- und Overheadkosten (inkl. Transport und Verarbeitung) auf etwa 174 Mio. EUR (Kleine et al. 2013, S. 37).

[11]Dafür gibt es inzwischen auch schon einige frei verfügbare software- und webbasierte Systeme, auf die kostenfrei zurückgegriffen werden kann. Beispiele hierfür sind Mobile Banking Software Cyclos oder die Internet-Plattform „Community Exchange System", die sogar den weltweiten Austausch zwischen verschiedenen virtuellen Komplementärwährungen ermöglicht (https://www.cyclos.org/ und https://www.community-exchange.org/).

via SMS (Ferreira et al. 2015) und der Chiemgauer die Regiocard, mit der Verbraucher per Kartenlesegerät ihr normales Bankkonto belasten können. Die Einführung solcher elektronischer Zahlverfahren findet – neben der Vereinfachung von Transaktion und Verbuchung – wohl auch deswegen statt, weil die jeweilige Komplementärwährung dadurch moderner, zukunftsträchtiger und womöglich auch glaubwürdiger wirkt. Die Digitalisierung eröffnet somit Chancen für die weitere Entwicklung von monetären Alternativen, nicht zuletzt hinsichtlich einer möglichen Vernetzung und Tauschbarkeit der verschiedenen Komplementärwährungen (Schröder 2016). Ist also auch bei den Komplementärwährungen das Bargeld am Verschwinden? Ist das elektronische Geld das bessere, weil einfachere, kostengünstigere und zukunftsträchtigere?

Keineswegs, denn Bargeld hat auch diverse *Vorteile*. Carl-Ludwig Thiele, Vorstandsmitglied der Deutschen Bundesbank, führt eine ganze Reihe an guten Argumenten für das offizielle Bargeld an, die ebenso für Komplementärwährungen gelten.

> Das Bargeld wird als einfaches, sicheres und schnelles Zahlungsmittel wahrgenommen. Bargeld wird auch als Instrument zur Haushaltsplanung verwendet, denn viele Bürgerinnen und Bürger berichten, dass sie bei der Verwendung von Bargeld einen besseren Überblick über ihre eigenen Ausgaben haben. Bürgerinnen und Bürger schätzen das Bargeld zudem als anonymes Zahlungsmittel, das es ihnen erlaubt, ihre Privatsphäre zu schützen und ihr Recht auf informationelle Selbstbestimmung auszuüben. Bargeld ist schlussendlich auch von technischer Infrastruktur weitgehend unabhängig und kann als gesetzliches Zahlungsmittel immer und überall verwendet werden, insbesondere auch in einem Krisenfall. Zusammenfassend lässt sich sagen, dass das Bargeld als modern, effizient und nutzenstiftend wahrgenommen wird (Thiele 2015, S. 6).

In diesem Zitat klingen einige Punkte an, die in einer kurzen Gegenüberstellung von physischem und virtuellem Geld diskutiert werden sollen. Sie betreffen im Wesentlichen zwei Aspekte eines Währungssystems: den technischen und den kulturellen.

5.5.1 Technisch-funktionale Aspekte: Kosten und rechtliche Lage

Bargeld ist, wie oben angeführt, mit *Kosten* verbunden. Das bedeutet im Umkehrschluss aber nicht, dass elektronisches Geld kostengünstig ist. Thiele (2015, S. 4) bezweifelt nicht ohne Grund die angebliche Kostenersparnis beim elektronischen Zahlungsverkehr. Erstens erfordert auch dieser eine (in Anschaffung und Wartung) mitunter kostspielige technische Infrastruktur (etwa Point-of-Sale-Terminals). Falls diese nicht vorhanden ist, müssen die Transaktionen aufwendig per Hand gebucht werden – so etwa in dem oben genannten Community Exchange System, bei dem die konkrete Bezahlung auf Papierzetteln dokumentiert und später ins System gebucht wird. Die diesbezüglichen Erfahrungen vieler Regionalwährungen lassen sich auf eine simple Formel bringen: Beim elektronischen Geld sind die Initialkosten hoch, die Betriebskosten niedrig; beim Bargeld verhält es sich genau umgekehrt. Zweitens sind elektronische Systeme anfällig für Datenverlust und -manipulation (Hacker) und werfen datenschutzrechtliche Fragen auf – schließlich werden alle mit dem jeweiligen elektronischen Geld vollzogenen Transaktionen dokumentiert.

Noch wichtiger ist für Komplementärwährungen die *rechtliche Lage*. Geld ist ein Geschöpf der Rechtsordnung und das Geldsystem „ein staatlich zugelassenes, überwachtes und gestütztes Kooperations- und Kapitalbildungssystem" (Reifner 2017, Band III, S. 5). Der Staat schützt sein institutionalisiertes Geldmonopol mit strengen währungsrechtlichen Vorgaben (etwa § 35 BbankG). Bargeldbasierte Komplementärwährungen müssen deswegen als ausschließlich vereinsinternes und freiwilliges Zahlungsmittel, als „Gutschein" konzipiert sein, für den ebenfalls zahlreiche Rechtsvorschriften gelten (siehe dazu Hardraht und Godschalk 2004). Allerdings unterliegen auch virtuelle Währungen diversen Rechtsverordnungen (etwa dem Bundesbankgesetz, dem Kreditwesengesetz oder den EU-Richtlinien zu E-Geld und Zahlungsdiensten), denn „auch beim Giralgeld (Privatgeld) ist der Staat entscheidend" (Reifner 2017, Band III, S. 5). Diese (aufsichts-)rechtliche Giralgeldregulierung stellt eine große Hürde für Regionalwährungen dar, vor allem wenn eine (teure und aufwendige) E-Geld-Lizenz entsprechend des Kreditwesengesetzes (KWG) fällig wird. In Deutschland dulden die Bundesbank, die BaFin und andere staatliche Geldakteure die Komplementärwährungen (ob bargeldbasiert oder virtuell) aufgrund ihrer geringen Umsätze. Es ist allerdings davon auszugehen, dass gerade *virtuelle* Komplementärwährungssysteme zunehmend in den Blick der Aufsichtsbehörden geraten. So hat die EU-Kommission unlängst einen Entwurf vorgelegt,[12] der vorsieht, virtuellen Währungen geldwäscherechtliche Pflichten aufzuerlegen. In Anlehnung an eine EZB-Studie zu virtuellen Währungen (EZB 2012) werden virtuelle Währungen dabei sehr weit definiert und könnten somit beispielsweise auch digitales Spielgold, Facebook Credits, Nintendo Points oder Vielflieger-Bonusmeilen umfassen. Folglich würden neben den Börsen für Bitcoin und Co. auch Verkäufer von Spielwährung und Ähnlichem unter die neuen Geldwäscheregularien fallen. Momentan schließt der Entwurf komplementäre Währungen dezidiert aus.[13] Dies könnte sich jedoch schnell ändern, wenn Komplementärwährungen (wie schon in Ansätzen erkennbar) zunehmend auf größere Verbreitung, höhere Skalierbarkeit und gegenseitige Konvertibilität setzen (was mit physischem Geld deutlich schwieriger umzusetzen ist als mit elektronischem).

Insgesamt sind also virtuelle Komplementärwährungen gegenüber bargeldbasierten weder zwingend kostengünstiger noch rechtlich unstrittiger.

---

[12]Der Vorschlag der EU-Kommission vom 19. Dezember 2016 (2016/0208 (COD)) bezieht sich dezidiert auf virtuelle Währungen, also digital repräsentierte Werte, die digital übertragen, gespeichert oder gehandelt werden können und von natürlichen oder juristischen Personen als Zahlungsmittel verwendet werden, jedoch weder gesetzliches Zahlungsmittel noch Giralgeld oder E-Geld im Sinne der zweiten Zahlungsdienstrichtlinie (PSD II) sind.

[13]„Local currencies (also known as complementary currencies) that are used in very limited networks such as a city or a region and among a small number of users should not be considered as virtual currencies" http://data.consilium.europa.eu/doc/document/ST-15605-2016-INIT/en/pdf.

5.5.2 Kulturelle Aspekte: Symbolik und Zahlungsgewohnheiten

Kaum beachtet, aber von entscheidender Bedeutung, sind die kulturellen Aspekte des Geldes. Geld ist nicht nur abstraktes Tauschmittel und rationales Schlüsselwerkzeug des modernen Wirtschaftslebens; es existiert gleichzeitig außerhalb der Sphäre des Markts und wird in hohem Maße von kulturellen und sozialen Strukturen beeinflusst (Zelizer 1989). In der Alltagspraxis gewinnt Geld eine multiple Symbolik – je nach Herkunft, Verwendung und jeweiliger Materialität (Carruthers und Espeland 2002).

Nehmen wir einen Aspekt dieser Materialität: die *visuelle Gestaltung des Geldes.* Diese ist ein essenzieller Bestandteil der für das Funktionieren eines Geldsystems so wichtigen „vertrauensbildenden Maßnahmen" (Gabriel 2002, S. 36). Ein Blick in die Geschichte und Gegenwart des Papiergeldes zeigt, welch ein immens hoher gestalterischer Aufwand betrieben wird, um dem Geld symbolhaft Werthaltigkeit und Identität zu verleihen (ausführlich Hartmann und Thiel 2016). Banknoten sind als „Visitenkarten des Staates" immer auch symbolischer Ausdruck eines bestimmten Staatsverständnisses, eines gesellschaftlichen Entwicklungsstands und einer nationalen Identität. Gleichermaßen müssen komplementäre Währungen ihre Inhalte symbolisch vermitteln – schließlich besteht ihre Daseinsberechtigung gerade darin, als „besseres Geld" bestimmte regionale, soziale oder ökologische Ziele zu verfolgen. Zudem soll das Komplementärgeld werthaltig und vertrauenswürdig wirken, sprich eine „aura of ‚moneyness'" (CCIA 2015, S. 141) ausstrahlen. Ein neueres Handbuch für die Erstellung von Komplementärwährungen macht deutlich: „Cheaply printed or poorly designed notes and coins are less likely to be taken seriously by users, whose belief in the currency is central to its success" (CCIA 2015, S. 141). Dementsprechend sind viele der bisherigen Regionalgelder aufwendig gestaltet: Die „moneyness" wird symbolisiert durch die Verwendung von geldtypischen materiellen und gestalterischen Elementen wie dem Format der Scheine, dem kompositorischen Aufbau, Sicherheitsmerkmalen, Signaturen, typischen Guillochen und Farbgebungen. Die Ziele des Komplementärgeldes spiegeln sich in der Bildgebung, bei der etwa lokale Bauwerke (regionaler Bezug), Landschaften (ökologischer Bezug) oder Werke örtlicher Künstler (ideeller Bezug) abgebildet werden. Die symbolische Gestaltung des Geldes dient so der Vermittlung bestimmter Intentionen, dem Aufbau einer territorial verorteten Gemeinschaft und der Konstitution einer gemeinschaftlichen Identität (siehe dazu Fare et al. 2015). Bei virtuellen Währungen ist dieses symbolische Gestaltungspotenzial nur eingeschränkt (bei Bankkarten) oder gar nicht (bei elektronischen Verrechnungssystemen) gegeben. Eine rein virtuelle Währung wird nur noch als abstraktes „Accounting" wahrgenommen und nicht mehr als konkretes „Ding". Giralgeld benötigt deswegen die gleichzeitige Existenz des Bargelds, das es als „symbolischen Anker" gedanklich greifbar macht. Fällt dieser symbolische Anker der Dinglichkeit zunehmend weg, führt dies auch zu einem anderen Umgang mit Geld. Dieser Gedanke findet sich schon bei Georg Simmel. In seinem 1900 erschienenen Werk „Philosophie des Geldes" schreibt Simmel, Geld werde mit zunehmender Bedeutung immer „indifferenter, farbloser, allem einzelnen gegenüber objektiver" (Simmel 1989, S. 266), bis es schließlich eine „völlig objektive, an sich qualitätslose Instanz" (Simmel 1989, S. 80) bildet, die von allen spezifischen Inhalten gelöst ist und in reiner Quantität besteht. Analog dazu finde eine zunehmende „Entstofflichung" des Geldes statt. Simmel zufolge ist in solchen unbaren, kreditbasierten Zahlungsweisen immer auch eine „Versuchung zum Leichtsinn" (Simmel 1989, S. 667) angelegt. Studien über Veränderungen des Zahlungsverhaltens nach dem Aufkommen der Konsum- und Hypothekenkredite (in den 1950ern) und der Kreditkarten (in den 1970ern) bestätigen seine These: Vor allem in den USA stieg in der Folge sowohl der Konsum als auch die Verschuldung (Ritzer 1995).

Dies führt uns zum Aspekt der *Zahlungsgewohnheiten*. Vielen Menschen ist bewusst, dass sie mit einem virtuellen, relativ abstrakten Zahlungsmittel mitunter mehr Geld ausgeben als mit einem Geldschein. Sie nutzen das Bargeld als Instrument ihrer Haushaltsplanung. Auch Gewohnheiten und historische Währungserfahrungen tragen dazu bei, dass immer noch viel mit Bargeld bezahlt wird. Komplementärwährungssysteme müssen sich (wollen sie eine gewisse Verbreitung erreichen) auf diese Zahlungsgewohnheiten einstellen. Laut einer Studie der Bundesbank wird in Deutschland am häufigsten bar bezahlt – 79,1 % aller Kauftransaktionen werden mit Münzen und Scheinen beglichen (Deutsche Bundesbank 2015, S. 26).[14] Jeder Dritte zahlt sogar ausschließlich bar, jeder zweite macht die Wahl des Zahlungsmittels von der mitgeführten Bargeldmenge abhängig (Deutsche Bundesbank 2015, S. 39). Auch die Höhe des zu zahlenden Betrags ist für viele (46 %) wichtig – kleinere Beträge bis 20 € etwa werden fast immer bar bezahlt. Erst bei Einkäufen über 50 € sinkt der Barzahleranteil signifikant (auf 41,9 %), und wenn mehr als 100 € fällig sind, kommt vorzugsweise die Giro- und Kreditkarte zum Einsatz (nur noch 30,2 % Barzahler bei über 100 € und 24,1 % bei über 500 €) (Deutsche Bundesbank 2015, S. 31). Solch höhere Beträge sind bei Komplementärwährungen eher die Seltenheit, meist wird das Äquivalent von 10 bis 20 € pro Bezahlvorgang ausgegeben. Und solche Summen zahlt man eben meist (noch) in bar. Die Zahlen der Bundesbank decken sich mit den Erfahrungen, die die Regionalwährung Chiemgauer gemacht hat: Generell zahlt bei dieser ca. ein Drittel der Teilnehmer nur in bar, ein weiteres Drittel ausschließlich mit Karte und der Rest verwendet beides. Allerdings wird der elektronische Chiemgauer (vor allem aus Bequemlichkeitsgründen) immer stärker nachgefragt. Dies zeigt: Zahlungsgewohnheiten können (und werden) sich ändern.

Insgesamt schwindet somit der Gewohnheitsvorteil der bargeldbasierten Komplementärwährungen, denn es wird zunehmend als bequemer und moderner wahrgenommen, unbar zu bezahlen. Was bleibt, sind die im Vergleich zu elektronischen Währungen größeren Möglichkeiten in der symbolisch-gestalterischen Vermittlung bestimmter Botschaften.

---

[14]Die Studie fokussierte dabei ausschließlich das Bezahlverhalten am Erfüllungsort (Point-of-Sale), nicht regelmäßig wiederkehrende Zahlungen (z. B. Miete, Telefonrechnungen), die meist unbar beglichen werden. Betrachtet man statt der Transaktionszahl den Umsatz, so führt das Bargeld mit 53,2 %, gefolgt von der girocard mit 29,4 % und der Kreditkarte mit 3,9 % (Deutsche Bundesbank 2015, S. 27).

5.6 Schlussfolgerung und Ausblick

Bargeld existiert nicht nur in Form der offiziellen nationalstaatlichen Banknoten, sondern auch in vielen privaten Geldsystemen. Die zumeist idealistisch motivierten Regionalwährungen sind in den letzten Jahrzehnten weltweit entstanden. Seit einigen Jahren ist ihre Entwicklung jedoch rückläufig. Viele der neuen Komplementärwährungssysteme wenden sich vom Bargeld ab und präferieren elektronische Verrechnungssysteme oder gar Kryptowährungen. Nicht wenige der neuen „Komplementärgeldmacher", maßgeblich jene aus der Kryptowährungs- und FinTech-Szene, sind überzeugt, die bisherigen Probleme der Komplementärwährungen ließen sich mit den neuen Datenbanktechnologien und Handyapplikationen beheben.[15] Ob sich dieser Trend bei den Komplementärwährungen durchsetzen wird, lässt sich derzeit nicht beantworten. Allerdings bietet das Medium Bargeld auch gewisse Vorteile, gerade für komplementäre Währungssysteme.

Diese Vorteile resultieren aus der Materialität des Bargeldes, aus seiner physisch greifbaren Form. Erstens bietet diese ein *größeres Symbolisierungspotenzial*. Banknoten können mehr und besser als virtuelles Geld mit ihrer symbolischen Gestaltung Inhalte und Botschaften transportieren. Gerade für Komplementärwährungen ist das essenziell, schließlich geht es ihnen nicht um einfache und universelle Verwendbarkeit, sondern um idealistische Ziele. Die symbolische Aufladung des komplementären Geldes trägt zur Rechtfertigung des damit verbundenen höheren Aufwands und der Kosten bei. Man könnte dies auch ganz profan als Marketingmaßnahme im „Wettstreit der Währungen" sehen, in dem sich komplementäre Währungen mit einer Vielzahl von (bargeldlosen) Zahlungsinstrumenten, Kundenbindungssystemen und Kryptowährungen messen müssen. Zweitens resultiert aus der Materialität und Symbolik des Geldes eine je eigene *Handlungsrationalität*. Dass das physisch greifbare Bargeld anders, dinglicher, weniger leichtfertig erfahren und behandelt wird, wurde schon angesprochen. Geldsoziologisch lässt sich dieser Gedanke noch weiterführen. Simmel (1989) hat eindrücklich gezeigt, welche Auswirkungen der indifferente, objektivierende und quantifizierende Charakter von Geld hat: Es wirkt als zentraler Motor der Individualisierung, indem es die Abhängigkeit einer Person von einigen wenigen, persönlich bekannten Personen (der Dorfgemeinschaft, dem Lehnsherr etc.) auflöst und durch partielle Abhängigkeiten gegenüber zahlreichen diffusen, anonymen und depersonalisierten Anderen (dem Markt) ersetzt. Die so erzeugte Vielzahl versachlichter, anonymer Beziehungen gewährt dem Einzelnen einerseits selbstbestimmte Handlungschancen und selbstreferenzielle Identität, „befreit" ihn gewissermaßen. Andererseits werden so traditionelle Gemeinschaften und ihre identitätsstiftenden Beziehungen zerstört, mit Folgen wie Entfremdung, Unsicherheit und Sinnverlust (Simmel 1989, S. 456). Komplementärwährungen hingegen sind

---

[15]Siehe dazu den Bericht von Leander Bindewald von der 4. Internationalen Forschungskonferenz zur monetären Vielfalt in Barcelona im Mai 2017 unter http://monneta.org/news/bericht-4-internationale-forschungskonferenz-zur-monetaeren-vielfalt-barcelona-mai-2017/.

zwar Geld, jedoch kein absolut objektives und qualitätsloses. Im Gegenteil, sie sind nur begrenzt verwendbar und symbolisch stark aufgeladen. Diese räumlichen und ideellen „Grenzziehungen" (vgl. Schröder 2016) relativieren die geldimmanente Unpersönlichkeit, Abstraktheit und Rechenhaftigkeit. Sie setzen quasi einen anderen Rahmen und stimulieren damit andere Austausch- und Kommunikationsprozesse. Komplementärgeld ist so weniger indifferent gegenüber Werten, Zeitpunkten und Tauschpartnern, es ist weniger abstrakt und somit näher am Alltagsverständnis (Hörisch 2000, S. 72; Rapp 2000, S. 100). Dies gelingt physisch existierenden Komplementärwährungen weitaus besser als rein virtuellen. Der dritte Vorteil von bargeldbasierten Währungen ist ihre *Unabhängigkeit von Technik* und die daraus resultierende weitgehende *Anonymität*. Die meisten virtuellen Währungen (blockchain-basierte Kryptowährungen mal ausgenommen) erfordern eine Anmeldung in den entsprechenden Zahlungsnetzwerken. Sämtliche getätigte Transaktionen werden dadurch gespeichert, was nicht unproblematisch ist, da nicht absehbar ist, wie welche Daten von wem genutzt werden. Hinzu kommt der Aspekt der Sicherheit, da kein technisches System unangreifbar ist (zu den Aspekten von Überwachung und Sicherheit siehe etwa Goodman 2016; Häring 2016).

Abschließend lässt sich damit festhalten: Die Zukunft des „idealistischen Geldes", der Komplementärwährungen, mag ungewiss sein. Doch vielleicht liegt sie gerade in dem scheinbar antiquierten Geldmedium „Bargeld".

Literatur

Becker HS (1973) Außenseiter. Zur Soziologie abweichenden Verhaltens. Fischer, Frankfurt a. M.
Blanc J (2011) Classifying "CCs": community, complementary and local currencies' types and generations. Int J Community Currency Res 15:4–10
Blanc J, Fare M (2013) Understanding the role of governments and administrations in the implementation of community and complementary currencies. Ann Publi Coop Econ 84(1):63–81
Carruthers B, Espeland W (2002) Money, meaning and morality. In: Biggart NW (Hrsg) Readings in economic sociology. Blackwell, Malden, S 292–314
CCIA (Community Currencies in Action) (2015) People powered money – designing, developing & delivering community currencies. http://b.3cdn.net/nefoundation/0dba46d13aa81f0fe3_zhm62ipns.pdf. Zugegriffen: 13. Sept. 2017
Degens P (2013) Alternative Geldkonzepte – ein Literaturbericht. MPIfG Discussion Paper 13/1. http://www.mpifg.de/pu/mpifg_dp/dp13-1.pdf. Zugegriffen: 25. Sept. 2017
Deutsche Bundesbank (2015) Zahlungsverhalten in Deutschland 2014. Dritte Studie über die Verwendung von Bargeld und unbaren Zahlungsinstrumenten. https://www.bundesbank.de/Redaktion/DE/Downloads/Veroeffentlichungen/Studien/zahlungsverhalten_in_deutschland_2014.pdf?__blob=publicationFile. Zugegriffen: 25. Sept. 2017
European Central Bank (2012) Virtual currency schemes. https://www.ecb.europa.eu/pub/pdf/other/virtualcurrencyschemes201210en.pdf. Zugegriffen: 25. Sept. 2017
Fare M, Ahmed P (2017) Complementary currency systems and their ability to support economic and social changes. Dev & Change. https://doi.org/10.1111/dech.12322
Fare M, Freitas C de, Meyer C (2015) Territorial development and community currencies: symbolic meanings in Brazilian community development banks. Int J Community Currency Res 19:6–17

Ferreira J, Perry M, Subramanian S (2015) Spending time with money: from shared values to social connectivity. CSCW '15: Proceedings of the 18th ACM conference on computer supported cooperative work & social computing. https://doi.org/10.1145/2675133.2675230

Gabriel G (2002) Ästhetik und Rhetorik des Geldes. Frommann-Holzboog, Stuttgart

Goodman M (2016) Future crimes. Inside the digital underground and the battle for our connected world. Anchor Books, New York

Gründler E (2005) Komplementäres Geld. Vorteile, Erscheinungsformen und Funktionsweisen. MoneyMuseum, Zürich

Hardraht K, Godschalk H (2004) Komplementärwährungsgutachten. Erstellt im Auftrag der Sparkasse Delitzsch-Eilenburg

Häring N (2016) Die Abschaffung des Bargelds und die Folgen. Der Weg in die totale Kontrolle. Bastei Lübbe, Köln

Hartmann S, Thiel C (2016) Der schöne Schein. Symbolik und Ästhetik von Banknoten. Gietl, Regenstauf

Hoeben C (2003) Let's be a community. Community in local exchange trading systems. Rijksuniversiteit, Groningen

Hörisch J (2000) Geld, Geist und Information. Kunstforum Int 149:72–73

Jacobs J, Merlin B, Emiliy J, Wheatley G (2004) The social and cultural capital of community currency. An Ithaca HOURS case study survey. Int J Community Currency Res 8:42–56

Kennedy M (2005) Komplementärwährungen zur wirtschaftlichen Lösung sozialer Probleme. Z Sozialökonomie 42(144):20–28

Kennedy M, Lietaer B (2004) Regionalwährungen: Neue Wege zu nachhaltigem Wohlstand. Rieman, München

Kirschner A (2011) The Burlington currency project: a history. Int J Community Currency Res 15:42–55

Kleine J, Krautbauer M, Weller T (2013) Cost of Cash: Status Quo und Entwicklungsperspektiven in Deutschland. Steinbeis Research Center for Financial Services, München. http://www.steinbeis-research.de/images/pdf-documents/CFP_Cost_Of_Cash_Studie_Steinbeis_Deutsch.pdf. Zugegriffen: 20. Sept. 2017

Lietaer B, Ulanowicz R, Goerner S (2008) Wege zur Bewältigung systemischer Bankenkrisen. http://www.lietaer.com/images/White_Paper_Lietaer_Deutsch.pdf. Zugegriffen: 30. März 2009

Meier D (2001) Tauschringe als besondere Bewertungssysteme in der Schattenwirtschaft: Eine theoretische und empirische Analyse. Ducker & Humblot, Berlin

North P (2010) Local money. Transition Books, Totnes

Plettenbacher T (2008) Neues Geld. Neue Welt. Die drohende Wirtschaftskrise – Ursachen und Auswege. Planet, Wien

Rapp J (2000) Sozialmaschine Geld. Kunstforum International 149:100–102

Reifner U (2017) Das Geld. Bd. 3. Recht des Geldes. Regulierung und Gerechtigkeit. Springer Fachmedien, Wiesbaden

Ritzer G (1995) Expressing America – a critique of the global credit card society. Pine Forge, Thousand Oaks

Rogoff K (2016) Der Fluch des Geldes: Warum unser Bargeld verschwinden wird. FinanzBuch, München

Sademach M (2010) Regionalwährungen in Deutschland und ihre Münzen. Moneytrend 11:170–173

Schröder R (2015) The financing of complementary currencies: problems and perspectives. Int J Community Currency Res 19:106–113

Schröder R (2016) The double-edgedness of monetary multiplicity: how can complementary currencies promote the case for social justice? Vortrag auf der Polanyi International Seminar Societies in transition: Social and solidarity economy, the commons, public action and livelihood CNAM, Paris (France), 19.–20. Mai 2016

Seyfang G, Longhurst N (2012) Money, money, money? A scoping study of grassroots complementary currencies for sustainability. https://grassrootsinnovations.files.wordpress.com/2012/05/seyfang-and-longhurst-2012-money-money-money.pdf. Zugegriffen: 28. Aug. 2017

Seyfang G, Longhurst N (2013) Growing green money? Mapping community currencies for sustainable development. Ecol Econ 86:65–77

Seyfang G (2002) Tackling social exclusion with community currencies: learning from LETS to time banks. Int J Community Currency Res 6:259–269

Seyfang G, Pearson R (2000) Time for change: international experience in community currencies. Development 43(4):56–60

Simmel G (1989) Philosophie des Geldes. Suhrkamp, Frankfurt a. M. (Erstveröffentlichung 1900)

Thiel C (2011) Das »bessere« Geld. Eine ethnographische Studie über Regionalwährungen. VS Verlag, Wiesbaden

Thiel C (2013) Der schöne Schein. Banknoten als Untersuchungsgegenstand einer visuellen Soziologie. Soziale Welt 1–2:191–216

Thiele C (2015) Diskussion um das Bargeld: Hätte eine Abschaffung von Banknoten und Münzen wirklich Vorteile? Ifo Schnelldienst 13:3–6

Zelizer V (1989) The social meaning of monies: »Special monies«. Am J Sociol 95:342–377

Christian Thiel studierte Soziologie, Psychologie und Kommunikationswissenschaften und wurde mit einer geldsoziologischen Arbeit an der Universität Augsburg promoviert. Er arbeitete anschließend mehrere Jahre an der LMU und der Universität der Bundeswehr und leitet derzeit ein DFG-Forschungsprojekt zu Vertrauen und Täuschung beim Betrug.

6 Bitcoins als Herausforderung in der Finanzsphäre

Harald Meisner

Inhaltsverzeichnis

6.1	Einführung	89
6.2	Elektronische Zahlungsmethoden	90
6.3	Kryptowährungen	91
	6.3.1 Merkmale von Kryptowährungen	91
	6.3.2 Blockchain Technologien	94
6.4	Bitcoins als Transaktionsvehikel	96
6.5	Nachteile des Bitcoin	98
6.6	Andere Kryptoprojekte	99
6.7	Aussichten	101
Literatur		101

6.1 Einführung

Bitcoin ist in aller Munde – Bitcoin ist sogar ein wenig Hype. Die Diskussionen gehen in die verschiedensten Richtungen: der CEO einer der größten Banken der Welt (J.P. Morgan Chase) hat Bitcoin auf einer Investorenkonferenz Anfang September 2017 unter generellen Betrugsverdacht gestellt und auch die chinesische Finanzmarktaufsicht hat angedeutet, den Bitcoinhandel stärker einzuschränken.

Andererseits hat sich die Währung am 1. August 2017 sogar gespalten: aus dem Bitcoin ist eine zweite Kryptowährung hervorgegangen – Bitcoin Cash. Es geht zum einen um die Vertrauenswürdigkeit dieser Kryptowährung und zum anderen um deren

---

H. Meisner (✉)
Rheinische Fachhochschule Köln, Köln, Deutschland
E-Mail: info@meisnerconsult.de

Leistungsfähigkeit. Pro Tag werden auf der ganzen Welt rd. 350.000 Transaktionen mit Bitcoin durchgeführt (zu vergleichen mit 75 Mio. Überweisungen etc. täglich alleine in Deutschland)[1] und es zeigt sich, dass der Bitcoin zurzeit weniger wettbewerbsfähig gegenüber klassischen Zahlungsdiensten ist.[2]

Die Erfahrung der Menschen mit Geld ist sehr unterschiedlich. Wer Bitcoin nur als elektronisches Geld begreift, der verkürzt dessen Bedeutung. Bitcoin ist nämlich in allererster Linie der Ausdruck einer neuen Technologie in Form neuer Transaktions- und Registrierungsprotokolle (sog. Blockchain).

Die Art der Diskussion zeigt deutlich, dass sich hier etwas Erstaunliches ereignet. Die hohe Volatilität des Bitcoin ist ein sehr großes Problem und lässt die Zentralbanken und andere Banken vom Bitcoin als reinem Spekulationsobjekt sprechen. In diesem Aufsatz soll die Wirkungsweise des Bitcoin beschrieben und auch kritisch dargelegt werden. Eine intensive Beschäftigung mit der dahinter steckenden Technologie zeigt, dass diese die Finanzwelt grundlegend verändern kann.

6.2 Elektronische Zahlungsmethoden

Bei elektronischen Zahlungsmethoden handelt es sich um unterschiedliche Zahlungsinstrumente zur Abwicklung von Transaktionen im Internet wie z. B. Kreditkarten oder auch andere Dienste wie PayPal. Diese Zahlungsmethoden sind grundsätzlich bankbezogen.

Bei Kreditkarten handelt es sich um die am häufigsten genutzte und bekannteste elektronische Zahlungsart, da Kreditkarten fast überall auf der Welt anerkannt und benutzt werden. Die Höhe der Nutzungsgebühren hängt vom Anbieter und den in Anspruch genommenen Zusatzleistungen ab. Bei Zusatzleistungen handelt es sich beispielsweise um Versicherungen, Buchungsdienste und sonstige Serviceleistungen. Grundsätzlich können unterschiedliche Kosten anfallen, z. B. eine Jahresgebühr, eine Bargeldgebühr, Kreditkartengebühren im Ausland, Kosten für die Ratenzahlung und Gebühren für das Aufladen von Prepaid-Karten.

Die bekanntesten Kreditkartenorganisationen sind Visa (Verbund von Banken und Sparkassen), MasterCard, American Express und Diners Club. Visa Karten werden in ganz Europa von über 3000 verschiedenen Banken und Sparkassen ausgegeben.

Der Bezahldienst PayPal zählt eigentlich schon zu den innovativen Zahlungssystemen. Er wurde 1998 von *Max Levchin* und *Peter Thiel* in Kalifornien gegründet. Im Jahr 2002 gab es ein 1,5 Mrd. US$ schweres Übernahmeangebot des Internetauktionshauses eBay.

---

[1]Siehe Rede von Bundesbankvorstandsmitglied Thiele vom September 2017: https://www.bundesbank.de/Redaktion/DE/Reden/2017/2017_09_20_thiele.html.

[2]Ein noch besserer Indikator ist: PayPal managt 193 Transaktionen pro Sekunde, Visa sogar 1667 Transaktionen pro Sekunde und Bitcoin managt nur 7 Transaktionen pro Sekunde: https://blockgeeks.com/guides/blockchain-scalability/.

Seit dieser Zeit ist PayPal eine 100-prozentige Tochtergesellschaft von eBay. Mitte 2015 wurde PayPal allerdings abgespalten, um als eigenständige Gesellschaft den Börsengang zu vollziehen. Mit rund 200 Mio. Kundenkonten ist es PayPal gelungen, sich weltweit zu einem der am häufigsten genutzten Online-Bezahlsysteme zu entwickeln.

Es handelt sich dabei um ein Online-Bezahlsystem, mit dem Zahlungen von größeren sowie kleineren Summen getätigt werden können. Das Unternehmen hat sich zum Ziel gesetzt, den Überweisungsvorgang für den Kunden so weit wie möglich zu vereinfachen. Eine Zahlung kann in Echtzeit vom Senderkonto an das Empfängerkonto getätigt werden. Das vorhandene Guthaben kann entweder auf das Bankkonto weitergeleitet werden oder auf dem PayPal-Konto für weitere Transaktionen verbleiben.

Der Käufer kann die beiden Möglichkeiten auf jeder Handelsplattform, die PayPal als Zahlungsmethode akzeptiert, nutzen. Im Rahmen des Zahlungsprozesses erfolgt eine Weiterleitung auf die Webseite von PayPal, auf der der Nutzer seine Zahlungsdetails einsehen kann und zur Bestätigung sein Passwort eingibt. Nach der Eingabe des Passwortes und der Bestätigung der Zahlung wird der Nutzer wieder zur Ausgangsseite geleitet.

Überweisungen in Euro sind mit PayPal kostenlos, allerdings fallen Gebühren für den Empfang von eingehenden Zahlungen an. Diese liegen bei 1,9 % + 0,35 €. Es gibt allerdings die Option, kostenlos Geld von Freunden und Familienmitgliedern innerhalb der EU zu empfangen oder an sie zu versenden. Sobald eine Währungsumrechnung erforderlich ist oder die Transaktionen über eine Kreditkarte abgewickelt werden, fallen jedoch Gebühren an. Außerhalb der EU variieren die Gebühren.[3]

Online-Überweisungen können auf zwei verschiedene Arten erfolgen. Zum einen via Electronic-Banking und zum anderen via Mobile-Banking. Viele neue Firmen (sog. FinTechs) sind hier aktiv geworden (z. B. Sofort Überweisung). Internationale Überweisungen können z. B. mit dem FinTech-Unternehmen „Transferwise" kostengünstig abgewickelt werden.

All diesen Zahlungsformen ist gemeinsam, dass sie einen Bankkontext haben und auf herkömmlicher Technologie aufsetzen. Ökonomisch betrachtet handelt es sich bei diesen um sog. Plattformmärkte („zweiseitige Marktplätze"), in denen Zahlungssender und Zahlungsempfänger auf einer zentralen Plattform (Mittler) zusammenkommen, der die Zahlungen dann abwickelt.

6.3 Kryptowährungen

6.3.1 Merkmale von Kryptowährungen

Die nächste Stufe der Entwicklung der Internetökonomie in Zusammenhang mit der Geld- und Finanzwirtschaft stellen die kryptokratischen Währungen (wie z. B. der Bitcoin) dar.

---

[3]Vgl. PayPal, Gebühren: https://www.paypal.com/de/webapps/mpp/paypal-fees.

Hier wird die Geldwirtschaft mit der Internetökonomie verzahnt, weil die elementaren Gesetzmäßigkeiten der Netzwerkwirtschaft auf das Geldwesen übertragen werden.

Geld hat in der herkömmlichen volkswirtschaftlichen Theorie die Funktion, Transaktionen in der Wirtschaft zu ermöglichen, aber Geld hat auch eine Wertaufbewahrungsfunktion.

Ein herausragendes Wesensmerkmal bei den Kryptowährungen ist, dass nicht mehr die Notenbanken die Geldsteuerung vornehmen, sondern Rechenprozesse über ein dezentrales Netzwerk das Geld steuern. Hier eine Aussage aus dem Whitepaper des „Erfinders der Bitcoins", die das Ausmaß der zugrunde liegenden Vertrauenskrise formuliert:

> Das Kernproblem konventioneller Währungen ist das Ausmaß an Vertrauen, das nötig ist, damit sie funktionieren. Der Zentralbank muss vertraut werden, dass sie die Währung nicht entwertet, doch die Geschichte des Fiatgeldes ist voll von Verrat an diesem Vertrauen. Banken muss vertraut werden, dass sie unser Geld aufbewahren und es elektronisch transferieren, doch sie verleihen es in Wellen von Kreditblasen mit einem kleinen Bruchteil an Deckung.[4]

Der Anspruch der Kryptowährung Bitcoin ist folglich, dass kein Vertrauen mehr in einem Mittler vorhanden sein muss; die Finanzdienstleister verlieren damit einen wesentlichen Grund für ihre Existenz. In dieser Welt ist Vertrauen nicht notwendig: Vertrauen wird ersetzt durch Algorithmen und Rechnerleistung (Meisner 2017, S. 166 ff.).

Kryptowährungen sind Währungen, welche ausschließlich in digitaler und verschlüsselter Form verfügbar sind und sowohl für geschäftliche als auch für private Geldtransaktionen genutzt werden können. Die entscheidenden Merkmale von Kryptowährungen sind (Meisner 2017, S. 166 ff.):

- Keine physikalische Existenz, sondern es gibt nur die digitale Form.
- Dezentral, da es sich um eine banken- und institutionsunabhängige Währung handelt (Casey 2015, S. 15). Eine Regulierung oder Kontrolle durch Regierungen oder zentrale Organisationen findet nicht statt.
- Mehrheitlich basieren Kryptowährungen auf einem im Zeitverlauf abnehmenden Angebot. Bitcoins beispielsweise sind auf 21 Mio. Coins begrenzt. Die Obergrenze variiert je nach Kryptowährung.
- Es können bargeldlose Transaktionen über das Internet durchgeführt werden.
- Die Sicherheit wird durch kryptografische Transaktionsprotokolle gewährleistet.

---

[4]Satoshi Nakamoto, Bitcoin: A Peer-to-Peer Electronic Cash System: https://bitcoin.org/bitcoin.pdf; also Papier- und Buchgeld ohne eigenen Warenwert, während Gold und auch Bitcoins ressourcenmäßig beschränkt sind! Es handelt sich bei dem Autorennamen um das Pseudonym des bis heute namentlich unbekannten Gründers bzw. der Gründergruppe des Bitcoin.

Informationen und Daten können durch kryptografische Verfahren sowohl verschlüsselt als auch entschlüsselt werden. Abhängig vom Verschlüsselungsverfahren können Passwörter, Geheimnummern oder Bits als Schlüssel dienen. Bitcoin nutzt eine spezielle mathematische Funktion (Elliptische Kurvenmultiplikation) als Verschlüsselungsbasis (Antonopoulos 2017).

Das asymmetrische Verschlüsselungsverfahren (auch als Public-Key-Verfahren bekannt) wird anhand der Abb. 6.1 dargestellt. Es setzt sich aus zwei Schlüsseln zusammen. Dieses Schlüsselpaar besteht zum einen aus einem privaten Schlüssel (Private Key) und zum anderen aus einem öffentlichen Schlüssel (Public Key). Der öffentliche Schlüssel wird bei Bitcoin dazu genutzt, Geld zu erhalten und der private Schlüssel wird dazu genutzt, Transaktionen zu zeichnen (Antonopoulos 2017). Eine solche Signatur entsteht, indem ein mathematischer Beweis erbracht wird, dass es sich tatsächlich um den Eigentümer der Bitcoin handelt und kein Zugriff durch Unbefugte erfolgt. Durch die Signatur wird eine nachträgliche Manipulation vermieden.

Der öffentliche Schlüssel ist mit der Adresse des Nutzers verknüpft, der die Bitcoins besitzt. Um eine Transaktion zu tätigen, muss der öffentliche Schlüssel des Transaktionspartners bekannt sein, um auf diese Adresse Bitcoins zu überweisen (vgl. Abb. 6.1). Die Transaktion kann jedoch nur mit dem privaten Schlüssel realisiert werden. Allein der Besitzer des privaten Schlüssels kann eine Transaktion von seiner Adresse autorisieren.

Die symmetrischen Verfahren (Secret-Key-Verfahren; Schmeh 2013, S. 41) besitzen im Gegensatz dazu lediglich einen Schlüssel und sind damit unsicherer und für die Zwecke der Blockchain nicht geeignet.

Die sichere und geheime Aufbewahrung des privaten Schlüssels ist essenziell, um einen Missbrauch der verschlüsselten Daten zu vermeiden. Die Aufbewahrung der Schlüssel obliegt einem sog. Wallet. Jeder Nutzer benötigt auf seinem Gerät die Bitcoin

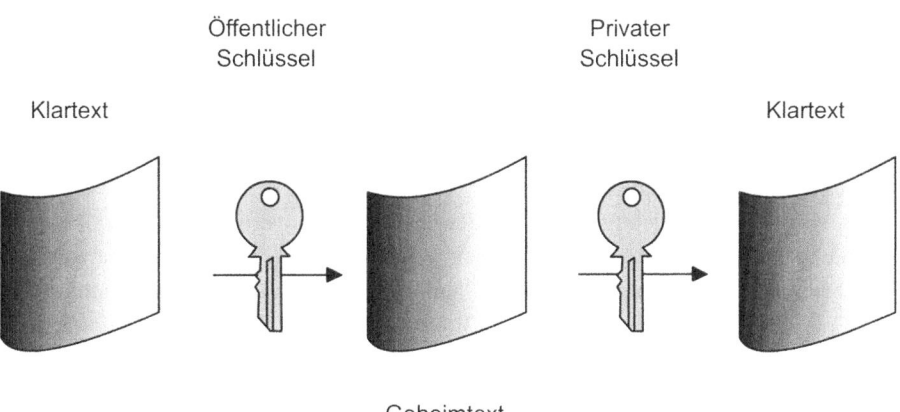

Abb. 6.1 Public-Key-Verschlüsselung. (Quelle: eigene Darstellung in Anlehnung an Schmeh 2013, S. 177)

Client Software, auch Bitcoin Wallet genannt. Diese entsprechenden Bitcoin Wallets können den aktuellen Kontostand berechnen und Transaktionen durchführen.

Die Wallet verbindet den Nutzer über das Internet mit dem dezentralen Netzwerk. In diesem Netzwerk kann er alle Benutzer sehen und mit ihnen Transaktionen tätigen. Zuvor werden die oben erwähnten Schlüssel benötigt, die einmalig durch einen Algorithmus generiert werden und miteinander in Beziehung stehen (Antonopoulos 2017).

6.3.2 Blockchain Technologien

Die hinter den Kryptowährungen stehende Blochchain-Technologie ist Ausdruck der Peer-to-Peer-Technologie, die das technische Wesen der Internetökonomie prägt. Dezentrale Rechnerleistung ermöglicht die Verwendung von virtuellen Währungen. Dezentral aufbereitete Rechenprozesse mit Open-Source-Software ermöglichen die Schaffung von Bitcoins.

Die Blockchain bildet eine dezentrale Transaktionshistorie aller Zahlungsvorgänge ab. Dieses Datenbanksystem, das zwischen alle Teilnehmer des Bitcoinnetzwerks geschaltet wird, sichert die Authentizität jedes einzelnen Bitcoins und ermöglicht gleichzeitig das Erschaffen neuer Bitcoins gegen Rechenleistung. Dieser Vorgang erfolgt, indem jede Bitcointransaktion mit der Bitte um Überprüfung an das Bitcoinnetzwerk übermittelt wird.

Sobald eine Transaktion bestätigt wird, erfolgt die Zusammenfassung zu einem Block, welcher strengen kryptografischen Regeln entsprechen muss. Dieser neue Block verweist auf den vorhergehenden verifizierten Block, sodass eine Blockkette entsteht. Sämtliche Blöcke enthalten das jeweilige Datum, die Uhrzeit sowie eine Zufallszahl und die Referenzen auf die Transaktionen. Durch die aufeinander aufbauenden Blöcke lassen sich alle Transaktionen nachvollziehen.

Das Mining sorgt für eine chronologische Reihenfolge der Blockkette. Eine bestimmte Anzahl von Transaktionen wird in den Block aufgenommen und über das Validierungsverfahren (den erwähnten Rechenalgorithmus) in der Kette angefügt. Die Netzwerkteilnehmer erachten immer die Version der Kette als aktuell, die „(1) ausschließlich legitime Transaktionen behandelt und (2) die längste bekannte Kette des Systems darstellt." (Berentsen et al. 2017, S. 59). Letztendlich ist die eingesetzte Rechnerleistung ausschlaggebend.

Das Mining ist ein wichtiger Prozess, der Transaktionen verifiziert, indem über komplexe mathematische Verfahren die Echtheit geprüft wird. Der Miner ist eine am Netzwerk beteiligte Rechnereinheit. Mining benutzt einen bestimmten Algorithmus als „Proof-of-Work". Die Authentizität eines Blocks wird im Moment der Transaktion durch dieses Validierungsverfahren sichergestellt (Nakamoto 2008, S. 3). Dieses Verfahren funktioniert ähnlich wie die eindeutige Identifikation von Menschen durch ihren einzigartigen Fingerabdruck. Nach durchschnittlich 10 min sind die Zahlungen durch Eintragung in die dezentrale Blockchain unwiderruflich bestätigt.

Zusammengefasst: Die gebündelte Rechenleistung aller im Netzwerk befindlichen Rechner überprüft die Korrektheit der Bitcoinblöcke, schreibt die Transaktionshistorie fort und die Miner erhalten im Gegenzug neue Bitcoins als Belohnung. Der Miner, der zuerst die zu lösende „Proof-Aufgabe" für einen neuen Block löst, erhält die neu geschürften Bitcoins.

Die Blockkette verhindert, dass durch Einzelpersonen Veränderungen vorgenommen werden. Außerdem soll das sogenannte „double-spending" verhindert werden, damit jeder Bitcoin tatsächlich nur einmalig ausgegeben wird.

Dieser Prozess ist nur mit enormer Rechen- und Energieeinsatz möglich. Da die Ausschüttungsanzahl von Bitcoins über das Protokoll auf 21 Mio. begrenzt ist, steigt der Schwierigkeitsgrad der zu lösenden Aufgaben zur Verifizierung der Blöcke zunehmend an. Dies wird mittels Software automatisch reguliert und die Anpassung erfolgt alle 2016 Blöcke (Antonopoulos 2017). Ein Korrumpieren der Bitcoin-Blockchain wäre nur denkbar, wenn jemand 51 % der Gesamtrechenleistung kontrollierte (Platzer 2014, S. 123). In diesem Fall würde die korrumpierte Blockchain mit gefälschten Transaktionen als neue und wahre Transaktionshistorie akzeptiert werden.

Die Blockchain-Technologie beschreibt somit eine dezentrale Registrierungsstruktur, die einer dezentralen Buchhaltung gleichkommt (im Englischen „Distributed Ledger Technology" genannt).

Es existiert kein zentraler Rechner, auf dem das digitale Transaktionsbuch verwaltet wird. Durch das dezentrale System sollen Manipulationsmöglichkeiten vermieden werden. Das digitale Transaktionsbuch aktualisiert sich permanent. Den Teilnehmern wird die Anonymität ihrer Identität gewährleistet, indem diese durch einen Code (seine Adresse) geschützt wird.

Nachfolgend ein Beispiel für den Ablauf einer Transaktion: Anna und Elli verfügen beide über eine Bitcoin Wallet auf ihren Endgeräten. Elli möchte eine Transaktion an Anna tätigen und benötigt dafür seine öffentliche Bitcoin Adresse. Die Adresse kann folgendermaßen aussehen:

1933phfhK3ZgFQNLGSDXvqCn32k2buXY8a.[5]

Anna signiert die Buchungsanforderung für die Bitcoins, die sie an Elli senden möchte, mit ihrem privaten Schlüssel. Diese Buchungsanforderung muss daraufhin durch andere Netzwerkteilnehmer validiert werden. In diesem Schritt wird geprüft, ob Anna tatsächlich die Besitzerin der gesendeten Bitcoins ist. Durch die kryptografische Signatur lässt sich prüfen, ob auf der Adresse genügend Bitcoins vorhanden sind und ob Anna zum Transfer der Bitcoins berechtigt ist. Danach wird die Transaktion in einen zu validierenden Block aufgenommen (vgl. Abb. 6.2).

Bitcoins können über das Bitcoinsystem in jeder beliebigen Menge weltweit transferiert werden oder als abgespeicherte Datei per E-Mail oder Clouddienst übertragen werden. Bei Übermittlung über das Bitcoinsystem werden die jeweils etwa 33-stelligen Absender

---

[5]Vgl. Blockchain Info, Bitcoin Adresse, 2016, https://blockchain.info.

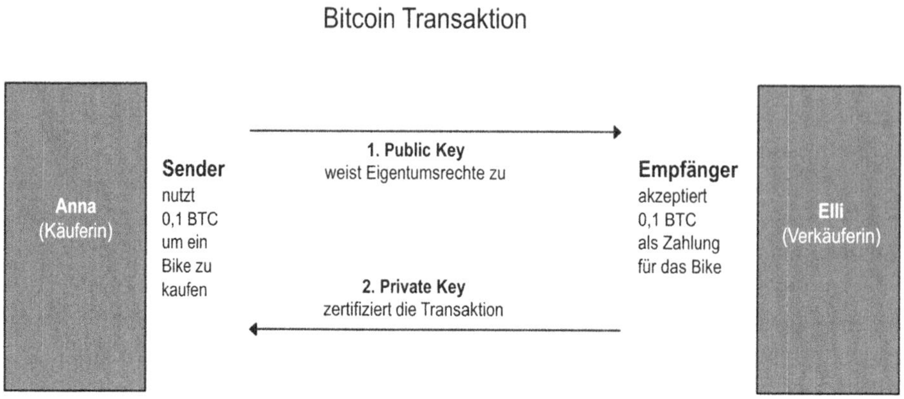

Bitcoin Transaktion

Anna (Käuferin)	Sender nutzt 0,1 BTC um ein Bike zu kaufen → 1. Public Key weist Eigentumsrechte zu ← 2. Private Key zertifiziert die Transaktion	Empfänger akzeptiert 0,1 BTC als Zahlung für das Bike	Elli (Verkäuferin)

Abb. 6.2 Einfache Bitcointransaktion. (Quelle: eigene Darstellung in Anlehnung an Parthemer und Klein 2014, S. 17)

und Empfängeradressen, die zu transferierenden Bitcoins und die zur Bestätigung ausgelobte Belohnung übertragen und im Falle der Bestätigung in die unendliche Transaktionshistorie, die Blockchain, eingetragen. Es kann jedoch jeder Nutzer unbegrenzt viele Benutzeradressen erzeugen und spezielle Dienstleister bieten die Vermischung und den Austausch von ganzen Bitcoinmengen an.

Das Bitcoinsystem besteht aus der bereits erläuterten Kryptografie, der Blockchaintechnologie, dem Netzwerk und dem Protokoll. Das Netzwerk ist dezentral (Peer-to-Peer) und das Protokoll gibt die Kommunikationsstandards wieder, die ähnlich wie das TCP/IP-Protokoll die Transportwege und die Kommunikation im Netz gestalten. Entscheidend für das System ist die erwähnte Dezentralität, die einseitige Manipulationen erschwert (Berentsen et al. 2017, S. 53 ff.; vgl. Abb. 6.3).

6.4 Bitcoins als Transaktionsvehikel

Im Vordergrund des Bitcoinsystems steht die Transaktionsfunktion, die Bitcoin zu einer Art Währung machen. Bitcoins können weltweit transferiert werden und dann direkt auch über Dienstleister in die regionalen Währungen umgetauscht werden.

Hier können Zahlungsdienstanbieter wie Bitpay Abhilfe schaffen. Sie tauschen die Bitcoins direkt nach der Transaktion in die relevante Währung um – damit ist das Währungsproblem für den Käufer oder Verkäufer nicht mehr gegeben. Die Zahlungsdienstleister müssen das entsprechende „Währungsrisiko" hedgen, wobei die Hedgingstrategien und die Ergebnisse in der Literatur bislang kaum untersucht wurden. Es gibt einige Anbieter in den USA, die entsprechende Forwards in Relation US-Dollar/Bitcoin

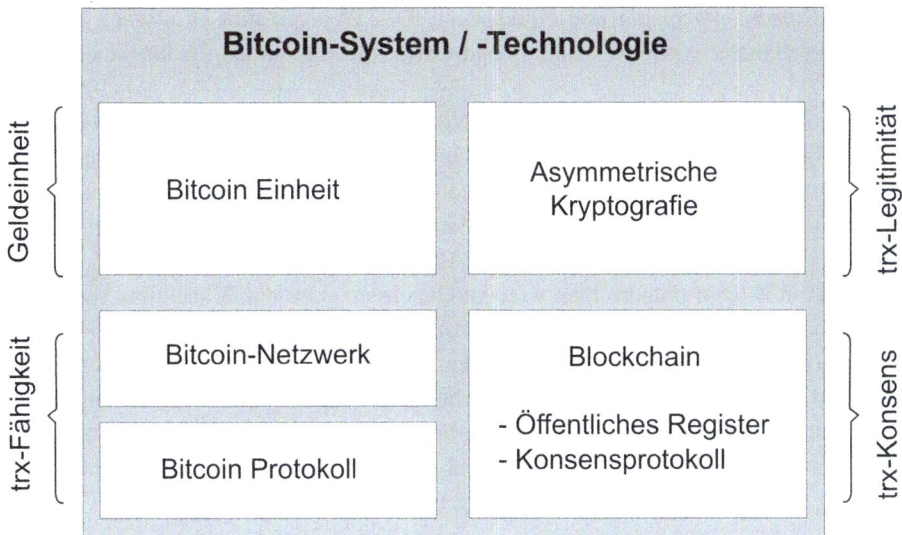

Abb. 6.3 Bitcoinsystem. (Quelle: eigene Darstellung in Anlehnung an Berentsen et al. 2017, S. 49; trx = Transaktion)

anbieten.[6] Diese ‚Over the counter' – Geschäfte sind davon abhängig, dass ein gewisses Marktvolumen zustande kommt. Genau diese Marktliquidität ist aber für dieses System noch nicht gegeben.

Ein entscheidender Vorteil liegt in der Höhe der Transaktionskosten. Was kostet es den Käufer und den Verkäufer in der Internetwelt, eine Transaktion zu tätigen. Mit der Kreditkarte macht dies für den Verkäufer ungefähr 2 bis 3 % aus, für PayPal sind es vergleichbare Größen, während auf bitcoin.de eine Marktplatzgebühr von 1 % genannt wird, die sich Käufer und Verkäufer teilen. Die eigentlichen Gebühren für eine Bitcointransaktion machen rund fünf Eurocent aus (Platzer 2014, S. 103).[7] Auf der Käuferseite können im internationalen Kontext nennenswerte Währungstauschgebühren eingespart werden.[8]

Sowohl große Online-Unternehmen als auch kleine Händler haben Bitcoin als eine geeignete Alternative zu herkömmlichen Zahlungsmitteln für sich erkannt. Einige bekannte Unternehmen, die Bitcoin als Zahlungsmittel akzeptieren, sind *Microsoft,*

---

[6]Siehe http://www.teraexchange.com/bitcoin.html – Forwards sind unbedingte Termingeschäfte, die es ermöglichen, einen Vermögensgegenstand zu einem bestimmten Preis in der Zukunft zu kaufen oder zu verkaufen.

[7]http://zahlung.com/zahlungsarten-in-online-shops/zahlung-per-kreditkarte-im-internet/ und auch https://www.paypal.com/de/webapps/mpp/paypal-fees.

[8]Diese betragen rund 1 bis 5 % je nach Zahlungsdienstleister http://www.kreditkartenvergleich.org/lexikon/auslandsgebuehren/.

Mozilla, Expedia, Wikipedia und *Greenpeace*. Des Weiteren gibt es in ganz Deutschland kleine Händler sowie Restaurants und Cafés, die Bitcoin als Zahlungsmöglichkeit anbieten.

Ein Problem der Recheneinheit Bitcoin könnte die Dezimaldarstellung und die oben weiter ausgeführte Volatilität der Währung. Das Problem mit der Dezimaldarstellung (eine Pizza würde vielleicht nach heutigem Wechselkurs von ca. 5080 € zu einem Bitcoin 0,002 Bitcoin kosten, das sind für Konsumenten schwer handhabbare Größen) wird dadurch behoben, dass die Preise in der jeweiligen Landeswährung dargestellt werden und erst beim Kauf in Bitcoin umgerechnet werden. Gleichsam wäre damit auch das Volatilitätsproblem bei der Preisbestimmung beherrschbar (Berentsen und Schär 2017, S. 274).

Wie zuvor schon angedeutet, stellt die Skalierbarkeit eine große Herausforderung dar. Zurzeit ist das Bitcoinsystem mit den Verarbeitungskapazitäten anderer Zahlungsdienstleister nicht wettbewerbsfähig. Auch hier arbeiten die Entwickler an Erweiterungsmöglichkeiten der Blöcke, die sind allerdings in der Miner-Community nicht unumstritten und führten bereits zu einer Spaltung des Bitcoin.

6.5 Nachteile des Bitcoin

Insgesamt betrachtet erschweren die dezentralen Strukturen eines P2P-Netzwerkes Angriffe und Ausfälle, weil es keine zentralen Rechner gibt und der Ausfall eines nicht so bedeutenden Rechners sofort ersetzt werden kann (Berentsen und Schär 2017, S. 54).

Das transaktionsbezogene Verlustrisiko liegt jedoch vollständig beim Nutzer und ist nicht durch einen zentralen Intermediär, wie eine Bank, abgesichert. Das Verlustrisiko ist hier im Zusammenhang mit Betrug und Manipulation zu verstehen. Bei einem Missbrauch von Kreditkartendaten wird der entstandene Schaden vom Kreditkarteninstitut erstattet. Bei Bitcoin erhält der Betroffene keine Erstattung. Ein Hardwaredefekt auf dem eigenen Computer kann ebenso zu einem Verlust führen; wird die Bitcoin-Wallet lokal auf dem Computer gespeichert, können ebenfalls Verluste durch technische Störungen auftreten. Der Nutzer sollte sich zudem gegen unberechtigte Zugriffe absichern.

Der Nutzer hat die Möglichkeit, bei Dienstleistern seine Bitcoins online abzuspeichern. Bei dieser Lösung besteht die Gefahr von Angriffen auf die Online Wallets. Es handelt sich zwar nicht um Angriffe auf die Technologie von Bitcoin selbst, jedoch haben solche Angriffe auf Online-Wallets einen unmittelbaren Einfluss auf die Nutzer des Systems (Kerscher 2014, S. 96 f.).

Bitcoin ist kein Buchgeld im herkömmlichen Sinne. Es stellt sich daher die Frage, wie diese virtuelle Währung als Wertaufbewahrungsmittel eingestuft werden kann. Ein wesentlicher Aspekt sind dabei die Werteschwankungen. Im Mai 2013 war ein Bitcoin nur rund 100 € wert, im November 2015 rund 300 € und dann im November 2017 über 6800 €.[9] Diese Volatilität ist für die Wertaufbewahrungsfunktion schädlich.

---

[9]Siehe http://www.finanzen.net/devisen/bitcoin-euro-kurs/historisch.

Dabei ist der Zusammenhang zwischen Volatilität und Spekulationspotenzial hervor zu heben. Hohe Gewinnmargen führen zu einem Anstieg an Spekulationen. Es entsteht eine Anfälligkeit für Spekulationsblasen. Ein maßgeblicher Grund für die Spekulationsentwicklung ist in den letzten Jahren die steigende Nachfrage aus China.

Bereits 2013 sprach die Europäische Bankenaufsicht aufgrund der hohen Volatilität des Bitcoin-Kurses eine Warnung aus. Konkrete Maßnahmen oder eine einheitliche Stellungnahme zu Kryptowährungen, insbesondere zum Bitcoin, blieben jedoch aus (Kerscher 2014, S. 109 ff.).

Im Juli 2016 wurde bei einem Treffen der Europäischen Kommission in Straßburg die Regulierung von Bitcoin und anderen Kryptowährungen erneut zum Thema gemacht. Die Europäische Kommission befürchtet, dass durch den Einsatz von Kryptowährungen die Terrorismusfinanzierung gefördert wird (European Commission 2016, S. 4).

Maßnahmen, die zur Regulierung führen oder zu einem Verbot von Bitcoin, könnten die Konsequenz sein. Damit wäre das Merkmal einer Kryptowährung, dass sie nicht vom Staat reguliert wird, nicht mehr erfüllt. Die Kommission hat bereits in ihrem Entwurf zur Reform der Geldwäscherichtlinie Bezug auf digitale Währungen und die Tauschplattformen genommen. Diese sollen im Rechtsrahmen inbegriffen sein. Demnach sollen Anbieter ihre Kunden stärker kontrollieren, dies führt jedoch zu einem Verlust der Anonymität und widerspricht damit vollkommen dem Zweck von Kryptowährungen.

Wie bereits erwähnt, ist die digitale Währung auf 21 Mio. Bitcoins beschränkt und diese Menge wird bis ca. 2140 erzeugt sein. Anders als es bei Fiatgeld der Fall ist, können keine weiteren Bitcoins erzeugt werden. Das besondere an Bitcoins ist, dass sie bis auf die achte Nachkommastelle teilbar sind und eine noch kleinere Stückelung von Entwicklern ermöglicht werden kann, indem die Nachkommastelle im System weiter verschoben wird. Damit wäre es möglich, auch dynamischere Preisentwicklungen abzubilden. Sobald das Angebot beschränkt würde, könnten sich der Wert und damit das Deflationsrisiko erhöhen (Sixt 2017, S. 108 ff.). Hier müssen allerdings noch weitere wissenschaftliche Untersuchungen erfolgen.

6.6 Andere Kryptoprojekte

Es gibt eine Reihe von weiteren Kryptowährungen, von denen hier nur einige erwähnt werden sollen.

Litcoin basiert auf einem im Oktober 2011 veröffentlichten Protokoll und unterscheidet sich von Bitcoin in der Höchstmenge der Währung (84 Mio. statt 21 Mio. bei Bitcoin), in der Transaktionsschnelligkeit und in dem Proof-of-Work-Verfahren (Platzer 2014, S. 138).

Das Mining ist einfacher und nicht so kostspielig. Die Marktkapitalisierung liegt bei rd. 4,1 Mrd. US$.[10]

---

[10]Siehe aktuell immer unter https://coinmarketcap.com/.

Peercoin wurde im August 2012 ins Leben gerufen und nutzt denselben Quellcode wie Bitcoin. Die Währung ist auf 2,1 Mrd. beschränkt (also es können höchstens 2,1 Mrd. Peercoin ausgegeben werden). Die Peercoin-Schürfung ist nicht so aufwendig und damit ressourcenschonender als die Bitcoin-Schürfung. Die Marktkapitalisierung beträgt Anfang November 2017 rd. 30 Mio. US$.[11]

Ripple ist eine sog. native Alternativwährung, d. h. das Unternehmen Ripple erzeugt die Währung selbst und es wird kein Mining benötigt. Ripple ist auf stattliche 100 Mrd. beschränkt und wird insbesondere von Unternehmen und Banken für Transaktionen, auch für den internationalen Zahlungsverkehr genutzt. Es gibt einen Zeitvorteil gegenüber anderen Kryptowährungen und die Nutzer können nur auf eine Online-Wallet zurückgreifen.

Ripple ist für seine sich von Bitcoin unterscheidende Technologie bekannt und wird bereits von Banken und Softwareunternehmen (u. a. SAP) genutzt. Ripple ist also weniger ein Transaktionsnetzwerk als ein zentralisiertes Tauschnetzwerk (Sixt 2017, S. 181). Die Marktkapitalisierung beträgt rd. 9 Mrd. US$ Ende November 2017.[12]

Das bekannteste Alternativprojekt zu Bitcoin ist **Ethereum.** Das Ethereum-Protokoll wurde im Juli 2015 veröffentlicht und die ersten Projektschritte wurden mit Crowdfunding finanziert. Der russische Programmierer Vitalek Buterin ist der Erfinder von Ethereum. Die Währung Ether dient sowohl als Transaktionswährung wie auch als Spamschutz und Spekulationsobjekt (Sixt 2017, S. 190). Das Mining kann mittels herkömmlicher Rechner durchgeführt werden und geht verglichen mit Bitcoin recht schnell (ca. 14 s).

Das Herausragende an Ethereum ist der umfassendere Ansatz im Vergleich zu Bitcoin. Dezentralisierte Apps können ausgeführt werden und die Plattform sowie die entsprechende Blockchain-Technologie können von Entwicklern und Unternehmen für eigene Projekte genutzt werden. Sog. **Smart-Contracts** ermöglichen die Abwicklung selbst komplexester Verfahren. Smart Contracts sind autonome Programme, die Vertragsbestandteile und deren Ausführung elektronisch abbilden und erheblich vereinfachen können. Organisationen dürften nach dieser Lesart zukünftig durch autonome Agenten, Software und Netzwerke gesteuert werden (Meisner 2017, S. 170).

Die Blockchain-Technologie lässt sich vor allem in Finanzsphären wie auch in der Zahlungsabwicklung einsetzen. So können Finanztransaktionen in Form von sog. Smart-Contracts abgebildet werden, die mit der **Digital Ledger-Technolgie (DLT)** funktionieren: Software, die hilft, Kreditvertragsbeziehungen, Wertpapiertransaktionen und Derivategeschäfte zu verifizieren und zu automatisieren. Dabei werden die Transaktionskosten sehr stark verringert und die Transaktionszeit beschleunigt (Berentsen und Schär 2017, Abschn. 7.4).

---

[11]Siehe coinmarketcap.com.
[12]https://coinmarketcap.com/.

In die gleiche Richtung gehen auch die „Counterparty-Projekte", denen sich FinTechs und Banken zuwenden: Smart-Contracts sollen mithilfe von DLT die Abwicklung von allen möglichen Finanztransaktionen beschleunigen und vereinfachen.[13]

6.7 Aussichten

Ohne an dieser Stelle bereits die Möglichkeiten dieses virtuellen Geldes vollständig einschätzen zu können, bieten diese Instrumente doch umfassende Möglichkeiten, Peer-To-Peer-Technologien für einen Geld- und Warenaustausch einzusetzen.

Die angesprochenen Einschränkungen durch die mangelnde Skalierbarkeit sowie das Werteschwankungspotenzial sind als Herausforderungen anzusehen, deren Bewältigung noch umfassende Anstrengungen erfordert.

Es ist schwer eine Empfehlung abzugeben, ob ein Nutzer mit Bitcoins zahlen sollte. Eine Entscheidungshilfe könnte die Höhe der alternativen Transaktionskosten sein: überweist er Geld teuer ins Ausland, könnte Bitcoin eine preiswerte Alternative sein. Noch schwerer dürfte es sein, Sparentscheidungen mithilfe von Bitcoins zu gestalten. Momentan dürfte dies schwierig sein, wenn der Sparer nicht über Gebühr risikofreudig ist. Insofern stärken diese Überlegungen die Einschätzung von Bitcoin als Nischenprodukt.

Im Vordergrund vieler Anwendungsversuche im Finanzbereich, aber auch in vielen anderen Umgebungen, wird die Blockchain-Technologie stehen. Die Möglichkeit, Verträge über diese Technologie abzubilden, können den Wertpapierhandel und den Handel mit anderen Assets (z. B. die von Unternehmen im Ethereum-Universum entwickelten „Tokens" zur Finanzierung von Projekten) vereinfachen und kostengünstiger machen bzw. überhaupt erst ermöglichen.

Insoweit dürfte der weitere Ansatz von Ethereum interessanter sein. Bitcoin ist ein Türöffner für diese Technologie, die von Ethereum voll entwickelt werden könnte.

Literatur

Antonopoulos A (2017) Mastering Bitcoin. O'Reilly, Sebastopol (E-Book)
Berentsen A, Schär F, Bitcoin (2017) Blockchain und Kryptoassets. Universität Basel, Basel
Casey V (2015) Cryptocurrency. ECON, Berlin
European Commission (2016) Amending directive (EU) 2015/849 on the prevention of the use of the financial system for the purposes of money laundering or terrorist financing and amending directive 2009/101/EC, 2016. http://ec.europa.eu/justice/criminal/document/files/aml-directive_en.pdf, S. 4. Zugegriffen: 16. Okt. 2016
Kerscher D (2014) Bitcoin. Kemacon, Dingolfing

---

[13]Siehe https://cointelegraph.com/news/counterparty_to_create_first_peer_to_peer_digital_asset_exchange_platform#.U1AbsPRDsnt.

Meisner H (2017) Finanzwirtschaft in der Internetökonomie. Springer Gabler, Wiesbaden
Nakamoto S (2008) Bitcoin: A peer-to-peer electronic cash system. https://bitcoin.org/bitcoin.pdf
Parthemer MR, Klein SA (2014) Bitcoin: change for a dollar? J Financ Serv, Prof 68:16–18
Platzer J (2014) Bitcoin – kurz und gut. O'Reilly, Köln
Schmeh K (2013) Kryptografie. Dpunkt, Heidelberg
Sixt, E (2017) Bitcoins und andere dezentrale Transaktionssysteme. Springer Gabler, Wiesbaden

Harald Meisner ist Professor für Finanzwirtschaft an der Rheinischen Fachhochschule in Köln. Sein Forschungs- und Interessenschwerpunkt liegt seit 2004 im Themengebiet „Finanzwirtschaft in der Internetökonomie"; so lautet auch das zuletzt von ihm im Springer-Verlag erschienene Buch. Prof. Meisner berät auch kleine und mittlere Unternehmen bezüglich alternativer Finanzierungsmöglichkeiten mithilfe seiner Firma MeisCon Hürth.

Steuerliche Aspekte der Bargeldbewirtschaftung

Registrierkassen als neues Expertengebiet?

Ralf Klapdor

Inhaltsverzeichnis

7.1	Einleitung	103
7.2	Historische Entwicklung	105
7.3	Verbleibende Ausnahmen von der Registrierkassenpflicht	107
7.4	Risikoeinschätzung zu bargeldintensiven Betrieben	109
7.5	Fazit	111
	Literatur	111

7.1 Einleitung

Der Bargeldumlauf wird staatlicherseits nicht nur bezogen auf Aspekte wie Geldwäsche mit Argwohn betrachtet, sondern auch aus fiskalischen Aspekten. Schwarzarbeit, fehlende Deklaration von Einnahmen und andere Maßnahmen zur Steuerverkürzung werden häufig durch Bargeldtransaktionen erleichtert, wenn nicht erst ermöglicht. Während unbare Zahlungsvorgänge durch Dritte, insbesondere Banken, dokumentiert sind und

---

Ich danke Herrn Dipl.-Kfm. Uwe Haseleu für seine umfangreiche Unterstützung und Frau Dipl.-Ökonomin Rebekka Schult für wertvolle Hinweise.

R. Klapdor (✉)
Hochschule Rhein-Waal, Kleve, Deutschland
E-Mail: ralf.klapdor@hochschule-rhein-waal.de

© Springer Fachmedien Wiesbaden GmbH, ein Teil von Springer Nature 2018
J. Lempp et al. (Hrsg.), *Die Zukunft des Bargelds*,
https://doi.org/10.1007/978-3-658-21720-4_7

inzwischen auch gut überwacht werden können,[1] bestehen bei Bargeldtransaktionen nur die Aufzeichnungen der unmittelbar Beteiligten.

Daher überrascht es nicht, dass in der steuerlichen Betriebsprüfung bereits seit einiger Zeit bargeldintensive Unternehmen eine besondere Beachtung und Überprüfung erfahren. Die Anzahl dieser Betriebe wird mit ca. 750.000 bis 800.000 beziffert.[2] Die Kontrolle der richtigen Umsatzdeklaration erfolgt dabei bisher primär durch statistische Verfahren[3] und Verprobungen.[4]

Anders als in anderen Ländern (vgl. bereits den Überblick bei Huber 2014, S. 190 ff.) wurde bisher in Deutschland die Kassenführung und der Beleg für ein Warengeschäft aus steuerlicher Sicht eher nachrangig betrachtet. Aus heutiger Sicht wird der Finanzverwaltung sogar der Vorwurf gemacht, durch zu großzügige Erleichterungen eine „Besteuerung auf Zuruf" (Kläne und Thünemann 2017, S. 241) ermöglicht zu haben.

Aufgrund von publikumswirksamen Fällen der Steuerhinterziehung[5] und der allgemeinen Entwicklung zur Digitalisierung in der Betriebsprüfung ist jedoch nunmehr die elektronische Kassenführung in den Fokus des Fiskus geraten. Durch gesetzliche Neuregelungen und technische Vorgaben versuchen Gesetzgeber und Finanzverwaltung nun gemeinsam, manipulationssichere Lösungen zu finden. Dabei stellt sich jedoch die Frage, wie weit eine solche Registrierkassenpflicht reicht, ob zukünftig z. B. auch der Würstchenverkäufer mit Hüftgrill oder die Friseurin mit Hausbesuchen eine elektronische Registrierkasse benötigt.

Mit dem nachfolgenden Beitrag soll daher zunächst die Entwicklung der letzten Jahre zur Kassenführung nachgezeichnet werden, bevor die beiden zukünftigen Ausnahmen von der elektronischen Kassenführung herausgearbeitet werden. Eine Einschätzung zur verbleibenden Missbrauchsanfälligkeit bargeldintensiver Betriebe und ein Fazit runden diese Darstellung ab.

---

[1]Vgl. §§ 2 und 3 GwG oder auch das 96 seitige BMF Schreiben 2017 vom 1. Februar 2017 – IV B 6 – S 1315/13/10021:044.

[2]Ohne Quellenangabe gibt die DATEV eG einmal 755.300 (Vortrag am 29. November 2016 in Suhl) Hochrisikobetriebe an und einmal 797.600 (Vortrag am 14. November 2017 in Kleve) jeweils für das Jahr 2016.

[3]Der Fiskus verwendet bei Betriebsprüfungen u. a. Wahrscheinlichkeitstests. So wird bspw. bei dem Chi-Quadrat Test die Gleichverteilung einzelner Ziffern über eine große Datenmenge geprüft. Bei der sogenannten Benford-Verteilung geht man davon aus, dass bestimmte Ziffern häufiger vorkommen als andere (vgl. Wähnert 2007, S. 65 f.).

[4]Hier ist gemeint, dass Betriebsprüfer bestimmte Wareneinkäufe und Warenverkäufe in Beziehung zueinander setzen. Eine Pizzeria, die nach eigenen Angaben nur 50 Pizzen innerhalb von drei Tagen geliefert haben will, aber in der Zeit 120 Pizzakartons verbraucht hat, kann nicht glaubhaft machen, dass die Buchhaltung korrekt ist.

[5]Vgl. insbesondere FG Rheinland-Pfalz 2015 Beschl. vom 7. Januar 2015 – 5 V 2068/14 zu einem Hinterziehungsvolumen bei einer Eisdiele in Höhe von 1.932.037,18 €.

7.2 Historische Entwicklung

Die „unbestechliche" Registrierkasse wurde 1879 von James Ritty erfunden, um potenziell unehrliche Mitarbeiter kontrollieren zu können. Diese ersten rein mechanischen Registrierkassen, ebenso wie die nachfolgenden elektromechanischen Registrierkassen, fanden zwar eine weite Verbreitung, waren jedoch für den Geschäftsinhaber problemlos zu manipulieren. Entsprechend schied die Verwendung für eine steuerliche Kontrolle aus. Auch bei den Anfang der 1970er Jahre eingeführten elektronischen Registrierkassen stand die interne Kontrolle im Vordergrund. Üblich waren eine Journalrolle, auf der neben allen Kasseneinnahmen des Tages beispielsweise auch Stornierungen enthalten waren und zusätzlich der Tagessummenbon. Diese grundsätzliche Aufteilung blieb mit dem nächsten Entwicklungsschritt, der Registrierkasse mit Speicherfunktion, erhalten. Neben der Speicherung aller Geschäftsvorfälle eines Tages im Speicher gibt es nun den sogenannte Z-Abschlag[6] (manchmal auch nur Abschlag genannt), mit dem die Tagessumme ausgedruckt wird.

Da der Speicher noch nicht mit den heutigen technischen Möglichkeiten vergleichbar war, wurden nur die Kasseneinnahmen eines Tages im Speicher gehalten und durch den Tagessummenabschlag gelöscht. Da z. B. Steuerberatern unter praktischen Gesichtspunkten als Buchungsbeleg der Bon der Tageseinnahmen (Z-Bon) ausreichte, kristallisierte sich in vielen Geschäften schnell die Praxis heraus, nur den Z-Bon für die Buchhaltung aufzuheben und die Tageseinnahmen weder auszudrucken noch zu archivieren.

Der BFH formulierte bereits 1985 (BFH 1985 vom 13. März 1985 – I R 9/81, BeckRS 1985, 05094) höhere Ansprüche an die Nachvollziehbar- und Kontrollierbarkeit von Kassentransaktionen. In dem genannten Urteil folgerte der BFH eine Aufbewahrungsfrist von 10 Jahren für die vollständigen Journalrollen. In seinem Bemühen, die Unternehmen vor zu hohem Bürokratieaufwand zu schützen und wohl auch in dem Wissen, dass die Anforderungen des BFH deutlich weiter gehend waren als die Praxis in den Unternehmen, sah das BMF in seinem Schreiben vom 9. Januar 1996 (BMF Schreiben 1996 vom 9. Januar 1996 – IV A 8-S 0310-5/95) jedoch vor, dass die Aufbewahrung der Journalrollen nicht notwendig war, sondern die Aufbewahrung der Z-Abschläge und sämtlicher Organisationsunterlagen (Gebrauchsanleitungen, Programmdokumentation, etc.) ausreichte. Offenbar ging das BMF davon aus, dass durch die Organisationsunterlagen eine hinreichende Kontrolle von Manipulationen möglich war.

In der heutigen Literatur (Kläne und Thünemann 2017, S. 240 f.; Härtl und Schieder 2011, S. 39 f.) wird in diesen Erleichterungen der Finanzverwaltung einer der Gründe für die nun nachfolgend vergleichsweise einfachen Kassenmanipulationen gesehen.[7] In der

---

[6]Bei früheren Generationen von Registrierkassen wurde am Ende des Tages der Zero-Bon ausgedruckt und der Speicher dadurch auf Null (Zero) gesetzt.

[7]Wobei jedoch auch die vom BMF formulierten Mindestanforderungen meistens nicht eingehalten wurden, da die Programmunterlagen weiterhin in vielen Fällen nicht aufbewahrt wurden, vgl. nur z. B. BFH 2017 vom 20. März 2017 – X R 11/16, BeckRS 2017, 121611.

Folgezeit konnten zunächst die Praktiker einen stärkeren Hang zu Kassenmanipulationen erkennen, der auch in einigen aufsehenerregenden öffentlichen Fällen gipfelte. Dabei wurde auch für eine breitere Öffentlichkeit erkennbar, wie dreist die Manipulationen erfolgten, teilweise auch unter Beteiligung von Kassenherstellern, die quasi mit der Lieferung der Kasse gleichzeitig die ergänzende Software zur Manipulation mitgaben.[8]

Das BMF versuchte daher bereits 2010 durch ein neues Schreiben (BMF Schreiben 2010 vom 26. November 2010 – IV A 4 – S 0316/08/10004-07) strengere Anforderungen wie auch die Möglichkeit des elektronischen Auslesens der Kassen zu verankern. Da die vorhandenen Registrierkassen diesen Anforderungen noch nicht genügten, wurde eine lange Übergangsfrist bis Ende 2016 belassen. In der nachfolgenden Diskussion zeigte sich schnell, dass die Rechtsgrundlagen für dieses BMF-Schreiben nicht ausreichten und daher der Gesetzgeber flankierend tätig werden musste.[9]

Ende 2016 wurde daher das sogenannte Kassengesetz (BGBl. Teil I 2016 Nr. 65 vom 28. Dezember 2016, S. 3152, „Gesetz zum Schutz vor Manipulationen an digitalen Grundaufzeichnungen") erlassen. Anders als z. B. in Österreich wurde jedoch kein technischer Standard wie INSIKA vorgegeben, sondern eine technik-offene Lösung normiert.[10] Die gesetzliche Lösung regelt die Einzelaufzeichnungspflicht für Kassentransaktionen in § 146 AO (vgl. Abschn. 7.3), gibt Vorgaben für elektronische Kassensysteme (vgl. § 146a AO) und schafft eine neue „Kassennachschau" (vgl. § 146b AO) als zusätzliches Kontrollelement der Finanzverwaltung.

Kassensysteme müssen grundsätzlich ab 2020[11] die neuen technischen Vorgaben[12] erfüllen. Zur Konkretisierung dieser technischen Vorgaben wurde eine Verordnungsermächtigung geschaffen, die 2017 durch die Kassen-Sicherungsverordnung (BGBL. Teil I 2017 Nr. 66 vom 6. Oktober 2017, S. 3515) gefüllt wurde. Für die technischen

---

[8]FG Rheinland-Pfalz 2015 Beschl. vom 7. Januar 2015 – 5 V 2068/14. Der Geschäftsführer einer GmbH, die Kassensysteme sowie entsprechende Software zur Manipulation dieser Systeme vertrieb, beging dadurch Beihilfe zur Steuerhinterziehung.

[9]In der Gesetzesbegründung (Entwurf eines Gesetzes zum Schutz vor Manipulationen an digitalen Grundaufzeichnungen) 2016 vom 5. September 2016 – Drucksache 18/9535 wird auf Seite 11 angemerkt: „Bislang bestehen keine gesetzlichen Vorgaben zur Gewährleistung der Integrität, Authentizität und Vollständigkeit von digitalen Grundaufzeichnungen."

[10]In der Gesetzesbegründung (Entwurf eines Gesetzes zum Schutz vor Manipulationen an digitalen Grundaufzeichnungen) 2016 vom 5. September 2016 – Drucksache 18/9535 wird dies u. a. auf Seite 1 angemerkt, kritisch äußert sich dazu Becker (2017, S. 823 f.). INSIKA steht für *IN*tegrierte *SI*cherheitslösung für messwertverarbeitende *KA*ssensysteme. Dieses System sichert die Unveränderbarkeit von digitalen Aufzeichnungen von Geschäftsvorfällen. Damit ist eine spätere Manipulation der Daten nicht mehr möglich.

[11]Alte Systeme, welche den Anforderungen des BMF-Schreibens aus 2010 entsprechen, dürfen ausnahmsweise bis Ende 2022 genutzt werden.

[12]Alle Kassensysteme, welche nach dem 1. Januar 2020 erworben werden, müssen über eine elektronische Sicherheitseinrichtung verfügen. Diese soll gewährleisten, dass alle Eingaben manipulationssicher gespeichert werden.

Details verweist die Kassen-Sicherungsverordnung jedoch auf die Vorgaben und die Zertifizierung durch das Bundesamt für Sicherheit in der Informationswirtschaft (BSI). Da die technischen Vorgaben Ende 2017 immer noch ausstehen, wird bereits heftige Kritik an den Zeitverzögerungen dieses Projekts geäußert (Becker 2017, S. 824 f.). Die Kassenhersteller behelfen sich mit der Zusicherung, dass ihre derzeit angebotenen Kassen später auf den neuen technischen Standard aufgerüstet werden können.[13]

Jenseits des Umstandes, dass durchaus noch offen ist, ob die Zertifizierungen rechtzeitig vor Ende der Übergangsfrist abgeschlossen sein können, stellt sich in vielen Unternehmen aktuell die Frage, welche Möglichkeiten der Kassenführung überhaupt künftig zulässig sind. Eine unzulässige Kassenführung führt im Rahmen einer Betriebsprüfung dazu, dass die vorhandenen Informationen ignoriert werden können und die Umsätze geschätzt werden. Die dadurch resultierenden Steuernachzahlungen sind häufig existenzgefährdend (Pump 2017a, S. 89).

Daher soll in Abschn. 7.3 dargelegt werden, in welchen Fällen in der Praxis auf eine den Anforderungen entsprechende elektronische Registrierkasse verzichtet werden kann.

7.3 Verbleibende Ausnahmen von der Registrierkassenpflicht

Seit den Änderungen der Abgabenordnung wird wohl die zertifizierte Registrierkasse den Regelfall darstellen. Es verbleiben jedoch aufgrund des § 146 Abs. 1 AO zwei Ausnahmefälle, weshalb künftig drei Fälle zu unterscheiden sind:

1. Wenn eine Kassenführung „mit Hilfe eines elektronischen Aufzeichnungssystems" (§ 146a Abs. 1 Satz 1 AO) erfolgt, muss sie den Vorgaben des § 146a AO entsprechen (zertifizierte Registrierkasse).
2. Wenn eine Kassenführung ohne elektronische Hilfe erfolgt, insbesondere die sog. „offene Ladenkasse", muss eine manuelle Einzelaufzeichnung vorliegen.
3. Für den Fall des Verkaufs „von Waren an eine Vielzahl von nicht bekannten Personen gegen Barzahlung" (§ 146 Abs. 1 Satz 3 AO) kann jedoch auf die Einzelaufzeichnung verzichtet werden.

Auch wenn in der parlamentarischen Beratung herausgestellt wurde, dass anders als z. B. in Österreich auch zukünftig keine Registrierkassenpflicht besteht,[14] dürfte die

---

[13]Vgl. bspw. den Kassenhersteller Vectron Systems AG: https://www.vectron-systems.com/de/finanzamtkonforme-kassensysteme.html.

[14]Vgl. das Wortprotokoll der Anhörung des Finanzausschusses (Protokoll 18/89) und den Bericht des Finanzausschusses (Drucksache 18/10667). Hier äußerte insbesondere die Koalitionsfraktion der SPD ihre Unzufriedenheit darüber, dass eine Einigung auf eine Registrierkassenpflicht nicht erfolgte (ebd., S. 21). Auch in Österreich besteht jedoch eine Vielzahl von Ausnahmen von der Registrierkassenpflicht, z. B. eine Umsatzgrenze von 30.000 €, die sog. „Kalte-Hände-Regelung", vgl. nur Finanzausschuss (Protokoll 18/89, S. 31).

zertifizierte Registrierkasse doch zukünftig für weite Kreise der Regelfall sein. Die Verwendung entsprechender Kassen muss der Finanzverwaltung vorab angezeigt werden.[15] Die Regelungen zur Zertifizierung ergeben sich aufgrund der KassenSichVO vom 26. September 2017 (BGBL. Teil I 2017 Nr. 66 vom 6. Oktober 2017, S. 3515) und den Ende 2017 noch ausstehenden technischen Vorgaben des Bundesamts für Sicherheit in der Informationstechnik (Becker 2017, S. 823 f.). Für die Nachrüstung oder Anschaffung entsprechender Kassen besteht eine Frist bis Ende 2020, bzw. 2022 (vgl. im Detail Artikel 97 § 30 EGAO).

Soll der Pflicht zur Einzelaufzeichnung ohne Verwendung elektronischer Aufzeichnungssysteme gefolgt werden, so dürfte dies allenfalls bei einer sehr geringen Anzahl von Transaktionen praktikabel sein. Einzelaufzeichnung bedeutet, dass jede einzelne Transaktion fortlaufend aufgezeichnet wird. Entgegen der bisherigen Praxis offener Ladenkassen reicht also nicht die rechnerische Erfassung am Ende des Tages (täglicher Kassenbericht), auch Strichlisten für die Häufigkeit bestimmter Geschäftsvorfälle (bspw. Anzahl der Herren- oder Damenhaarschnitte bei Friseuren) genügen den Anforderungen nicht.

Damit kann diese Art der Kassenführung zukünftig nur in Fällen empfohlen werden, in denen ohnehin zu jeder Kasseneinnahme ein Beleg ausgestellt wird, z. B. ein Schornsteinfeger, der Kehrgebühren auch bar annimmt oder es täglich nur eine geringe Anzahl an Transaktionen gibt, bspw. seltene Direktverkäufe eines Industriebetriebs. Auch in diesen Fällen ist jedoch sicherzustellen, dass alle notwendigen Angaben, u. a. auch aufgrund des Umsatzsteuergesetzes, aufgezeichnet werden.

Die Ausnahmevorschrift für den Warenverkauf an eine Vielzahl unbekannter Personen wurde erst im Rahmen der Beratungen im Finanzausschuss des Bundestages aufgenommen. Dem Protokoll kann entnommen werden, dass hier z. B. an den Verkauf in Fußballstadien der unteren Ligen gedacht wurde (Anhörung des Finanzausschusses Protokoll 18/89, S. 29). Da diese Regelung noch nicht im Gesetzentwurf enthalten war, ist es schwierig zu ermitteln, was der Gesetzgeber genau mit „Waren" gemeint hat. Der Bezug ist offenbar ein Urteil des BFH aus dem Jahr 1966 (BFH 1966 vom 12. Mai 1966 – IV 472/60, BStBl. III 1966, S. 373).

In diesem Urteil ging es um die Kassenführung des Einzelhandels und vergleichbare Berufsgruppen, zu denen z. B. auch Stehbierhallen gehören sollten.

Insoweit kann davon ausgegangen werden, dass der Begriff „Waren" weit auszulegen ist und eine untergeordnete Dienstleistung, wie Erwärmung und einfache Zubereitung, unschädlich ist. Mit Blick auf die Gastronomie muss jedoch beachtet werden, dass sich die Einzelaufzeichnung auch aus dem Umsatzsteuergesetz ergeben kann (Pump 2017b, S. 153).

---

[15]Diese Regelung des § 146a Abs. 4 AO wurde aufgrund der Anhörung im Finanzausschuss ergänzt, da ansonsten die Gefahr bestehen könnte, dass ein Betrieb z. B. vier (zulässige) Kassen einsetzt, aber in die Buchhaltung stets nur die Einnahmen von drei Kassen aufgenommen werden, vgl. Protokoll (18/89, S. 25).

Wenn also Lieferungen oder Leistungen erbracht werden, die unterschiedlichen Steuersätzen unterliegen oder teilweise steuerfrei sind, ist die Aufzeichnungspflicht des § 22 UStG zu beachten. Trotzdem ergibt sich hieraus für viele Fälle mit geringeren Umsätzen, wie Betreiber von Hüftgrills respektive Wochenmarktständen oder Bierverkäufer in Stadien, eine Ausnahme von der Einzelaufzeichnungspflicht. Diese Personengruppe kann daher weiterhin eine klassische offene Ladenkasse mit reiner Feststellung der Tageseinnahmen führen. Das Warensortiment sollte jedoch sehr genau auf den Fall unterschiedlicher Umsatzsteuersätze überprüft werden.[16]

Die Ausnahmevorschrift gilt dennoch unstrittig nicht bei der Erbringung von Dienstleistungen. Damit ist insbesondere bei Friseuren, Nagelstudios, aber z. B. auch im Taxigewerbe herauszustellen, dass eine Einzelaufzeichnung jedes Umsatzes erfolgen muss. Für das Taxigewerbe stellt sich zusätzlich die Frage, ob nicht das vorgeschriebene Taxameter bereits ein elektronisches Aufzeichnungssystem i. S. v. § 146a AO ist (BMF Schreiben 2014 vom 14. November 2014 – IV A 4 – S 0316/13/10003, S. 7 ff.).

Entsprechend dürfte in den nächsten Jahren ein erhebliches Problempotenzial für die betroffenen Dienstleistungsunternehmen bestehen. Es kann jedoch davon ausgegangen werden, dass seitens der Steuerberater eine Aufklärung der Mandanten erfolgen wird.[17]

7.4   Risikoeinschätzung zu bargeldintensiven Betrieben

Nach der Darstellung der derzeitigen, bzw. nach Ende der Übergangsfristen geltenden Rechtslage stellt sich die Frage, ob bargeldintensive Branchen weiterhin als Risikobranchen aus Sicht des Fiskus anzusehen sind. Für die Zukunft des Bargelds ist dies gleichbedeutend mit der Frage, ob ein Zurückdrängen des Bargelds die Möglichkeiten der Steuerhinterziehung vermindern würde. Diese Frage kann wohl für hier nicht behandelte Bereiche wie die Schwarzarbeit durchaus bejaht werden, wobei jedoch ein alternatives Ausweichen auf andere Bezahlformen, wie z. B. Bitcoins, durchaus möglich ist.

Für Betriebe mit Barumsätzen wäre es durchaus denkbar, die Manipulationsmöglichkeiten auf ein ähnliches Maß wie in einem bargeldlos operierenden Betrieb zu vermindern. Ein Blick auf die teilweise schon seit Jahren vorhandenen Regelungen in anderen Ländern (Huber 2014, S. 190 ff.) zeigt dabei folgende idealtypische Regelungen:

---

[16]Angenommen der Betreiber des Hüftgrills würde zusätzlich Bierdosen verkaufen, so hätte er steuerbare Umsätze von 7 % (Würstchen) und 19 % (Bierdose). In diesem Fall müsste er zumindest Einzelaufzeichnungen vornehmen. Zur Problematik der verschieden Steuersätze siehe auch Sebast (2017, S. 746 f.).

[17]Das Thema wird auch unter Steuerberatern rege diskutiert, so hat der Steuerberaterverband eine eigenen Themenseite eingerichtet: https://www.dstv.de/interessenvertretung/steuern/steuern-aktuell/kassengesetz-sammlung.

Jede Bargeldtransaktion wird elektronisch aufgezeichnet, hierüber erhält jeder Kunde unmittelbar einen (signierten) Beleg, der durch die Finanzverwaltung mittels einer speziellen App auf Rechtskonformität geprüft werden kann. Damit besteht – zumindest solange Verkäufer und Käufer nicht zusammenwirken – eine sehr hohe Entdeckungsgefahr für jede einzelne Transaktion. Eine strichprobenartige Kontrolle ist der Finanzverwaltung jederzeit und einfach möglich.

Gemessen an dieser Idealvorgabe belässt die deutsche Rechtslage einige Lücken. Diese betreffen einerseits die Situation bei Nutzung einer Registrierkasse, da zwar im Finanzausschuss eine Belegausgabepflicht in § 146a Abs. 2 AO aufgenommen wurde, die eindeutige Verbindung dieses Belegs mit dem Geschäftsvorfall jedoch nicht vorgeschrieben ist. Insoweit entspricht der Beleg einem heutigen Kassenbon und ist nicht mit dem signierten und elektronisch überprüfbaren Beleg, wie er z. B. in Österreich eingeführt wurde, zu vergleichen. Daher bleiben Prüfungshandlungen, auch im Rahmen der Kassen-Nachschau gem. § 146b AO, aufwendig, da händisches Abgleichen notwendig ist.

Aufgrund der Ausnahmen in § 146 Abs. 1 Satz 3 AO werden auch nicht nur Betriebe mit geringen Umsätzen von der Registrierkassenpflicht ausgenommen. Ein reiner Warenverkauf kann bei hoher Besucherfrequenz durchaus hohe Umsätze generieren. Insoweit stellt sich die Frage, ob der Finanzausschuss mit der Ausnahmeregelung nicht über das Ziel hinausgeschossen ist. Zwar wäre sicherlich eine Umsatzgrenze für Bartransaktionen auch schwer überprüfbar, würde aber die Zahl der Ausnahmen mit Sicherheit stärker reduzieren als die derzeitige Regelung.

Dabei ist zur Beurteilung der Sonderregelung sicherlich zutreffend zu berücksichtigen, dass z. B. ein Getränkeverkauf in unteren Ligen häufig von Ehrenamtlern betrieben wird und auch bei Flohmärkten, u. a. von Schulen, eine Registrierkassenpflicht das berühmte Schießen mit Kanonen auf Spatzen wäre. Umgekehrt schließt ein ambulanter Verkauf durch Personen, die dies häufiger machen, eine elektronische Erfassung nach gesetzlichen Vorgaben nicht aus. So gibt es bereits seit langer Zeit batteriebetriebene Erfassungsgeräte[18] und im Zeitalter von Smartphones, Smartwatches und Cloudlösungen dürften weder Größe noch Strombedarf von Erfassungsgeräten ein Problem darstellen.

Insoweit kann die Manipulationsmöglichkeit der Kassenführung nicht generell als Argument gegen Bargeldgeschäfte verwendet werden. Da die deutsche Lösung jedoch erhebliche Lücken belässt, besteht weiterhin die Möglichkeit aufsehenerregender Fälle, die als Argument gegen das Bargeld verwendet werden können.

---

[18]Siehe den Hinweis in der Anhörung des Finanzausschusses (Protokoll 18/89), S. 37. Batteriebetriebene Kassen gibt es in Italien seit den 1980er Jahren.

7.5 Fazit

Nachdem in der Vergangenheit die Finanzverwaltung zugunsten bargeldintensiver Betriebe recht großzügig gewesen ist, wurde insbesondere mit der Neuregelung Ende 2016 eine zeitgemäße gesetzliche Regelung zur Kassenführung getroffen. In der derzeitigen Übergangszeit bestehen noch offene Fragen, wie die zertifizierten technischen Lösungen zukünftig aussehen werden.

Probleme in der Praxis werden speziell bei Dienstleistungsunternehmen auftreten, die bisher noch offene Ladenkassen ohne Einzelaufzeichnung verwenden. Betriebe des Warenhandels werden zunächst weitgehend von einer Registrierkassenpflicht abgeschirmt. Auch mit Blick auf andere Länder sollte in Zukunft geprüft werden, ob diese Ausnahmen nicht zurückgefahren werden können, evtl. aufgrund von verbleibenden Manipulationsfällen sogar zurückgefahren werden müssen.

Erstaunlich ist, dass Deutschland als Hochtechnologieland hinter den technischen Lösungen in anderen Ländern, z. B. zur Verifizierung von Belegen, zurückbleibt. Mit Blick auf den europäischen Binnenmarkt stellt sich allerdings ohnehin die Frage, ob es nicht sinnvoll wäre, die Anforderungen an die Kassenführung gemeinsam festzulegen, um beispielsweise den Kassenherstellern eine preiswerte europaweite Lösung zu ermöglichen.

Literatur

Becker A (2017) Die Kassensicherungsverordnung (KassenSichV) – Eine vertane Chance: Analyse und kritische Würdigung der technischen Umsetzung des Kassengesetzes. BBK – Buchführung, Bilanzierung, Kostenrechnung 17:803–833

Härtl W, Schieder S (2011) Ordnungsmäßigkeit digital geführter Erlösaufzeichnungen – Elektronische Registrierkassen und digitale Erlöserfassungssysteme im Brennpunkt des Steuerrisikos Erlösverkürzung: Teil I. Die steuerliche Betriebsprüfung 51:33–40

Huber E (2014) Gedanken zur Zukunft des steuerlichen Risikomanagements im Erlösbereich: Teil III. Die steuerliche Betriebsprüfung 54:185–192

Kläne C, Thünemann M (2017) Von der Kassenrichtlinie zum Kassengesetz: Entwicklung, rechtliche Hintergründe und aktuelle Fragen aus der Praxis zu den neuen Anforderungen an die Dokumentation barer Geschäftsvorfälle. Die steuerliche Betriebsprüfung 57:239–247

Pump H (2017a) Die offene Ladenkasse mit summarischer Kassenführung als Systemfehler gem. § 158 AO: Auszählung der Tageslosung versus Einzelaufzeichnungs- und Belegpflicht. Die steuerliche Betriebsprüfung 57:84–90

Pump H (2017b) Die offene Ladenkasse mit Kassenbericht im bargeldintensiven Betrieb und § 22 UStG: Unterschätzte Probleme der Einzelaufzeichnungen. Die steuerliche Betriebsprüfung 57:150–155

Sebast R (2017) Umsatzsteuerliche Beurteilungen von Restaurationsleistungen. BBK – Buchführung, Bilanzierung, Kostenrechnung. 16:741–754

Wähnert A (2007) Die Anwendung von Wahrscheinlichkeitstests in der Außenprüfung und die richtige Interpretation der Ergebnisse. Die steuerliche Betriebsprüfung 47:65–70

Drucksachen

Anhörung des Finanzausschusses (BT-Protokoll 18/89)
Bericht des Finanzausschusses (BT-Drucksache 18/10667)
Entwurf eines Gesetzes zum Schutz vor Manipulationen an digitalen Grundaufzeichnungen (2016) vom 5. September 2016 – Drucksache 18/9535
Gesetz zum Schutz vor Manipulationen an digitalen Grundaufzeichnungen (2016) Nr. 65 vom 28. Dezember 2016, S 3152
Kassen-Sicherungsverordnung BGBL. Teil I (2017) Nr. 66 vom 6. Oktober 2017, S 3515

Urteile

BFH (1966) vom 12. Mai 1966 – IV 472/60, BStBl. III 1966, S 373
BFH (1985) vom 13. März 1985 – I R 9/81, BeckRS 1985, 05094
BFH (2017) vom 20. März 2017 – X R 11/16, BeckRS 2017, 121611
FG Rheinland-Pfalz (2015) Beschl. vom 7. Januar 2015 – 5 V 2068/14

BMF Schreiben

BMF Schreiben (1996) vom 9. Januar 1996 – IV A 8-S 0310-5/95
BMF Schreiben (2010) vom 26. November 2010 – IV A 4 – S 0316/08/10004-07
BMF Schreiben (2014) vom 14. November 2014 – IV A 4 – S 0316/13/10003
BMF Schreiben (2017) vom 1. Februar 2017 – IV B 6 – S 1315/13/10021:044

Ralf Klapdor ist Professor für Betriebswirtschaftslehre mit dem Schwerpunkt Internationale Besteuerung an der Hochschule Rhein-Waal. Er hat sich im Jahr 2000 an der Gerhard-Mercator-Universität Duisburg mit einer Arbeit zur Europäischen Steuerpolitik promoviert. Nach einer ersten Professur in Bielefeld ist er seit 2010 an der Hochschule Rhein-Waal in Kleve tätig.

Rechtliche Aspekte digitaler Bezahlformen

8

Andreas Neumann und David Wilhelm

Inhaltsverzeichnis

8.1	Digitale Zahlungsdienste	114
	8.1.1 Aufsichtsrechtliche Aspekte	114
	8.1.2 Zivilrechtliche Aspekte	121
	8.1.3 Weitere rechtliche Aspekte	125
8.2	Kryptowährungen	125
	8.2.1 Zivilrechtliche Aspekte	126
	8.2.2 Aufsichtsrechtliche Aspekte	127
	8.2.3 Straf- und deliktsrechtliche Aspekte	127
	8.2.4 Weitere rechtliche Aspekte	129
8.3	Fazit	129
Literatur		130

Die Innovationskraft im Bereich digitaler Bezahlformen stellt nicht nur Anbieter und Verbraucher, sondern auch das Rechtssystem vor nicht unerhebliche Herausforderungen. Bei etablierten rechtlichen Instrumenten stellt sich die Frage, inwieweit sie auf digitale Bezahlformen anwendbar sind. Sie werden ergänzt durch die anlassbezogene Schaffung spezifischer Rechtsvorschriften. Im Folgenden soll ein zusammenfassender, äußerst kursorischer Überblick über die sich aus diesem Geflecht ergebenden rechtlichen Aspekte

---

A. Neumann (✉)
IRNIK GbR, Bonn, Deutschland
E-Mail: an@irnik.de

D. Wilhelm
Rheinische Friedrich-Wilhelms-Universität Bonn, Bonn, Deutschland

© Springer Fachmedien Wiesbaden GmbH, ein Teil von Springer Nature 2018
J. Lempp et al. (Hrsg.), *Die Zukunft des Bargelds*,
https://doi.org/10.1007/978-3-658-21720-4_8

digitaler Bezahlformen gegeben werden. Hierbei wird zwischen digitalen Zahlungsdiensten und Kryptowährungen unterschieden.

8.1 Digitale Zahlungsdienste

Ein digitaler Zahlungsdienst unterliegt – als Unterfall eines Zahlungsdienstes – umfassenden rechtlichen Vorgaben sowohl des öffentlichen als auch des privaten Rechts, die in weiten Teilen auf Vorgaben der EU beruhen.[1]

8.1.1 Aufsichtsrechtliche Aspekte

Von zentraler Bedeutung ist aus öffentlich-rechtlicher Sicht dabei das (neue) Zahlungsdiensteaufsichtsgesetz (ZAG) (BGBl. 2017 I, 2446), das als in weiten Teilen überarbeitete Neufassung am 13. Januar 2018 in Kraft getreten ist. Es dient der Etablierung eines hoheitlichen Aufsichtsrahmens für Zahlungsdienste, der auch in weitem Umfang digitale Zahlungsdienste erfasst. Von einer Darstellung weiterer in Randaspekten potenziell relevanter Gesetze – wie namentlich des Kreditwesengesetzes (KWG) – wird angesichts dieses Bedeutungsschwerpunkts im Folgenden abgesehen.

Der *Anwendungsbereich* des aufsichtsrechtlichen Rahmens wird somit in erster Linie vom Begriff des Zahlungsdienstes bestimmt. Ein solcher Dienst wird regelmäßig in einer tripolaren Beziehung zwischen Zahler, Zahlungsempfänger und Zahlungsdienstleister von Letzterem erbracht (BaFin 2017b, unter 2). Hierzu zählen u. a. klassische Zahlungsdienste wie Einzahlungs-, Auszahlungs-, Lastschrift-, Zahlungskarten- und Überweisungsgeschäfte (§ 1 Abs. 1 S. 2 Nr. 1, 2, 3 ZAG), die natürlich auch digital etwa im Rahmen internetbasierter Bankgeschäfte („Onlinebanking") abgewickelt werden können. Werden Lastschrift-, Zahlungskarten- oder Überweisungsgeschäfte unter zusätzlicher Deckung durch einen Kreditrahmen für den Nutzer ausgeführt, handelt es sich ebenfalls um einen Zahlungsdienst im gesetzlichen Sinne (in Form eines Zahlungsgeschäfts mit Kreditgewährung, § 1 Abs. 1 S. 2 Nr. 4 ZAG). Damit unterfallen auch die im Bereich digitaler Bezahlformen nach wie vor überaus bedeutsamen Kreditkartentransaktionen grundsätzlich dem aufsichtsrechtlichen Rahmen.

Von Bedeutung für digitale Bezahlformen ist überdies der Bereich der sog. Akquisitionsgeschäfte, bei denen es um die Ausgabe von Zahlungsinstrumenten (Definition in § 1 Abs. 20 ZAG) oder die Annahme und Abrechnung von Zahlungsvorgängen geht (§ 1 Abs. 1 S. 2

---

[1] Zu nennen ist hier aktuell insbesondere die Zweite Zahlungsdiensterichtlinie (EU) 2015/2366, auch bekannt als „Payment Service Directive II" (PSD II). Zu dieser Richtlinie Bauer und Glos (2016); zu ihrer Entwurfsfassung Spindler und Zahrte (2014). Überblicksartig zu den EU-rechtlichen Rahmenbedingungen innovativer Bezahlformen Lutz (2017, S. 182 ff.).

Nr. 5 i. V. m. § 1 Abs. 35 ZAG). Zu den Zahlungsinstrumenten gehören insbesondere Magnetstreifen- oder Chipkarten, aber auch z. B. Technologien aus dem Nahfeld- und Telekommunikationsbereich (BaFin 2017b, unter 2. d) aa)),[2] wie insbesondere „Telefonbanking mit Passwort, Online-Banking mit SMS-TAN oder TAN-Generator … sowie Verfahren des berührungslosen (Nahfelderkennung) oder des auf einen maschinell lesbaren Code basierenden Bezahlens",[3] also klassische Instrumente digitaler Bezahlformen. Die Annahme und Abrechnung von Zahlungsvorgängen wiederum erfasst beispielsweise die Einziehung von Zahlbeträgen für einen Händler beim Emittenten einer Zahlungskarte (z. B. Kreditkarte oder EC-Karte), was u. a. bei Zahlungen im Internet verbreitet ist.[4] Aber auch Dienstleister, die Onlinehändlern die Annahme von Zahlungen durch Überweisung, Lastschrift oder andere Bezahlverfahren ermöglichen, fallen unter den Tatbestand eines Akquisitionsgeschäfts, sofern sie in den Besitz der Gelder gelangen (BaFin 2017b, unter 2. d) bb)).

Insoweit bestehen gewisse Überschneidungen[5] mit den sog. Finanztransfergeschäften, also solchen Diensten, bei denen ein Geldbetrag des Zahlers nur zur Weiterleitung an einen anderen entgegengenommen wird (§ 1 Abs. 1 S. 2 Nr. 6 ZAG). So wurde vor der Neufassung des ZAG in der Rechtsprechung auch bereits die Entgegennahme von Zahlungen durch ein Internetportal als Finanztransfergeschäft angesehen, über das die Kunden zentral die Leistungen verschiedener Lieferdienste in Anspruch nehmen konnten.[6]

Des Weiteren erfasst das 2018 novellierte ZAG nun erstmals auch sog. Zahlungsauslösedienste (§ 1 Abs. 1 S. 1 Nr. 1 i. V. m. S. 2 Nr. 7 ZAG). Hierbei handelt es sich nach § 1 Abs. 33 ZAG um Dienste, bei denen „auf Veranlassung des Zahlungsdienstenutzers ein Zahlungsauftrag in Bezug auf ein bei einem anderen Zahlungsdienstleister geführtes Zahlungskonto ausgelöst wird". Gemeint sind damit bestimmte Dienste, die insbesondere bei der Bezahlung gegenüber Onlinehändlern zwischengeschaltet werden (Conreder 2017, S. 227). Hierzu gibt der Verbraucher etwa die Zugangsdaten zu seinem Bankkonto ein und der Anbieter des Zahlungsauslösedienstes löst auf dieser Grundlage – in der Regel nach einer Prüfung des Kontostands – den Zahlungsvorgang zugunsten des Onlinehändlers aus. Dieser wiederum gibt die gekaufte Ware unverzüglich und nicht erst nach Zahlungseingang (ggf. zum Versand) frei (Bauer und Glos 2016, S. 457; Lutz 2017, S. 185). Ein Beispiel für einen solchen Zahlungsauslösedienst ist die im elektronischen

---

[2]Die BaFin geht a. a. O. davon aus, dass auch in der Zukunft verfügbare Verfahren auf der Basis von Gesichts- oder Stimmerkennung, Fingerabdrücken oder unverwechselbaren Verhaltensmustern des Zahlungsdienstenutzers als Zahlungsinstrumente zu qualifizieren sein werden.
[3]Begründung zum Gesetzentwurf der Bundesregierung, BT-Drs. 18/11495, 78, 110 f.
[4]Begründung zum Gesetzentwurf der Bundesregierung, BT-Drs. 18/11495, 78, 106.
[5]Sind beide Tatbestände erfüllt, ist von einem insoweit spezielleren Akquisitionsgeschäft auszugehen (BaFin 2017b, unter 2. d) bb)).
[6]LG Köln, Urt. vom 29. September 2011 – Az. 81 O 91/11, Rn. 28 (NRWE) – *Lieferheld*.

Handel verbreitete „Sofortüberweisung".[7] Im Gegensatz zur früheren Rechtslage unterliegen Zahlungsauslösedienste nunmehr dem aufsichtsrechtlichen Rahmen. Sie erhalten dafür jetzt aber auch einen rechtlich abgesicherten Zugang zu den Zahlungskonten bei den kontoführenden Instituten, wobei besondere Sicherheitsanforderungen[8] einzuhalten sind. Die Einzelheiten ergeben sich aus §§ 48 ff. ZAG.

In einem für digitale Bezahlformen wichtigen Punkt wird der Kreis der vom ZAG regulierten Zahlungsdienste insgesamt allerdings durch eine ausdrückliche Ausnahmevorschrift eingeschränkt.[9] Danach unterliegt die Bereitstellung von Zahlungsvorgängen durch einen Anbieter von elektronischen Kommunikationsnetzen oder -diensten für dessen Teilnehmer unter bestimmten Voraussetzungen nicht den Vorgaben des ZAG, insbesondere im Zusammenhang mit dem Erwerb von digitalen Inhalten (Definition in § 1 Abs. 27 ZAG) (wie etwa sog. „Apps") und dem Erwerb von Tickets (§ 2 Abs. 1 Nr. 11 ZAG). Ein praktisches Beispiel für einen solchen Zahlungsdienst dürfte das „Mobile Payment" etwa von Telefónica sein, mit dem u. a. der „App Store" von Apple genutzt werden kann. Die Ausnahme für digitale Bezahlformen bei der Nutzung von Telekommunikationsnetzen bzw. -diensten gilt aber nur unterhalb einer Erheblichkeitsschwelle von 50 € pro Einzelzahlung bzw. bei kumulierten Zahlungsvorgängen im Umfang von monatlich 300 € pro Teilnehmer.[10] Jenseits dieser Schwelle[11] bleibt es bei der Anwendbarkeit der aufsichtsrechtlichen Vorgaben des ZAG.

Neben die Erfassung von digitalen Bezahlformen als spezifischen Ausprägungen von Zahlungsdiensten treten im ZAG Spezialvorschriften für elektronisches Geld (E-Geld).[12]

---

[7]Hierzu mit Blick auf die Rechtslage nach dem ZAG a. F. BGH, Urt. vom 18. Juli 2017 – Az. KZR 39/16 – *Sofortüberweisung*. Zur umstrittenen Frage, ob auch Dienste wie „Giropay" als Zahlungsauslösedienste zu qualifizieren sind, siehe Conreder (2017, S. 227 m. w. N.).

[8]Hinzu kommt, dass Anbieter von Zahlungsauslösediensten nach § 16 ZAG eine Absicherung für den Haftungsfall treffen müssen.

[9]Zu einer weiteren potenziell relevanten Ausnahme für auch digitale Bezahlformen in Bezug auf den Einsatz innerhalb eines begrenzten Netzes von Dienstleistern, was nach § 2 Abs. 1 Nr. 10 lit. a Alt. 2 ZAG u. a. Zahlsysteme für Universitäten und Fußballstadien umfassen kann, siehe (BaFin 2017b, unter 3. j)). Zu der dann ggf. bestehenden Anzeigepflicht § 2 Abs. 2 ZAG.

[10]Die betreffende Tätigkeit ist der BaFin anzuzeigen, der dann auch jährlich mitgeteilt werden muss, dass die Obergrenzen eingehalten werden (§ 2 Abs. 3 ZAG).

[11]Für diese soll es nicht auf eine Einzelfallbetrachtung, sondern auf „eine allgemeinübergreifende Betrachtungsweise" bzw. auf eine „statistische Betrachtungsweise auf Grundlage valide ermittelter historischer Abrechnungsdaten" ankommen, siehe den Bericht des Finanzausschusses, BT-Drs. 18/12568, 149, 153. Hierbei soll es gerade auch aus Praktikabilitätsgründen ausreichen, wenn angesichts der statistischen Herleitung die Einhaltung der Obergrenze von 300 € zu 99 % gewährleistet wird (BaFin 2017b, unter 3. k)).

[12]Zur früheren Rechtslage vor Umsetzung der Zweiten E-Geld-Richtlinie 2009/110/EG siehe zusammenfassend Diekmann und Wieland (2011, S. 297 f.).

8 Rechtliche Aspekte digitaler Bezahlformen

E-Geld ist nach § 1 Abs. 2 S. 3 ZAG grundsätzlich[13] „jeder elektronisch, darunter auch magnetisch, gespeicherte monetäre Wert in Form einer Forderung an den Emittenten, der gegen Zahlung eines Geldbetrags ausgestellt wird, um damit Zahlungsvorgänge[14] ... durchzuführen", sofern der Wert auch von anderen Personen als dem Emittenten angenommen wird.[15] Es handelt sich also um elektronische gespeicherte Zahlungsmitteläquivalente. Hiervon erfasst werden „klassische" digitale Zahlungsinstrumente wie Magnetstreifen- oder Chipkarten (BaFin 2017b, unter 4. a) aa)), die an Geldautomaten mit einem bestimmten Wert aufgeladen und dann zur Bezahlung insbesondere von Kleinbeträgen etwa beim Erwerb von Fahrkarten oder an der Supermarktkasse genutzt werden können (z. B. „girogo") (Lösing 2011, S. 1945). Auch bei vorausbezahlten („Prepaid"-) Kreditkarten handelt es sich um E-Geld in diesem Sinne. Neben solchen (und anderen) karten- bzw. (allgemeiner:) hardwaregestützten Formen des E-Gelds, die oft auch als „Kartengeld" bezeichnet werden, gibt es aber auch server- bzw. (allgemeiner:) softwaregestütztes E-Geld, das verbreitet „Netzgeld" genannt wird (Diekmann und Wieland 2011, S. 299).[16] Bei diesem wird das elektronische Geld auf einem Datenträger – wie der Festplatte oder dem Speicher des Mobiltelefons (BaFin 2017b, unter 4. a) aa))[17] – oder in einem internetbasierten Konto des Verbrauchers und damit auf einem externen Server (elektronisch) gespeichert.[18] Ein prominentes Beispiel für eine derartige Form von E-Geld sind die in einem PayPal-Konto verfügbaren Beträge, die üblicherweise als Teilschritt einer umfassenderen Transaktion durch Zahlung über eine bei PayPal hinterlegte Zahlungsquelle (Bankkonto, Kreditkarte usw.) vom Nutzer bei PayPal erworben werden.[19]

---

[13]Zu den Ausnahmen: § 1 Abs. 2 S. 4 ZAG.

[14]Gemeint sind Zahlungsvorgänge i. S. v. § 675f Abs. 4 S. 1 BGB, also „jede Bereitstellung, Übermittlung oder Abhebung eines Geldbetrags".

[15]Wegen dieses Akzeptanzerfordernisses sind beispielsweise Gutscheinkarten, die nur von einem Unternehmen zu Zahlungszwecken angenommen werden, kein E-Geld (Diekmann und Wieland 2011, S. 297 und 299).

[16]Zur Bezeichnung als karten- und serverbasiertes E-Geld siehe die Begründung zum Gesetzentwurf der Bundesregierung, BT-Drs. 16/11643, 66, 105.

[17]Zur Einstufung von „Mobile Payment"-Diensten als E-Geld-Geschäfte siehe Neumann und Bauer (2011, S. 563 f.).

[18]Nach Einschätzung der BaFin kann es sich auch bei Technologien aus dem Nahfeld- oder Telekommunikationsbereich sowie der biometrischen Erkennung um taugliche Speichermedien handeln (BaFin 2017b, unter 4. a) aa)), wenngleich das letzten Endes vermutlich nur auf neue Einsatzmöglichkeiten bekannter Speichertechnologien (Festplatten-, Flashspeicher usw.) verweist.

[19]Vgl. Ziff. 2.2. der PayPal-Nutzungsbestimmungen (Stand: 9. Januar 2018). Siehe auch Lösing (2011, S. 1944 f.); Sprau (2016, § 675f Rn. 54).

Unternehmen, die das E-Geld-Geschäft betreiben, die also E-Geld ausgeben (§ 1 Abs. 2 S. 2 ZAG),[20] sind gemäß § 1 Abs. 2 S. 1 ZAG E-Geld-Emittenten, die nach § 1 Abs. 2 S. 1 Nr. 1 ZAG in der Regel[21] als E-Geld-Institute einzustufen sind. Sie bilden zusammen mit den Anbietern der oben im Einzelnen dargestellten Zahlungsdienste, die als Zahlungsinstitute bezeichnet werden (§ 1 Abs. 1 S. 1 Nr. 1 ZAG), die aufsichtsrechtliche Gruppe der Institute (§ 1 Abs. 3 ZAG) und den hier relevanten Teil der sog. Zahlungsdienstleister (§ 1 Abs. 1 S. 1 ZAG).

Ist das ZAG auf digitale Bezahldienste anwendbar, folgt daraus auf *Rechtsfolgenseite* in erster Linie eine Erlaubnispflicht: Soweit digitale Bezahlformen als Zahlungsdienste vom ZAG erfasst werden, bedarf ihre gewerbsmäßige (oder im Umfang gewerbsähnliche) Erbringung in Deutschland grundsätzlich der schriftlichen Erlaubnis durch die BaFin (§ 10 Abs. 1 S. 1 ZAG). Dasselbe gilt für E-Geld-Institute, die in Deutschland tätig sein wollen (§ 11 Abs. 1 S. 1 ZAG). Die jeweilige Erlaubnis wird binnen drei Monaten nach Übermittlung aller erforderlichen Angaben (§ 10 Abs. 3 ZAG, ggf. i. V. m. § 11 Abs. 2 S. 5 ZAG) auf entsprechenden Antrag erteilt (oder versagt), dessen Einzelheiten in § 10 Abs. 2 ZAG (ggf. i. V. m. § 11 Abs. 2 S. 1 bis 4 ZAG) vorgegeben sind. § 12 Nr. 1 bis 12 ZAG regeln, unter welchen Voraussetzungen eine Erlaubnis zu versagen ist. Das ist u. a. bei einem unzureichenden Antrag (Nr. 2), bei nicht ausreichenden Eigenmitteln (abhängig von der Art der beabsichtigten Tätigkeit, siehe Nr. 3) und beim Fehlen hinreichender Risikosicherungsmaßnahmen (Nr. 6) der Fall, aber auch, wenn Tatsachen die Annahme rechtfertigen, dass das Institut nicht solide und umsichtig geführt wird (Nr. 4) oder dass der Geschäftsleiter unzuverlässig oder fachlich nicht geeignet ist (Nr. 5). Wird die Erlaubnis erteilt, wirkt sie zugleich als „Europäischer Pass", in dessen Folge die Tätigkeit auch in anderen EU-Mitgliedstaaten aufgrund eines vereinfachten Verfahrens ermöglicht wird (§§ 38 ff. ZAG) (Brogl 2009, unter E.; Neumann und Bauer 2011, S. 565).

Eine erteilte Erlaubnis erlischt, außer in den Fällen des ausdrücklichen Verzichts, wenn von ihr nicht binnen eines Jahres Gebrauch gemacht wird (§ 13 Abs. 1 ZAG). Außerdem kann sie von der BaFin aufgehoben werden. In Ergänzung der Aufhebungsgründe nach allgemeinem Verwaltungsrecht (§§ 48 bis 51 VwVfG) nennt § 13 Abs. 2 ZAG fünf besondere Aufhebungsgründe, zu denen vor allem die Einstellung des erlaubnisrelevanten Geschäftsbetriebs für einen Zeitraum von mehr als sechs Monaten (Nr. 1) und massive Verstöße gegen geldwäscherechtliche Vorschriften (Nr. 5) zählen. U. a. in letztgenanntem Fall kann die BaFin als milderes Mittel gegenüber der Aufhebung der

---

[20]Gemeint ist damit die Eingehung einer Verpflichtung zur Leistung gegenüber dem Berechtigten oder demjenigen, der E-Geld als Zahlungsmittel akzeptiert (Diekmann und Wieland 2011, S. 299; Lösing 2011, S. 1945).

[21]Zu den Ausnahmen: § 1 Abs. 2 S. 1 Nr. 2 bis 4 ZAG.

Erlaubnis aber auch die Abberufung der für den Verstoß verantwortlichen Person verlangen (§ 20 Abs. 1 ZAG).[22]

Fehlt es an der erforderlichen Erlaubnis, etwa weil sie nicht beantragt oder erteilt wurde bzw. weil sie erloschen ist oder aufgehoben wurde, kann die BaFin die sofortige Einstellung des Geschäftsbetriebs und die unverzügliche Abwicklung der diesbezüglichen Geschäfte anordnen (§ 7 Abs. 1 S. 1 ZAG). Sie kann hierfür konkrete Weisungen erlassen oder sogar einen Abwickler bestellen (§ 7 Abs. 1 S. 2 ZAG). Der BaFin stehen bei der Verfolgung unerlaubter Zahlungsdienste und E-Geld-Geschäfte umfassende Auskunfts-, Prüfungs-, Durchsuchungs- und Sicherstellungsbefugnisse zu (§ 8 ZAG). Darüber hinaus drohen den Verantwortlichen strafrechtliche Konsequenzen (§ 63 Abs. 1 Nr. 4 f. ZAG).[23]

Der BaFin stehen aber auch gegenüber Instituten, die über die erforderliche Erlaubnis verfügen, weitreichende Aufsichtsbefugnisse zu, um relevante Rechtsverstöße und Missstände präventiv zu verhindern oder reaktiv zu beenden (§ 4 Abs. 2 ZAG). Hierfür verfügt die Bundesanstalt ebenfalls über umfassende Auskunfts-, Prüfungs- und Besichtigungsbefugnisse (§ 19 ZAG). In besonderen Fällen kann die BaFin sogar in den Geschäftsbetrieb eines Instituts eingreifen (§ 21 ZAG).

Spezifische aufsichtsrechtliche Anforderungen an das Verhalten von Instituten ergeben sich dabei zunächst aus § 3 ZAG, wo insbesondere das grundsätzliche Verbot einer Annahme rückzahlbarer Gelder (Abs. 1), die Verpflichtung zum unverzüglichen Umtausch von Geldern, die zum Zwecke der Ausgabe von E-Geld entgegengenommen werden (Abs. 2), der Grundsatz der freien Verfügbarkeit der Gelder für den Kunden, das Gebot einer strengen Zweckbindung und der Kontentrennung (Abs. 3 S. 1) sowie ein Zinsverbot (Abs. 3 S. 2) normiert werden.[24] Weitere Anforderungen folgen aus §§ 14 ff. ZAG. Hierzu zählt u. a. die Verpflichtung zur Vorhaltung angemessener Eigenmittel (§ 15 Abs. 1 ZAG), zu deren Überprüfung der BaFin und der Deutschen Bundesbank in regelmäßigen Abständen – grundsätzlich vierteljährlich – die erforderlichen Angaben zu übermitteln sind (§ 15 Abs. 2 ZAG). Die näheren Einzelheiten sind in der ZAG-Instituts-Eigenkapitalverordnung (ZIEV)[25] geregelt.

Des Weiteren müssen die Institute, die im Rahmen ihres Dienstes Geldbeträge entgegennehmen, für diese bestimmte Sicherungsanforderungen erfüllen. Hierfür gibt § 17

---

[22]§ 20 ZAG enthält daneben weiteren Befugnisse zur Abberufung von Geschäftsleitern und Mitgliedern des Verwaltungs- und Aufsichtsorgans eines Instituts.
[23]Umfassend zu den strafrechtlichen Risiken bei unerlaubt erbrachten Zahlungsdiensten vgl. Weiß (2016).
[24]Hierzu im Einzelnen BaFin (2017b, unter 5. c)). Zu der im Verstoßfall u. U. drohenden Strafbarkeit § 63 Abs. 1 Nr. 1–3 ZAG.
[25]BGBl. 2009 I, 3643; zuletzt geändert durch Art. 8 der Verordnung vom 30. Januar 2014, BGBl. 2014 I, 322.

Abs. 1 ZAG zwei denkbare Methoden vor: Methode 1 sieht eine strikte Trennung und insolvenzsichere Verwaltung der Geldbeträge vor, während nach Methode 2 für eine Versicherung bzw. für eine vergleichbare Garantie zu sorgen ist. Auf Anforderung der BaFin sind entsprechende Sicherungsmaßnahmen darzulegen und nachzuweisen (§ 17 Abs. 2 ZAG). Darüber hinaus sieht das ZAG besondere Anforderungen an die Auslagerung relevanter Tätigkeiten und Prozesse auf ein anderes Unternehmen (§ 26), die Verpflichtung zur ordnungsgemäßen Geschäftsorganisation (§ 27)[26] sowie Anzeige-, Ausweis- und Aufbewahrungspflichten (§§ 28 bis 30 ZAG) vor. Spezifische Verpflichtungen für E-Geld-Emittenten umfassen insbesondere die Pflicht, E-Geld zum Nennwert auszugeben und zurückzutauschen (§ 33 Abs. 1 ZAG), wobei für den Rücktausch grundsätzlich[27] nur dann ein Entgelt verlangt werden darf, wenn dies vertraglich vereinbart ist und weitere Voraussetzungen gegeben sind (§ 33 Abs. 3 ZAG).

Nach § 53 Abs. 1 ZAG haben wiederum alle Zahlungsdienstleister angemessene Maßnahmen und Mechanismen zur Beherrschung operationeller und sicherheitsrelevanter Risiken vorzusehen, zu denen u. a. Störungen im Betriebsablauf genauso wie Angriffe auf den Zahlungsdienst zählen. Der BaFin ist grundsätzlich einmal jährlich eine Bewertung der Risiken und der gegen diese getroffenen Vorkehrungen zu übermitteln (§ 53 Abs. 2 ZAG). Schwerwiegende Betriebs- oder Sicherheitsvorfälle sind der BaFin unverzüglich zu melden (§ 54 Abs. 1 ZAG; zu den Einzelheiten vgl. BaFin 2017a). Bei potenziellen Auswirkungen auf die finanziellen Interessen der Nutzer des Zahlungsdienstes hat der Anbieter auch diese unverzüglich zu benachrichtigen (§ 54 Abs. 4 ZAG).

Von besonderer Bedeutung für digitale Bezahlformen ist schließlich die neue Vorgabe in § 55 ZAG. Danach sind Anbieter bei bestimmten Formen der elektronischen Nutzung von Zahlungsdiensten verpflichtet, eine starke Kundenauthentifizierung zu verlangen.[28] Diese muss mindestens zwei der Kategorien Wissen (z. B. ein Passwort oder eine PIN), Besitz (z. B. eine Chipkarte oder ein Mobiltelefon) oder Inhärenz (z. B. ein Fingerabdruck oder die Netzhaut) heranziehen (§ 1 Abs. 24 ZAG; vgl. auch Bauer und Glos 2016, S. 460; Lutz 2017, S. 186). Die Einzelheiten regelt ein delegierter Rechtsakt der Kommission (§ 55 Abs. 5 ZAG), der am 14. März 2018 in Kraft getreten ist und im Wesentlichen ab dem 14. September 2018 gilt.[29] § 55 ZAG seinerseits tritt (wie auch

---

[26]Diesbezüglich beispielsweise zum ZAG a. F. Lösing (2011, S. 1947 f.).

[27]Gegenüber E-Geld-Inhabern, die nicht Verbraucher sind, kann hiervon abgewichen werden, wie sich aus § 33 Abs. 5 ZAG ergibt.

[28]Das gilt nach einer in der Literatur vertretenen Auffassung selbst für eine bloße Kontostandsabfrage (Zahrte 2018, S. 340).

[29]Kommission, Delegierte Verordnung (EU) 2018/389 vom 27. November 2017, ABl. EU 2018 L 69, 23.

§§ 45 bis 52 ZAG) erst 18 Monate nach Inkrafttreten dieses delegierten Rechtsakt in Kraft.[30] Bis zu diesem Zeitpunkt erfolgt die starke Kundenauthentifizierung nach Maßgabe eines Rundschreibens der BaFin (vgl. BaFin 2015; vgl. hierzu auch Lutz 2017, S. 184) (§ 68 Abs. 4 ZAG).

8.1.2 Zivilrechtliche Aspekte

Wie im öffentlichen Aufsichtsrecht unterfallen digitale Zahlungsdienste auch im Zivilrecht in aller Regel den allgemein für Zahlungsdienste geltenden Vorschriften. Diese sind, soweit sie von den generellen Bestimmungen des Zivilrechts abweichen,[31] vor allem in den Vorschriften der §§ 675c ff. des Bürgerlichen Gesetzbuchs (BGB) enthalten, die ebenfalls Anfang 2018 parallel zu der Novellierung des ZAG in erheblichem Umfang geändert wurden (vgl. hierzu ausführlich Zahrte 2018) und von denen grundsätzlich[32] nicht zum Nachteil des Zahlungsdienstenutzers (Definition nach § 675f Abs. 1 BGB) abgewichen werden darf (§ 675e Abs. 1 BGB). Dabei sieht § 675d BGB zunächst verschiedene Informationspflichten insbesondere für Zahlungsdienstleister vor, denen diese gegenüber dem Nutzer grundsätzlich unentgeltlich nachkommen müssen (Abs. 4), und verweist insoweit auf verschiedene Paragrafen von Art. 248 des Einführungsgesetzes zum Bürgerlichen Gesetzbuch (EGBGB).

Die Vorschriften über den Zahlungsdienstevertrag (§§ 675f ff. BGB) treffen allgemeinen Vorgaben für das rechtliche Verhältnis zwischen Anbieter und Nutzer derartiger Dienste, insbesondere zu den Voraussetzungen für die Änderung eines Zahlungsdiensterahmenvertrages, der die Grundlage einer längerfristigen Vertragsbeziehung bildet, also insbesondere die Führung eines Kontos umfasst (Söbbing 2016, S. 1068),[33] und zur Kündigung eines solchen Rahmenvertrages.[34] In diesem Zusammenhang wird

---

[30] Art. 15 Abs. 1 S. 1 des Gesetzes zur Umsetzung der Zweiten Zahlungsdiensterichtlinie.

[31] Nach § 675c Abs. 1 BGB sind auf einen Geschäftsbesorgungsvertrag über die Erbringung von Zahlungsdiensten vorbehaltlich der im Folgenden enthaltenen Spezialregelungen diverse Vorschriften über den Auftrag und allgemeine Geschäftsbesorgungsverträge entsprechend anzuwenden.

[32] Die Ausnahmen sind insbesondere in Abs. 2 bis 4 der Vorschrift geregelt, wobei die Ausnahmen nach Abs. 4 für Nichtverbraucher von besonderer praktischer Bedeutung sind.

[33] Nach § 675g Abs. 1 BGB muss eine solche Änderung dem Zahlungsdienstnutzer spätestens zwei Monate vor dem vorgeschlagenen Zeitpunkt angeboten werden. Gemäß § 675g Abs. 2 S. 1 BGB kann vereinbart werden, dass der Nutzer die Änderung ausdrücklich ablehnen muss, um ihr Wirksamwerden zu verhindern.

[34] Nach § 675h Abs. 1 BGB kann der Nutzer jederzeit kündigen, sofern keine Kündigungsfrist vereinbart wurde, die überdies nicht länger als ein Monat sein darf. Der Zahlungsdienstleister darf demgegenüber nach § 675h Abs. 2 BGB nur kündigen, wenn der Rahmenvertrag auf unbestimmte Zeit geschlossen wurde, und auch dann nur, wenn das Kündigungsrecht vereinbart wurde, wobei die Kündigungsfrist mindestens zwei Monate betragen muss.

auch dem Zahlungsdienstenutzer, der einen Onlinezugriff auf sein Konto hat, ausdrücklich das Recht eingeräumt, einen Zahlungsauslösedienst zu nutzen (§ 675f Abs. 3 S. 1 BGB). Diese Regelung flankiert die oben im Einzelnen dargestellten Änderungen des aufsichtsrechtlichen Rahmens. Entsprechenden Diensten kann damit nicht mehr entgegengehalten werden, dass die Weitergabe der personalisierten Sicherheitsmerkmale an den betreffenden Anbieter unzulässig sei.[35]

Nach § 675j Abs. 1 S. 1 BGB ist ein Zahlungsvorgang gegenüber einem Zahler generell nur wirksam, wenn er diesem zugestimmt hat, wenn er ihn also autorisiert hat. Dies kann u. a. durch den Einsatz eines Zahlungsinstruments erfolgen (§ 675j Abs. 1 S. 4 BGB), zu denen gerade auch etablierte und innovative Instrumente digitaler Bezahlformen gehören (zum Begriff des Zahlungsinstruments mit Beispielen vgl. Abschn. 8.1.1). In einem solchen Fall können Beitragsobergrenzen für die Nutzung (§ 675k Abs. 1 BGB) sowie ein Recht des Zahlungsdienstleisters zur Sperrung insbesondere bei Sicherheits- und Missbrauchsrisiken (§ 675k Abs. 2 BGB) vereinbart werden. Hiermit korrespondiert die Pflicht des Nutzers, personalisierte Sicherheitsmerkmale eines Zahlungsinstruments vor unbefugtem Zugriff zu schützen und sicherheitsrelevante Vorfälle unverzüglich anzuzeigen (§ 675l Abs. 1 S. 1 f. BGB).[36] Aber auch der Zahlungsdienstleister, der ein Zahlungsinstrument ausgibt, muss sicherstellen, dass die personalisierten Sicherheitsmerkmale nur dem Nutzungsberechtigten zugänglich sind (§ 675m Abs. 1 S. 1 Nr. 1 BGB). Dabei richtet es sich nach der Art der Merkmale und ihrer Übermittlung, welche Sicherheitsvorkehrungen der Dienstleister insofern treffen muss (Söbbing 2016, S. 1069[37]).

§§ 675n ff. BGB treffen des Weiteren allgemeine Regelungen über die Ausführung von Zahlungsaufträgen, namentlich zum Zeitpunkt des Zugangs eines solchen Auftrags (§ 675n BGB), zur Ablehnung von Zahlungsaufträgen (§ 675o BGB), zu den Grenzen der Widerruflichkeit eines solchen Auftrags (§ 675p BGB), zu den Entgelten bei Zahlungsvorgängen, die grundsätzlich nicht vom Zahlungsbetrag abgezogen werden dürfen (§ 675q BGB),[38] zur Zulässigkeit der Ausführung eines Zahlungsvorgangs ausschließlich anhand von Kundenkennungen (wie einer IBAN) (§ 675r BGB), zur

---

[35]Begründung zum Gesetzentwurf der Bundesregierung, BT-Drs. 18/11495, 78, 154. Bei einer Verweigerung des Kontozugriffs gegenüber dem Zahlungsauslösedienstleister etwa aus Sicherheitsgründen muss der kontoführende Zahlungsdienstleister den Zahlungsdienstenutzer grundsätzlich über die Gründe hierfür unterrichten (§ 675k Abs. 3 BGB).

[36]Eine solche Anzeige muss ihm kostenfrei und jederzeit möglich sein und eine Sperrung des Zahlungsinstruments zur Folge haben (§ 675m Abs. 1 S. 1 Nr. 3–5 BGB).

[37]Dort spezifisch auch zum Einsatz von Nahfeldtechnologie und Fingerabdrucksystemen.

[38]Eine Ausnahme besteht insbesondere für den Zahlungsdienstleister des Zahlungs*empfängers,* sofern ein entsprechender Abzug mit Letzterem vereinbart wurde (§ 675q Abs. 2 S. 1 BGB). zur

Ausführungsfrist für Zahlungsvorgänge (§ 675s BGB)[39] sowie zur Wertstellung und Verfügbarkeit von Geldbeträgen (§ 675t BGB)[40].

Ebenfalls im Ausgangspunkt allgemeiner Natur, gerade aber auch für digitale Bezahlformen von besonderer Bedeutung sind dann die Vorschriften über die Haftung in §§ 675u ff. BGB. Bei nicht autorisierten (also ohne Zustimmung des Zahlers erfolgenden) Zahlungsvorgängen[41] hat der Zahlungsdienstleister im Regelfall dem Zahler den Zahlungsbetrag unverzüglich zu erstatten und ihm gegenüber auch keinen Anspruch auf Aufwendungsersatz (§ 675u S. 1 f. BGB). Beruht ein solcher Zahlvorgang auf der Nutzung eines – etwa durch Verlust oder Diebstahl – abhandengekommenen Zahlungsinstruments oder einer sonstigen missbräuchlichen Verwendung eines solchen Instruments, haftet der Zahler allerdings grundsätzlich auf Schadensersatz, sofern die in Rede stehende Nutzung vor der Anzeige eines sicherheitsrelevanten Vorfalls nach § 675l Abs. 1 S. 2 BGB erfolgt ist und der Zahlungsdienstleister eine solche Anzeige ermöglicht hat (§ 675v Abs. 5 S. 1 f. BGB). Der Schadensersatzanspruch ist zwar prinzipiell auf maximal 50 € begrenzt (§ 675v Abs. 1 BGB) und scheidet insbesondere[42] dann vollständig aus, wenn es dem Zahler nicht möglich gewesen ist, das Abhandenkommen oder die sonstige missbräuchliche Verwendung des Zahlungsinstruments zu bemerken (§ 675v Abs. 2 Nr. 1 BGB). Beide Einschränkungen gelten aber wiederum grundsätzlich nicht, wenn der Schaden dadurch entstanden ist, dass der Zahler seine gesetzlichen und vertraglichen Pflichten bei der Nutzung des Zahlungsinstruments vorsätzlich oder grob fahrlässig verletzt hat:[43] In diesen Fällen geht das Gesetz im Prinzip von einer Haftung für den gesamten Schaden aus (§ 675v Abs. 3 Nr. 2 BGB). Auch dann scheidet ein Schadensersatzanspruch des Zahlers jedoch vollständig aus, wenn es an einer starken Kundenauthentifizierung i. S. v. § 1 Abs. 24 ZAG (vgl. Abschn. 8.1.1) fehlt (§ 675v Abs. 4 BGB). Auf dieses sehr ausdifferenzierte Haftungssystem kommt es allerdings dann insgesamt nicht an, wenn der Zahler in betrügerischer Absicht handelt. In diesem Fall haftet er für den gesamten Schaden (§ 675v Abs. 3 Nr. 1, Abs. 4 S. 2, Abs. 5 S. 3 BGB).

---

[39]Zahlungseingang beim Zahlungsdienstleister des Empfängers grundsätzlich am Ende des nächsten Geschäftstags (§ 675s Abs. 1 S. 1 BGB).

[40]Grundsätzlich unverzügliche Verfügbarkeit nach Eingang (§ 675t Abs. 1 S. 1 BGB).

[41]Ggf. muss der Zahlungsdienstleister nachweisen, dass eine Authentifizierung erfolgt ist, was dann der Fall ist, wenn er die Nutzung eines bestimmten Zahlungsinstruments, einschließlich seiner personalisierten Sicherheitsmerkmale, verfahrensmäßig überprüft hat (§ 675w Abs. 1 f. BGB).

[42]Im Grundsatz ausgeschlossen ist der Schadensersatzanspruch auch, wenn der Verlust des Zahlungsinstruments durch eine Person oder Stelle „im Lager" des Zahlungsdienstleisters verursacht wurde (§ 675v Abs. 2 Nr. 2 BGB).

[43]Allein die Aufzeichnung einer Nutzung des Zahlungsinstruments reicht für den Nachweis einer entsprechenden Pflichtverletzung des Zahlers nicht notwendigerweise aus (§ 675w S. 3 Nr. 3 f. BGB).

In weiteren Vorschriften werden die Voraussetzungen für einen Erstattungsanspruch bei einem vom Empfänger der Zahlung (oder über ihn) ausgelösten Zahlungsvorgang (§ 675x BGB), für eine Haftung des Zahlungsdienstleisters bei nicht erfolgter, fehlerhafter oder verspäteter Ausführung[44] eines Zahlungsauftrags (§§ 675y f. BGB) und für einen Ausgleichsanspruch des haftenden Zahlungsdienstleisters insbesondere gegen einen anderen Zahlungsdienstleister, wenn die Ursache für die Haftung in dessen Verantwortungsbereich fällt (§ 676a Abs. 1 BGB), geregelt. Im letztgenannten Zusammenhang treffen einen Zahlungsauslösedienstleister im Streitfall besondere Nachweispflichten (§ 676a Abs. 2 f. BGB). Vorgaben für die Anzeige nicht autorisierter oder fehlerhaft ausgeführter Zahlungsvorgänge, mit der potenziellen Folge eines Verlustes etwaiger Ansprüche des Zahlungsdienstnutzers (§ 676b BGB), sowie ein Haftungsausschluss für den Fall ungewöhnlicher und unvorhersehbarer sowie unbeeinflussbarer Ereignisse mit bei trotz gebotener Sorgfalt unvermeidbaren Folgen sowie für den Fall einer Erfüllung gesetzlicher Verpflichtungen (§ 676c BGB) runden die spezifischen Vorschriften des BGB über Zahlungsdienste ab.[45]

§ 675i BGB enthält allerdings die Möglichkeit, durch entsprechende Vereinbarung (in aller Regel wohl in den AGB des Anbieters) von einigen der allgemeinen Vorschriften für Zahlungsdienste abzuweichen, insbesondere in Bezug auf die Vorschriften über die Haftung für nicht autorisierte Zahlungsvorgänge (§ 675j Abs. 2 Nr. 3 und Abs. 3 BGB). Diese Möglichkeit kann gerade auch für digitale Bezahldienste von Bedeutung sein, da sie in erster Linie sog. Kleinbetragsinstrumente betrifft. Hierbei handelt es sich um Mittel, mit denen nur einzelne Zahlungsvorgänge bis höchstens 30 € ausgelöst werden können, die eine Ausgabenobergrenze von 150 €[46] haben oder die Geldbeträge speichern, die letztgenannten Betrag zu keiner Zeit übersteigen (§ 675i Abs. 1 S. 2 BGB). Zu diesen Instrumenten können mit Blick auf Ausgabenobergrenzen und die Speicherung von kleineren Geldbeträgen gerade auch E-Geld-Instrumente (zum Begriff des E-Gelds vgl. Abschn. 8.1.1) zählen.[47] Mit diesen Privilegierungen der Kleinbetragsinstrumente, die

---

[44]Im Streitfall muss der Zahlungsdienstleister nachweisen, dass der Zahlungsvorgang ordnungsgemäß aufgezeichnet und verbucht sowie nicht durch eine Störung beeinträchtigt wurde (§ 676 BGB).

[45]Zu nennen ist für den Bereich der Nutzung von Zahlungskarten als „klassischer" Variante einer digitalen Bezahlform des Weiteren § 270a BGB, der – wie auch für SEPA-Lastschriften und -Überweisungen, die ebenfalls digital angestoßen werden können – Entgelte für die Nutzung der gängigsten Kartenzahlverfahren ausschließt, auch wenn diese nur der Kostendeckung dienen, siehe die Begründung zum Gesetzentwurf der Bundesregierung, BT-Drs. 18/11495, 78, 83 und 146. Ob das Verbot auch für Zahlungen über PayPal gilt, ist noch nicht abschließend geklärt, wobei die Gesetzesmaterialien dagegen sprechen, siehe den Bericht des Finanzausschusses, BT-Drs. 18/12568, 149, 152.

[46]Diese erhöht sich bei einer auf inländische Zahlungsvorgänge beschränkten Nutzbarkeit auf 200 € (§ 675i Abs. 1 S. 3 BGB).

[47]Vgl. die Begründung zum Gesetzentwurf der Bundesregierung, BT-Drs. 16/11643, 66, 105.

freilich als solche unmittelbar ganz überwiegend zulasten der Nutzer gehen, soll die Verbreitung entsprechender Zahlungsinstrumente gefördert werden.[48]

8.1.3 Weitere rechtliche Aspekte

Selbstverständlich weisen digitale Bezahlformen noch eine Vielzahl weiterer rechtlicher Aspekte auf, die im vorliegenden Rahmen nicht im Einzelnen dargestellt werden können. Besondere Erwähnung verdienen sicherlich die datenschutzrechtlichen Fragestellungen, die mit digitalen Zahlungsinstrumenten verbunden sein können.[49] Sehr grundsätzlicher Natur ist schließlich die Frage, ob es verfassungsrechtliche Grenzen dafür gibt, Bargeldzahlungen gesetzlich zu begrenzen (Papier 2016), und hierdurch u. a. die Nutzung digitaler Bezahlformen zu fördern.

8.2 Kryptowährungen

Die digitale Bezahlform, die heutzutage den deutlichsten Blick auf eine mögliche Zukunft liefert, ist die Zahlung mithilfe von Kryptowährungen. Vor allem der Marktführer Bitcoin hat in den letzten Jahren zu einer Vielzahl von Diskussionen in der Literatur geführt, weshalb nachfolgend ein Überblick über die rechtlichen Grundlagen zu Kryptowährungen am Beispiel von Bitcoins gegeben werden soll (zu den technischen Grundlagen vgl. ausführlich Kap. 6). Dabei ist freilich zu berücksichtigen, dass es neben Bitcoins zurzeit noch mehrere hundert weitere Kryptowährungen gibt, welche sich zum Teil sehr stark von Bitcoins unterscheiden, sodass ggf. auch die rechtliche Bewertung abweichen wird.

Bitcoins sind eine virtuelle Währung, deren Transaktionen und Guthaben in einem dezentralen Netz verwaltet werden. Sie werden durch das Lösen kryptografischer Aufgaben erzeugt („Mining" bzw. Schürfen) und bestehen aus willkürlich generierten Ziffern- und Zahlenfolgen (BaFin 2013). Diese Codes werden nicht etwa als Datei heruntergeladen, sondern werden online in einer virtuellen Geldbörse („Wallet") verwaltet. Zeitgleich wird jede Transaktion in einem „Proof-of-work"-Verfahren mithilfe eines kryptografischen Protokolls von einem vertrauenswürdigen Dritten bestätigt, um sie zu validieren. Dies soll es dem Nutzer unmöglich machen, Bitcoins wie handelsübliche Dateien zu kopieren und dadurch mehr Währungseinheiten zu schaffen (sog. „Double-Spending"-Problem). Ferner wird dadurch gewährleistet, dass die mögliche Gesamtsumme aller Bitcoins gleich bleibt,[50] wodurch sie vor Inflation geschützt werden.

---

[48]Begründung zum Gesetzentwurf der Bundesregierung, BT-Drs. 16/11643, 66, 104.
[49]Zu mobilen Zahlungslösungen insoweit einführend etwa Söbbing (2016, S. 1070).
[50]Die maximale Anzahl von Bitcoins ist auf 21 Mio. Stück begrenzt.

8.2.1 Zivilrechtliche Aspekte

Allerdings wirft gerade diese neuartige Struktur zahlreiche rechtliche Fragen und Probleme auf, die sich bereits bei zentralen Aspekten wie dem Eigentum und Erwerb abzeichnen. Die herrschende Meinung schließt eine Sachqualität von Bitcoins gemäß § 90 BGB aufgrund ihrer fehlenden Körperlichkeit nämlich aus (Boehm und Pesch 2014; Djazayeri 2014; Engelhardt und Klein 2014; Omlor 2017, S. 758; Schroeder 2014; Spindler und Bille 2014, S. 1359). Deshalb kann an ihnen weder nach § 903 BGB Eigentum erworben, noch gemäß §§ 854 ff. BGB Besitz begründet werden (Djazayeri 2014; Spindler und Bille 2014, S. 1359). Da sie zudem weitestgehend auch nicht als Rechte gemäß § 453 BGB anerkannt werden (Boehm und Pesch 2014; Djazayeri 2014), wird eine zivilrechtliche Einordnung schwierig. Dies führt konsequenterweise auch zu zahlreichen Unsicherheiten bei der schuldrechtlichen Einordnung des Bitcoin-Handels. Denn obwohl Bitcoins im allgemeinen Verständnis „gekauft" werden, werden in der Literatur neben dem insoweit begrifflich naheliegenden Kaufvertrag (Engelhardt und Klein 2014, S. 357) bzw. dem Kauf eines „sonstigen Gegenstandes" nach § 453 Abs. 1 Alt. 2 BGB (Beck und König 2015, S. 131 f.; Omlor 2017, S. 761; Schroeder 2014; Spindler und Bille 2014) mit Blick auf die Einordnungsschwierigkeiten auch ein Tauschvertrag (Ferner 2017), ein atypischer Werkvertrag (Djazayeri 2014) und sogar ein Vertrag eigener Art („sui generis") (Boehm und Pesch 2014, S. 78) als rechtlicher Rahmen für den Erwerb von Bitcoins diskutiert. Ebenso unklar sieht es beim Handel von Waren oder Dienstleistungen gegen Bitcoins aus. Hier könnten ein Kaufvertrag (Martens 2014, S. 106), ein Tauschvertrag (Eckert 2013, S. 2110; Engelhardt und Klein 2014, S. 359; Omlor 2017, S. 760; Spindler und Bille 2014, S. 1362), ein Werkvertrag (Schroeder 2014) oder ebenso ein Vertrag sui generis (Auer-Reinsdorff und Conrad 2016, § 27 Rn. 101) die rechtliche Grundlage bilden.

Welche Rechte hat folglich ein Verbraucher, wenn er Bitcoins „kauft" oder „eintauscht"? Die §§ 280 ff., 320 ff. BGB sind nur anwendbar, wenn sie nicht durch Spezialregelungen verdrängt werden (Boehm und Pesch 2014), weshalb bei Haftungs- und Rückabwicklungsfragen im Bitcoin-System noch erhebliche Rechtsunsicherheiten herrschen (Boehm und Pesch 2014, S. 75). Einfachstes Beispiel wäre der „Kauf" eines Kraftfahrzeugs gegen Bitcoins Ende Oktober 2017 (Stand: etwa 5000 €/Bitcoin), von dem Mitte Dezember 2017 erfolgreich zurückgetreten wurde (Stand: 16.000 €/Bitcoin). Nach § 346 Abs. 1 BGB wäre der Verkäufer verpflichtet, die erhaltenen Bitcoins zurückzugewähren und nicht etwa den damals korrespondierenden Wert. Folglich müsste der Verkäufer nun wertmäßig mehr als das Dreifache des damals erhaltenen Betrags zurückbezahlen, wodurch dem Erwerb von Waren oder Dienstleistungen etwas Spekulatives anhaften würde, das weit über die üblichen Unsicherheiten hinausginge, die etwa bei in Fremdwährung abgewickelten Geschäften mit in aller Regel weitaus geringeren Wertschwankungen bestehen. Des Weiteren wäre durch eine feste vertragstypologische Einordnung auch die Frage nach der Verjährung geklärt. Diese bemisst sich im allgemeinen Leistungsstörungsrecht nach §§ 194 ff. BGB und tritt gemäß § 195 BGB regelmäßig nach drei Jahren ein. Diese Regelung wird jedoch im Kaufrecht durch § 438 Abs. 1 BGB modifiziert und etwa für bewegliche Sachen in der Regel auf zwei Jahre reduziert.

8.2.2 Aufsichtsrechtliche Aspekte

Zumindest aufsichtsrechtlich besteht mittlerweile ein wenig Klarheit, nachdem die BaFin Bitcoins als Rechnungseinheiten und damit als Finanzinstrumente i. S. v. § 1 Abs. 11 S. 1 Nr. 7 KWG anerkannt hat (BaFin 2013). Diese Einschätzung ist allerdings nicht unumstritten.[51] Auf Grundlage der von der BaFin vertretenen Auffassung wird ein gewerbsmäßiger Handel mit Bitcoins im eigenen Namen für fremde Rechnung als Finanzkommissionsgeschäft (Auer-Reinsdorff und Conrad 2016, § 27 Rn. 101) nach § 1 Abs. 1 S. 2 Nr. 4 KWG qualifiziert und ist somit gemäß § 32 Abs. 1 KWG erlaubnispflichtig. Gleichzeitig bleiben die bloße Nutzung von Bitcoins als Zahlungsmittel, die Spekulation sowie das „Mining" in der Regel erlaubnisfrei (Auer-Reinsdorff und Conrad 2016, § 27 Rn. 103; Spindler und Bille 2014, S. 1364 f.). Insbesondere sind Bitcoins kein E-Geld i. S. v. § 1 Abs. 2 S. 3 ZAG (zum E-Geld vgl. ausführlich Abschn. 8.1.1), da es keinen Emittenten gibt, gegen den bei der Ausstellung eine Forderung begründet würde (BaFin 2013; Richter und Augel 2017, S. 940).[52] Treten allerdings weitere Umstände wie Dienstleistungselemente oder Gewerbsmäßigkeit hinzu, kann auch eine an sich erlaubnisfreie Tätigkeit erlaubnispflichtig sein (BaFin 2013; Spindler und Bille 2014, S. 1365). Erfolgt ein gewerbsmäßiger oder ein gewerbeähnlicher Handel ohne notwendige Erlaubnis, kann dies eine Strafbarkeit nach § 54 KWG begründen (Djazayeri 2014; Spindler und Bille 2014, S. 1366).

8.2.3 Straf- und deliktsrechtliche Aspekte

Bitcoins sind aber nicht nur unter aufsichtsrechtlichen Aspekten potenziell von strafrechtlicher Relevanz. Sie werfen vielmehr auch eigenständige strafrechtliche Fragestellungen auf. Da Bitcoins keine unbeschränkt verfügbare Währung sind und die Rechenaufgaben beim Schürfen mit jedem erstellten Bitcoin komplexer werden, rentiert sich ab einem

---

[51] Anderer Auffassung etwa Auffenberg (2015), und ihm folgend LG Berlin, Urt. vom 15. November 2017 – Az. (576) 241 Js 380/13 Ns (40/16), unter IV. (wobei die Pressestelle der Berliner Strafgerichte die hiermit erfolgende Klarstellung gefordert hat, dass die Entscheidung zum Zeitpunkt des Manuskriptschlusses noch nicht rechtskräftig ist); skeptisch gegenüber der Auffassung der BaFin auch Richter und Augel (2017, S. 940).
[52] Siehe auch Grüneberg (2016, § 245 Rn. 5); Sprau (2016, § 675f Rn. 54).

bestimmten Zeitpunkt ein einzelner Rechner aufgrund der benötigten Hardware oder der Stromkosten nicht mehr, weshalb heutzutage immer öfter auf Rechenzentren und „Mining-Pools" ausgewichen wird. Durch das Internet bietet sich jedoch die Möglichkeit, diese Kosten auf eine Vielzahl von Nutzern zu verteilen und Bitcoins auf Kosten Dritter mithilfe sog. Bot-Netze zu schürfen (Boehm und Pesch 2014). Der BGH beschäftigte sich schon vor einiger Zeit mit einem solchen Fall, bei dem ein zur Ressourcengewinnung dienendes Netzwerk aus jeweils missbräuchlich durch automatisierte Computerprogramme zusammengeschlossenen Rechnern aufgebaut wurde, mit dessen Hilfe Bitcoins geschürft wurden.[53] Aufgrund eines Rechtsfehlers der Vorinstanz kam es allerdings zu keiner klärenden Entscheidung. Vertreten wird jedoch eine Strafbarkeit wegen des Ausspähens von Daten (gemäß § 202a StGB) und vor allem wegen einer Datenveränderung (gemäß § 303a StGB) (Boehm und Pesch 2014; Heine 2016).

Ähnlich sieht es aus, wenn Kryptowährungen selbst Tatobjekt einer Straftat werden. Ein klassischer Diebstahl gemäß § 242 Abs. 1 StGB scheitert bereits am Sachbegriff, sodass wieder in erster Linie § 202a StGB und § 303a StGB infrage kämen (Boehm und Pesch 2014). Auch insoweit bestehen allerdings im Einzelnen noch Unklarheiten (Seitz 2017, S. 767).

Aufgrund der dezentralen Speicherung werden Angriffe auf Bitcoins durch Dritte jedoch regelmäßig nicht gegenüber dem Datenträger des Opfers (Eigentum) stattfinden (Spindler und Bille 2014, S. 1363). Dies wirft aus Sicht der Verbraucher die Frage nach einem möglichen zivilrechtlich-deliktischen Schutz auf. Denkbar wäre ein Schutz über einen Schadensersatzanspruch wegen einer widerrechtlichen Verletzung nach § 823 Abs. 1 BGB, indem Daten als „sonstiges Recht" qualifiziert werden (Spindler 2012, § 823 Rn. 93; Wagner 2017, § 823 Rn. 294 ff.; Zech 2012, S. 386 f.). Doch herrscht diesbezüglich noch Uneinigkeit (Schaub 2017, § 823 Rn. 77).[54] Eine weitere Möglichkeit wäre ein Anspruch aus § 823 Abs. 2 BGB i. V. m. einem Schutzgesetz (Borges 2016, S. 406; Engelhardt und Klein 2014, S. 358). Das strafrechtliche Verbot der Datenveränderung wurde in dem bereits erwähnten § 303a StGB kodifiziert und dient dem „Interesse des Verfügungsberechtigten an der unversehrten Verwendbarkeit der in den gespeicherten Daten enthaltenen Informationen" (Welp 1988). Es wäre somit hinreichendes Schutzgesetz i. S. v. § 823 Abs. 2 BGB und dürfte hierüber dem Geschädigten einen Schadensersatzanspruch gegen vorsätzliche Datenveränderung bieten.[55]

---

[53] BGH, Beschl. vom 21. Juli 2015 – Az. 1 StR 16/15.

[54] Siehe auch die generelle Forderung nach einer Lösung für neuartige Probleme bei Wagner (2017, § 823 Rn. 294).

[55] Einen Schutz des eigenen Datenbestands aufgrund der Anerkennung des Grundrechts auf Gewährleistung der Vertraulichkeit und Integrität informationstechnischer Systeme erwägend Spindler und Bille (2014, S. 1363); Spindler (2012, § 823 Rn. 93).

8.2.4 Weitere rechtliche Aspekte

Bei der unternehmerischen Bilanzierung werden Bitcoins u. a. als kurzfristige, nicht abnutzbare immaterielle Vermögensgegenstände im IFRS-Abschluss (Thurow 2014)[56] und handelsrechtlich als sonstige Vermögensgegenstände im Umlaufvermögen (Kirsch und von Wieding 2017, S. 2735; Richter und Augel 2017, S. 943) oder bei längerer Verweildauer im Unternehmen als erworbene immaterielle Vermögensgegenstände im Anlagevermögen (Kirsch und von Wieding 2017, S. 2735)[57] bzw. als sonstige immaterielle Vermögensgegenstände (Richter und Augel 2017, S. 943) betrachtet. Auch steuerrechtlich werfen Bitcoins sowohl bei ihrer Erzeugung als auch ihrer Nutzung sowie bei ihrem Erwerb und ihrer Veräußerung gegen konventionelle Währungsbeträge zahlreiche bislang noch nicht abschließend geklärte Fragen auf.[58] Nach einem Urteil des EuGH sind zumindest die Umsätze, die beim Umtausch von Bitcoins in konventionelle Währung (und umgekehrt) entstehen, von der Mehrwertsteuer befreit.[59]

Mit der Einführung der Datenschutz-Grundverordnung (DSGVO) wurde zudem erneut die bereits unabhängig davon datenschutzrechtlich aufgeworfene Frage diskutiert, ob Bitcoin-Blockchains personenbezogene Daten beinhalten.[60] Blockchains umfassen eine vollständige Historie aller im System vorgenommenen Transaktionen (Hofert 2017), welche – sollte man in der Lage sein, die Bitcoin-Adresse mit einem Nutzer zu verbinden – Auskünfte über die Zahlungsströme und das Guthaben der konkreten Person liefern können (Spindler und Bille 2014, S. 1368). Obwohl es die Möglichkeit gibt, sich nach jeder Transaktion eine neue Bitcoin-Adresse zu erstellen, bleibt es fraglich, ob der gewöhnliche Nutzer davon Gebrauch machen wird.

8.3 Fazit

Im Bereich der digitalen Zahlungsdienste erweist sich die hiesige Rechtsordnung als gut aufgestellt. Die weitgehend technologieneutral ausgestalteten Vorschriften des öffentlichen und privaten Rechts über Zahlungsdienste sind grundsätzlich in der Lage, diejenigen digitalen Zahlungsdienste sachgerecht zu erfassen, die aktuell verfügbar sind.

---

[56]Bei den „International Financial Reporting Standards" (IFRS) handelt es sich um internationale Rechnungslegungsvorschriften für Unternehmen.
[57]Unter ausdrücklichem Hinweis auf eine bei anderen Kryptowährungen ggf. abweichende Einordnung.
[58]Umfassend hierzu Richter und Augel (2017, S. 943 ff.).
[59]EuGH, ECLI:EU:C:2015:718 (Urt. vom 22. Oktober 2015 – Rs. C-264/14) – *Skatteverket/Hedqvist*.
[60]Zustimmend: Erbguth und Fasching (2017), die auch Handelsplattformen oder Bitcoin-Geldbörsen als Verantwortliche gemäß Art. 4 Nr. 7 DSGVO sehen; Hofert (2017).

Zugleich sind die Bestimmungen aber bereits entwicklungsoffen für potenzielle neue Entwicklungen (zum E-Geld-Begriff so auch Lösing 2011, S. 1945). Das schließt sachgerechte Ergänzungen und u. U. notwendige Anpassungen in der Zukunft nicht aus, ggf. auch durch konkretisierende Maßnahmen der Exekutive auf EU- oder nationaler Ebene,[61] erlaubt aber schon heute wirtschaftliche und technologische Innovationen (vgl. auch Lutz 2017, S. 188). Als potenziell problematisch erweist sich vielmehr eher die hohe Regelungsdichte und die nicht gerade unterkomplexe, oftmals wenig elegante Regelungstechnik. Gegensätzlich stellt sich die Rechtslage im speziellen Bereich der Kryptowährungen dar: Deren Besonderheiten führen dazu, dass eine Einordnung in etablierte rechtliche Kategorien schwerfällt. Besondere Rechtsvorschriften fehlen hier praktisch vollständig. Eine sachgerechte rechtliche Behandlung von Kryptowährungen bleibt insoweit jedenfalls bis auf Weiteres der Rechtspraxis überlassen.

Literatur

Auer-Reinsdorff A, Conrad I (2016) Handbuch IT- und Datenschutzrecht, 2. Aufl. Beck, München
Auffenberg L (2015) Bitcoins als Rechnungseinheiten: Eine kritische Auseinandersetzung mit der aktuellen Verwaltungspraxis der BaFin. Neue Z Verwalt 2015:1184–1187
BaFin (2013) Bitcoins: Aufsichtliche Bewertung und Risiken für Nutzer (Datum: 19. Dezember 2013). https://www.bafin.de/SharedDocs/Veroeffentlichungen/DE/Fachartikel/2014/fa_bj_1401_bitcoins.html. Zugegriffen: 1. Febr. 2018
BaFin (2015) Rundschreiben 4/2015 (BA) – Mindestanforderungen an die Sicherheit von Internetzahlungen (MaSI). https://www.bafin.de/SharedDocs/Veroeffentlichungen/DE/Rundschreiben/2015/rs_1504_ba_MA_Internetzahlungen.html. Zugegriffen: 1. Febr. 2018
BaFin (2017a) Informationen zum Meldeverfahren für schwerwiegende Betriebs- und Sicherheitsvorfälle bei Zahlungsdienstleistern (Datum: 14.Sept.2017). https://www.bafin.de/SharedDocs/Veroeffentlichungen/DE/Merkblatt/mb_170914_Meldepflicht_sicherheitsvoraelle.html. Zugegriffen: 1. Febr. 2018
BaFin (2017b) Merkblatt – Hinweise zum Zahlungsdiensteaufsichtsgesetz (ZAG) (Stand: November 2017). https://www.bafin.de/SharedDocs/Veroeffentlichungen/DE/Merkblatt/mb_111222_zag.html. Zugegriffen: 1. Febr. 2018
Bauer DA, Glos A (2016) Die zweite Zahlungsdiensterichtlinie – Regulatorische Antwort auf Innovation im Zahlungsverkehrsmarkt. Der Betrieb 69:456–462
Beck B, König D (2015) Bitcoin: Der Versuch einer vertragstypologischen Einordnung von kryptographischem Geld. Juristen Z 70:130–138
Boehm F, Pesch P (2014) Bitcoins: Rechtliche Herausforderungen einer virtuellen Währung – Eine erste juristische Einordnung. MultiMed Recht 2014:75–79
Borges G (2016) Haftungsaspekte beim Cloud Computing. In: Borges G, Meents JG (Hrsg) Cloud Computing. Beck, München, S 397–415

---

[61]Zur Entwicklung von nicht bindenden Leitlinien und Entwürfen für regulatorische technische Standards („Regulatory Technical Standards", RTS) durch die Europäische Bankenaufsichtsbehörde (EBA), die dann ggf. von der Kommission erlassen werden, Lutz (2017, S. 187 f.).

Brogl FA (2009) Das neue Zahlungsdiensteaufsichtsgesetz (ZAG) – Aktueller Entscheidungs- und Handlungsbedarf mit Blick auf den künftigen aufsichtsrechtlichen Rahmen für Zahlungsdienste. jurisPR-BKR:7/Anm. 4

Conreder C (2017) Neue Zahlungsdienste nach dem Entwurf des neuen Zahlungsdiensteaufsichtsgesetzes und deren Ausnahmen – Wen geht es an? Z Bank Kapitalmarktr 2017:226–229

Diekmann H, Wieland A (2011) Der neue aufsichtsrechtliche Rahmen für das E-Geld-Geschäft. Z Bankr Bankwirtsch 2011:297–305

Djazayeri A (2014) Die virtuelle Währung Bitcoin – Zivilrechtliche Fragestellungen und internationale regulatorische Behandlung. jurisPR-BKR:6/Anm. 1

Eckert KP (2013) Steuerliche Betrachtung elektronischer Zahlungsmittel am Beispiel sog. Bitcoin-Geschäfte. Der Betrieb 66:2108–2111

Engelhardt C, Klein S (2014) Bitcoins – Geschäfte mit Geld, das keines ist: Technische Grundlagen und zivilrechtliche Betrachtung. MultiMed Recht 2014:355–360

Erbguth J, Fasching JG (2017) Wer ist Verantwortlicher einer Bitcoin-Transaktion? Anwendbarkeit der DS-GVO auf die Bitcoin-Blockchain. Z Datenschutz 2017:560–565

Ferner J (2017) Bitcoins: Sind Bitcoins Geld, E-Geld bzw. Währung oder Ware? https://www.ferner-alsdorf.de/it-recht__bitcoins-wahrung-oder-ware__rechtsanwalt-alsdorf__5156/. Zugegriffen: 1. Febr. 2018

Grüneberg C (2016) Kommentierung zu § 245 BGB. In: Palandt O (Begr) Bürgerliches Gesetzbuch: BGB, 75. Aufl. Beck, München

Heine S (2016) Bitcoins und Botnetze: Strafbarkeit und Vermögensabschöpfung bei illegalem Bitcoin-Mining. Neuen Z Strafr 2016:441–446

Hofert E (2017) Blockchain-Profiling: Verarbeitung von Blockchain-Daten innerhalb und außerhalb der Netzwerke. Z Datenschutz 2017:161–166

Kirsch HJ, Wieding F von (2017) Bilanzierung von Bitcoin nach HGB. Betr-Berat 72:2731–2735

Lösing C (2011) Das neue Gesetz zur Umsetzung der Zweiten E-Geld-Richtlinie. Z Wirtsch 2011:1944–1949

Lutz P (2017) Regulatorische Herausforderung von Bezahlsystemen: PayPal & Co. Z Vgl Rechtswiss 116:177–188

Martens SAE (2014) Grundfälle zu Geld und Geldschulden. Jurist Schul 2014:105–109

Neumann D, Bauer T (2011) Rechtliche Grundlagen für elektronische Bezahlsysteme – Mobile Payment: Neue Rahmenbedingungen bei E-Geld-Geschäften. Multimed Recht 2011:563–566

Omlor S (2017) Geld und Währung als Digitalisate: Normative Kraft des Faktischen und Geldrechtsordnung. Juristen Zeitung 72:754–763

Papier HJ (2016) Gesetzliche Begrenzungen von Bargeldzahlungen – verfassungsrechtlich zulässig? In: Deutsche Bundesbank (Hrsg) 3. Bargeldsymposium der Deutschen Bundesbank. Frankfurt a. M., S 31–42

Richter L, Augel C (2017) Geld 2.0 (auch) als Herausforderung für das Steuerrecht: Die bilanzielle und ertragsteuerliche Behandlung von virtuellen Währungen anhand des Bitcoins. Finanz-Rundsch 2017:937–949

Schaub R (2017) Kommentierung zu § 823 BGB. In: Prütting H, Wegen G, Weinreich G (Hrsg) BGB, 12. Aufl. Luchterhand, Köln

Schroeder M (2014) Bitcoin: Virtuelle Währung – reelle Problemstellungen. JurPC:Web-Dok 104

Seitz J (2017) Distributed Ledger Technology & Bitcoin – Zur rechtlichen Stellung eines Bitcoin-„Inhabers". Kommun Recht 2017:763–769

Söbbing T (2016) Mobile Zahlungssysteme: Die rechtlichen Herausforderungen bei Zahlungen via Smartphone, Tablet, Watch etc. Wirtsch Bankr 2016:1066–1070

Spindler G (2012) Kommentierung zu § 823 BGB. In: Bamberger HG, Roth H (Hrsg) Kommentar zum Bürgerlichen Gesetzbuch: BGB, Bd 2, 3. Aufl. Beck, München

Spindler G, Bille M (2014) Rechtsprobleme von Bitcoins als virtuelle Währung. Wirtsch Bankr 2014:1357–1369

Spindler G, Zahrte K (2014) Zum Entwurf für eine Überarbeitung der Zahlungsdiensterichtlinie (PSD II). Z Bank Kapitalmarktr 2014:265–271

Sprau H (2016) Kommentierung zu § 675f BGB. In: Palandt O (Begr) (Hrsg) Bürgerliches Gesetzbuch: BGB, 75. Aufl. Beck, München

Thurow C (2014) Bitcoin in der IFRS-Bilanzierung. Z Int Rechn 2014:197–198

Wagner G (2017) Kommentierung zu § 823 BGB. In: Habersack (Red) (Hrsg) Münchener Kommentar zum Bürgerlichen Gesetzbuch: BGB, Bd 6, 7. Aufl. Beck, München

Weiß U (2016) Strafrechtliche Risiken des unerlaubten Erbringens von Zahlungsdiensten. Wirtsch Bankr 2016:1774–1780

Welp J (1988) Datenveränderung (§ 303a StGB) – Teil 1. Informatik und R 1988:443–449

Zahrte K (2018) Neuerungen im Zahlungsdiensterecht. Neue Jurist Wochenschr 2018:337–341

Zech H (2012) Information als Schutzgegenstand. Mohr Siebeck, Tübingen

Andreas Neumann ist assoziierter Wissenschaftler („Senior Fellow') am Zentrum für Europäische Integrationsforschung (ZEI) der Rheinischen Friedrich-Wilhelms-Universität Bonn und Geschäftsführer des privaten Instituts für das Recht der Netzwirtschaften, Informations- und Kommunikationstechnologie (IRNIK).

David Wilhelm studiert Rechtswissenschaften an der Rheinischen Friedrich-Wilhelms-Universität in Bonn. Er ist Werkstudent bei der Sparkassenstiftung für internationale Kooperation e. V. und schließt zurzeit seinen Schwerpunkt (Wirtschaft & Wettbewerb) ab.

Bargeld und Kriminalität

Heike Mai

Inhaltsverzeichnis

9.1 Bargeld ist kein verlässlicher Indikator für die Größe der Schattenwirtschaft 134
9.2 Bedeutung von Bargeld für das internationale organisierte Verbrechen 135
9.3 Geldwäsche 136
9.4 Terrorfinanzierung kennt viele Wege 138
9.5 Abschaffung von Bargeld wird Kriminalität nicht beseitigen 139
9.6 Anhang.. 140
Literatur.. 141

Bargeld kann kaum nachverfolgt werden – weshalb seine Nutzung auch für illegale Zwecke attraktiv ist: für Geschäfte in der Schattenwirtschaft, für Bestechung, internationale organisierte Kriminalität, Terrorismusfinanzierung oder zum Unterlaufen wirtschaftlicher Sanktionen. Zwei vorschnelle Schlussfolgerungen sollten jedoch vermieden werden. Zum einen ist Bargeld trotz seiner Verwendung auch für illegale Zwecke zuallererst ein häufiges und weit verbreitetes Zahlungsmittel für legale Transaktionen. Zum anderen gibt es keinen ursächlichen Zusammenhang zwischen der Bargeldnutzung und dem Ausmaß von Kriminalität. Bargeld ist nicht der Grund für kriminelle Taten, auch wenn es aufgrund seiner relativen Anonymität und hohen Akzeptanz für die Verschleierung von illegalen Transaktionen genutzt wird. Dies ist allerdings kein Alleinstellungsmerkmal.

H. Mai (✉)
Deutsche Bank AG, Frankfurt am Main, Deutschland
E-Mail: heike.mai@db.com

© Springer Fachmedien Wiesbaden GmbH, ein Teil von Springer Nature 2018
J. Lempp et al. (Hrsg.), *Die Zukunft des Bargelds*,
https://doi.org/10.1007/978-3-658-21720-4_9

Für das Verwischen finanzieller Spuren wird eine Vielzahl von Zahlungsarten, juristischen und buchhalterischen Methoden eingesetzt.

9.1 Bargeld ist kein verlässlicher Indikator für die Größe der Schattenwirtschaft

Der Begriff „Schattenwirtschaft" bezieht sich in diesem Beitrag in Anlehnung an Schneider und Boockmann (2017) sowohl auf legale Geschäfte, die aber nicht über die Bücher laufen, als auch auf illegale Machenschaften. Erstere sind grundsätzlich legale Geschäfte und Tätigkeiten, die aber nicht dokumentiert werden, um so die Zahlung von Steuern und Sozialversicherungsbeiträgen zu vermeiden. Als illegale Machenschaften werden alle Formen gewinnorientierter Kriminalität bezeichnet, also z. B. Hehlerei, Betrug, Produktpiraterie, Drogen- und Menschenhandel. Insbesondere Banknoten mit hoher Denomination stehen im Verdacht, illegale Transaktionen zu ermöglichen.

Ein erster Blick auf die geschätzte Größe der Schattenwirtschaft in verschiedenen Ländern zeigt jedoch, dass zwischen dieser und der Existenz von Banknoten mit hoher Denomination kein klarer Zusammenhang besteht (Krueger und Seitz 2017). In den USA oder Großbritannien gehen eher kleine Maximaldenominationen (USD 100, GBP 50) erwartungsgemäß mit geringer schattenwirtschaftlicher Aktivität einher (USA 5,6 %, Großbritannien 9 % des BIP). Allerdings weist die Schweiz ebenfalls einen relativ kleinen Schattensektor (6,2 %) auf, „trotz" hoher Stückelung (CHF 1000 Banknote). Innerhalb der Eurozone (500-€-Note, ab 2018 bei Neuemission maximal 200-€-Note) wird besonders deutlich, dass die Verfügbarkeit von inländischem Bargeld in hoher Stückelung kein ausschlaggebender Faktor für das Ausmaß der Schattenwirtschaft sein kann: In Griechenland (22 %), Spanien (17,9 %) oder Italien (20,2 %) findet sich eine relativ große, in Österreich (7,8 %) oder den Niederlanden (8,8 %) eine relativ kleine Schattenwirtschaft (Schneider und Boockmann 2017).

Ein ähnliches Bild ergibt sich, wenn man die Schattenwirtschaft mit dem Anteil der Barzahlungen am gesamten Zahlungsverkehr eines Landes ins Verhältnis setzt. Ein hoher Barzahlungsanteil ist nicht immer Kennzeichen eines großen Schattensektors. In vielen Fällen scheint sich zwar ein Zusammenhang zwischen der Intensität der Bargeldnutzung und der Größe der Schattenwirtschaft eines Landes zu bestätigen: Spanien, Italien und Griechenland weisen eine hohe Bargeldnutzung wie auch eine große Schattenwirtschaft auf. Und in vielen Ländern mit vergleichsweise geringer Bargeldnutzung gibt es tendenziell auch weniger Schattenwirtschaft (so in den angelsächsischen Ländern, der Schweiz oder den Niederlanden). Nichtsdestoweniger stellen einige Ausnahmen einen solchen Zusammenhang infrage: Deutschland und Österreich sind bargeldintensive Länder mit relativ kleinem Schattensektor. In Schweden wird nur noch selten in bar gezahlt, aber es gibt einen Schattensektor mittlerer Größe. Diese widersprüchlichen Ergebnisse zeigen, dass Bargeld kaum der Auslöser für schattenwirtschaftliche Aktivitäten sein kann. Die Größe der Schattenwirtschaft eines Landes wird eher von anderen Einflussfaktoren bestimmt. Dazu gehören die Besteuerung, die Qualität öffentlicher Institutionen, die Steuermoral und die Höhe des Pro-Kopf-Einkommens (Schneider und Boockmann 2017). Die Abschaffung von Bargeld würde die Schattenwirtschaft deshalb kaum beseitigen, aber die Kosten für illegale Zahlungen wahrscheinlich erhöhen. Dadurch könnte die Größe der Schattenwirtschaft um geschätzte 2 bis 3 % zurückgehe (Schneider 2016). Ebenso wenig kann Bargeld für die Existenz von Korruption verantwortlich gemacht werden. In vielen Ländern scheint die einfache Gleichung „wo viel Bargeld, da viel Korruption" zwar zuzutreffen. In Ländern wie der Schweiz, Deutschland und Österreich geht aber ein geringes wahrgenommenes Korruptionsniveau staatlicher Behörden mit einem hohen Barzahlungsanteil an den Gesamtzahlungen und/oder wenigen bargeldlosen Zahlungen pro Kopf einher.

Wie viel Bargeld wird für kriminelle Zwecke missbraucht? Krueger und Seitz (2017) liefern eine grobe Schätzung des Bargeldbedarfs der Schattenwirtschaft in Deutschland. Ausgehend von einem Umfang der Schattenwirtschaft in Deutschland von 340 Mrd. € im Jahr 2015 und einer angenommenen Umlaufgeschwindigkeit von 10 betrüge der Bargeldbestand im Schattensektor 34 Mrd. € Die Autoren schätzen, dass etwa 35 % der deutschen Nettoemissionen von 550 Mrd. € (kumuliert bis Ende 2015) im Inland umlaufen. Somit würde knapp ein Fünftel des Bargelds in Deutschland für Geschäfte der Schattenwirtschaft verwendet.

Bei Verbrechen, die gezielt verübt werden, um Bargeld zu erbeuten, gibt es jedoch Anzeichen für einen ursächlichen Zusammenhang zwischen dem Ausmaß des Bargeldumlaufs und diesen Delikten. Eine neue US-amerikanische Studie hat belegt, dass nach einer Senkung des Bargeldumlaufs in armen Stadtvierteln die allgemeine Kriminalitätsrate zurückging, wie auch die Rate der Diebstähle, Einbrüche und Überfälle. Die örtliche Kriminalitätsrate verbesserte sich, nachdem kartenbasierte Sozialleistungen eingeführt worden waren, welche vermutlich die Menge des „Bargelds auf der Straße" verringerten (Wright et al. 2014). In Schweden führte der Übergang von baren auf elektronische Zahlungen, in dessen Verlauf viele Bankfilialen ihre Bargelddienstleistungen eingeschränkt oder eingestellt haben, in den vergangenen Jahren zu einer deutlich rückläufigen Zahl von Überfällen auf Banken und Geldtransporte (Brå o. D.). Weniger Bargeld bedeutet daher wohl weniger Verbrechen, bei denen es um Bargelddiebstahl geht. Allerdings sind in Schweden gleichzeitig die Fälle von Kartenbetrug massiv angestiegen.

9.2 Bedeutung von Bargeld für das internationale organisierte Verbrechen

Es gibt nur sehr wenige und vage Schätzungen zu den Einnahmen des internationalen organisierten Verbrechens. Das Büro der Vereinten Nationen für Drogen- und Verbrechensbekämpfung (United Nations Office on Drugs and Crime 2005) bezifferte den Wert des weltweiten illegalen Drogenmarktes im Jahr 2003 auf ca. 322 Mrd. US$. Die OECD (2009) geht davon aus, dass durch Produktpiraterie im Jahr 2007 Erlöse im

Wert von 250 Mrd. US$ erzielt wurden. Nach diesen Studien und Schätzungen anderer illegaler Einkünfte (aus Menschenhandel usw.) entfallen ca. 50 % der Gesamteinnahmen aus dem internationalen organisierten Verbrechen auf das illegale Drogengeschäft und 39 % auf die Produktpiraterie (United Nations Office on Drugs and Crime 2011). Dabei soll das Drogengeschäft (80 %) mehr als die Produktpiraterie (30 %) auf Bargeschäfte angewiesen sein. Politische Maßnahmen zur Einschränkung der Nutzung und des Umlaufs von Bargeld würden zwar mit Sicherheit die Transaktionskosten der internationalen Kriminalität erhöhen. Da jedoch von hohen Gewinnspannen auszugehen ist, würde die Einführung solcher Maßnahmen wahrscheinlich nur zu einem mäßigen Rückgang (10 bis 20 %) der internationalen Kriminalität führen. Außerdem werden die Einnahmen aus Finanz- und Steuerbetrug auf ungefähr das Doppelte der Einkünfte aus dem internationalen organisierten Verbrechen geschätzt (Schneider 2015). Und diese Finanzflüsse werden sehr wahrscheinlich weniger in Form von Barzahlungen abgewickelt, wie u. a. der Skandal um die Panama-Papiere nahelegt (The International Consortium of Investigative Journalists 2016).

Das Internet und Online-Zahlungen ermöglichen neue kriminelle Geschäftsmodelle, die ohne Bargeld funktionieren. Im Juli 2017 führte die internationale Kooperation von Ermittlungsbehörden zur Schließung des bisher größten kriminellen Online-Marktplatzes AlphaBay, der Festnahme des Betreibers und Sicherstellung von illegalen Gewinnen. Geschützt durch die Mechanismen des Darknets und durch (pseudo-)anonyme Bezahlungen in Bitcoin und anderen Kryptowährungen hatte sich AlphaBay zur globalen Internetbörse für Drogen, Waffen, gestohlene Identitäten, Schadprogramme und kriminelle Dienstleistungen entwickelt (FBI 2017).

9.3 Geldwäsche

Um Gelder aus kriminellen Aktivitäten oder Steuerbetrug zu investieren oder auszugeben, wird das „schmutzige" Geld von den Kriminellen zunächst gewaschen, d. h. es wird in den offiziellen Wirtschaftskreislauf eingeschleust. Staatliche Behörden haben Maßnahmen zur Bekämpfung von Geldwäsche ergriffen. Die Aufdeckung von Geldwäsche soll auch dazu beitragen, die Täter der zugrunde liegenden Straftaten zu überführen. Außerdem gilt: Je schwieriger es ist, Gelder illegalen Ursprungs im legalen Wirtschaftskreislauf zu verwenden, desto niedriger wird die Gewinnspanne krimineller Geschäfte. Nach einem aktuellen Bericht von Europol hängt Geldwäsche weiterhin beträchtlich von konventionellen Methoden ab und schließt zumeist den Gebrauch von Bargeld an irgendeiner Stelle des Prozesses ein, trotz zunehmender Verfügbarkeit neuer Technologien. Die Studie von Europol stützt sich auf die Analyse enttarnter Geldwäschesysteme. Danach besteht der erste Schritt der Geldwäsche oftmals darin, die Bareinnahmen z. B. aus dem Drogenverkauf an Endkunden wieder loszuwerden. Hierzu wird das Bargeld auf Bankkonten oder in kleinen Unternehmen untergebracht, ohne dabei Verdacht zu erregen. Die Auswertung von Geldwäschedelikten ergab außerdem, dass Bargeld auch verwendet wird, um ein lückenloses Nachvollziehen von Buchungen zu verhindern. Dazu werden etwa Einnahmen aus Onlinebetrug in bar vom Bankkonto eines Mittelsmanns abgehoben (Europol Financial Intelligence Group 2015). Eine aktuelle Untersuchung der Arbeitsgruppe zur Bekämpfung von Geldwäsche (Financial Action Task Force, FATF) kommt zu dem Schluss, dass Geldwäsche in der Regel grenzüberschreitende Geldtransfers umfasst und der physische Bargeldtransport wegen der Geldwäschebekämpfung im Finanzwesen an Bedeutung zunimmt (FATF 2015). Die Berichte von FATF und Europol zeigen, wie wichtig Bargeld für die Durchführung der Geldwäsche ist.

Allerdings ist zu berücksichtigen, dass diese Studien auf der Auswertung von Geldwäschedelikten basieren, welche von den Behörden verschiedener Länder aufgedeckt und gemeldet wurden. Es ist nicht auszuschließen, dass sich die Strafverfolgungsbehörden einfach besser auf die Aufdeckung illegaler Bargeldbewegungen eingerichtet haben und daher hier erfolgreicher sind als bei der Aufdeckung illegaler unbarer Finanzströme. Denn auch wenn Bargeld wenig digitale Spuren hinterlässt, so kann es doch an einigen Stellen „auftauchen", z. B. bei Ein- und Auszahlungen an Bankschaltern oder -automaten. Außerdem kann Bargeld beim physischen Transport entdeckt werden. Laut der Europolstudie werden die meisten illegalen grenzüberschreitenden Bargeldtransporte an Flughäfen entdeckt. Dies könne darauf zurückgeführt werden, dass Flughäfen zum einen wichtige Verkehrsknotenpunkte darstellten und zum anderen engmaschige Sicherheits- und Personenkontrollen durchgeführt würden.

Kriminelle scheinen jedoch erfolgreich neue und innovative Techniken zu nutzen, welche ihnen jenseits von Bargeld Geldwäsche ermöglichen. Das sogenannte „Transaction Laundering" läuft z. B. über Online-Shops, welche illegalen Geschäften eine legitim erscheinende Fassade verleihen. Drogenbestellungen werden z. B. per Kartenzahlung über einen Online-Buchhandel abgerechnet, der jedoch nur eine Strohfirma ist. Die „kreative" Kombination von Online-Handel, Regulierungslücken und verschiedenen innovativen und traditionellen Zahlungsarten über das Internet ermöglicht eine Vielzahl an Möglichkeiten, illegale Transaktionen über anscheinend legale Händler in das Zahlungsverkehrssystem einzuschleusen. Auch wenn diese Art der Geldwäsche zunehmend ins Visier der Zahlungsdienstleister und Behörden gerät, ist laut spezialisierter Beratungsfirmen die Gefahr der Entdeckung für die Geldwäscher geringer als bei konventionellen Arten der Verschleierung (Dalinghaus 2017).

Grundsätzlich ist zu bedenken, dass die Notwendigkeit zur Geldwäsche nicht besteht, wenn die illegalen Mittel im nicht-regulierten oder nicht-kontrollierten Bereich weiterverwendet werden können. Z. B. können Erlöse aus kriminellen Tätigkeiten in einer Kryptowährung anfallen, und diese Erlöse können ohne Umtausch in eine Fiatwährung für Einkäufe von Waren oder Dienstleistungen auf dem Schwarzmarkt verwendet werden.

9.4 Terrorfinanzierung kennt viele Wege

Ähnlich wie bei der Geldwäsche werden auch bei der Beschaffung und Übermittlung von Geldern für terroristische Zwecke Techniken zur Verschleierung solcher Finanzströme verwendet, darunter auch Bartransaktionen. Wenn sie den Weg des Geldes nachverfolgen, wird es für die Ermittler möglich, Terroristen zu identifizieren und Anschläge zu verhindern, so die FATF (2016). Aber der Terrorismus hat seit 2001 trotz aller Maßnahmen gegen Terrorismusfinanzierung nicht abgenommen. Die Anzahl der Todesopfer terroristischer Anschläge hat sich zwischen den Jahren 2000 und 2014 auf jährlich 30.000 versechsfacht, und ist seit diesem traurigen Höchststand nur auf 25.000 Todesopfer zurückgegangen (Institute For Economics & Peace 2017). Diese traurige Bilanz führt zu der Frage, ob die Maßnahmen der FATF unzureichend waren bzw. mangelhaft umgesetzt wurden oder ob der Terrorismus im Allgemeinen nur schwer durch Finanzkontrollen zu bekämpfen ist. Terroristische Organisationen, die eigene Gebiete kontrollieren, können sich z. B. durch Zwangsabgaben oder Raub in den besetzten Gebieten finanzieren (Zeit Online 2015). Überdies gibt es Anzeichen, dass grenzüberschreitendes „Fundraising" für terroristische Zwecke auch ohne Bargeld oder Bankzahlungen erfolgt. Es werden verschiedene Möglichkeiten genutzt, um Gelder für Terrornetzwerke im Ausland zu sammeln oder um Rekruten von Terrororganisationen die Reise in Krisenregionen zu finanzieren. Die Palette reicht von Betrug bei Sozialleistungen oder Kreditverträgen, über falsche Identitäten beim Einrichten von Online-Shops bis zu Spendenaufrufen über soziale Netzwerke. Beim Transfer dieser Gelder ins Ausland erleichtert die Kommunikation der „Spender" und Empfänger über soziale Netzwerke das Umgehen von Geldwäschemaßnahmen (Normark et al. 2017). Es ist also durchaus zu erkennen, dass Kontrollmaßnahmen im Finanzsystem wirksam sind und terroristische Anschläge erschweren. Nichtsdestoweniger können Terroristen auf weniger überwachte Zahlungswege oder falsche Identitäten ausweichen, weshalb das Verfolgen finanzieller Spuren und das Austrocknen von Finanzierungsquellen nicht auf einzelne Methoden wie Bargeld und Banktransfers beschränkt sein darf. Trotz aller Sinnhaftigkeit sollte außerdem die Wirksamkeit solcher Maßnahmen nicht überschätzt werden, da die ideologische oder religiöse Motivation der Täter unberührt bleibt.

Was den Terrorismus in Europa betrifft, so zeigt eine Analyse von 40 Terroranschlägen mit dschihadistischem Hintergrund in den vergangenen 20 Jahren, dass der größte Teil der eingesetzten Finanzmittel aus eigenen Geldquellen der Täter stammte. 75 % der Anschläge konnten mit einem Kostenaufwand von insgesamt weniger als 10.000 US$ (Oftedahl 2015) durchgeführt werden – Geldbeträge, die kaum Verdacht erregen, selbst wenn sie mit Karte gezahlt werden. In der Tat ist in westlichen Ländern seit 2014 ein Strategiewechsel hin zu kostengünstigen Terrorattacken mit einfachen Mitteln zu beobachten, die eher auf Zivilpersonen statt auf staatliche Einrichtungen zielen, wie z. B. die Anschläge mit Fahrzeugen in Nizza und Berlin gezeigt haben. Die Zahl der Anschläge und Toten ist seitdem gestiegen. Gleichwohl sind OECD-Länder im globalen Vergleich weiterhin wenig von Terrorismus betroffen. Die Länder, welche am stärksten unter Terrorismus leiden (Irak, Afghanistan, Nigeria, Syrien), sind zugleich von großer politischer Instabilität oder Krieg gezeichnet.

9.5 Abschaffung von Bargeld wird Kriminalität nicht beseitigen

Es gibt kaum Daten zum Zusammenspiel von Kriminalität und illegaler Bargeldnutzung, und diese Daten beinhalten obendrein oftmals Schätzungen. Allerdings lassen die verfügbaren Informationen vermuten, dass eine Einschränkung des Bargelds die gewinnorientierte Kriminalität nicht beseitigen, aber wahrscheinlich etwas verringern würde. Bargeld erleichtert Kriminellen ihr Geschäft, vor allem mit „Privatkunden". Dies liegt nicht nur an der relativen Anonymität, sondern auch an der hohen Verbreitung und der einfachen Handhabung – den gleichen Faktoren, die auch zur Popularität von Bargeld für normale, legale Käufe beitragen. Allerdings zeigen sich Kriminelle sehr aufgeschlossen gegenüber der Nutzung innovativer Zahlungsarten und neuer Verschleierungstaktiken, obwohl ihnen Bargeld als Option zur Verfügung steht (Dalinghaus 2017). Das Aufdecken oder Verhindern von Verbrechen durch die Analyse von Geldströmen muss sich daher auf möglichst alle Kanäle erstrecken. Die Konzentration auf Bargeld allein lässt dem Verbrechen viele Alternativen offen, Gelder ohne leicht erkennbare Datenspuren zu verschieben. Dazu gehören der Transport physischer Wertgegenstände (z. B. Prepaid-Instrumente, Edelmetalle) sowie die Verwendung von falschen Identitäten, kriminellen Mittelsmännern und Strohfirmen, unter deren Namen bargeldlose Geldtransfers über regulierte Zahlungsverkehrsdienstleister getätigt werden, z. B. über das Bankensystem, Geldtransfer-Dienstleister (money remitter) oder Anbieter von Online-Zahlungen. Zudem können Gelder über unregulierte traditionelle oder innovative Überweisungssysteme wie Hawala oder private Kryptowährungen bewegt werden (für eine eingehende Beschreibung der Digitalisierung illegaler Geldflüsse vgl. World Bank 2016).

Vor diesem Hintergrund erscheint es wenig erfolgversprechend, Kriminalität und Terrorismus durch drastische Einschränkungen der Bargeldnutzung zu bekämpfen. Trotzdem werden derzeit Wertgrenzen bei Barzahlungen und die Abschaffung von Banknoten mit hohem Nennwert diskutiert. Radikalere Stimmen fordern die vollständige Abschaffung physischen Bargelds.

Solche Maßnahmen würden aber gleichzeitig die legale Nutzung von Bargeld beschränken. Dabei ist dies ein Zahlungsmittel, das von vielen Konsumentengruppen häufig und gern genutzt wird. Im Gegensatz zu elektronischen Alternativen wie z. B. Karten- oder Mobilzahlungen sind bei Barzahlungen keine technischen Voraussetzungen zu erfüllen. Eine völlige Umstellung auf überprüfbare elektronische Geldmittel und Zahlungsarten würde die Bürger auch einer einfachen Möglichkeit berauben, ihre persönlichen Daten zu schützen. Dies könnte in der Folge einem möglichen Missbrauch personenbezogener Daten sowie der Einschränkung von Bürgerrechten durch staatliche Stellen, Unternehmen und Kriminelle Tür und Tor öffnen. Der Schutz vor negativen Guthabenzinsen ist ein weiterer Vorteil des Bargelds aus Sicht der Bürger. Sparer könnten in Zeiten negativer Zinsen auf Bankeinlagen ihre Ersparnisse bar abheben und sich so vor anfallenden Kosten schützen (Mai 2017).

Jede gesetzliche Einschränkung der Bargeldnutzung muss daher durch einen Nutzenzuwachs für die Allgemeinheit begründet werden. Der zu erwartende Rückgang der Kriminalität und des internationalen Terrorismus ist jedoch gering, und taugt nicht als

Rechtfertigung. Zum einen liegt dies darin begründet, dass Bargeld nicht die Ursache für Kriminalität oder Terrorismus ist, sondern „lediglich" eine mehr oder weniger nützliche Methode für relativ anonyme Geldtransfers. Zum anderen existieren alternative Zahlungswege, die auch jetzt schon trotz der Verfügbarkeit „anonymen" Bargelds für kriminelle Transaktionen genutzt werden. Die Fokussierung auf den kriminellen Missbrauch einer Zahlungsart greift zu kurz. Neuere Gesetzesvorhaben zur Bekämpfung von Geldwäsche und Terrorismusfinanzierung nehmen richtigerweise auch weitere Zahlungswege wie Prepaid-Karten oder Kryptowährungen ins Visier (European Commission 2016). Statt so weitgehender Eingriffe wie Bargeldbeschränkungen oder -verbote sollten die traditionellen Methoden der Strafverfolgung intensiviert werden. Hier ist eine bessere materielle und personelle Ausstattung der Strafverfolger zu nennen, ebenso wie eine engere Abstimmung und verstärkter Informationsaustausch zwischen den verschiedenen Behörden (Polizei, Zoll) und Staaten. Verbrechensbekämpfung über das Verfolgen finanzieller Spuren ist als Teil der polizeilichen Arbeit sinnvoll, muss aber alle Zahlungsarten und Gelder einschließen. Sollte ein Zahlungsmittel, das zu einem kleinen Teil kriminell missbraucht wird, verboten werden? Wer diese Frage leichtfertig bejaht, stellt nicht nur die Nutzung von Bargeld infrage.

9.6 Anhang

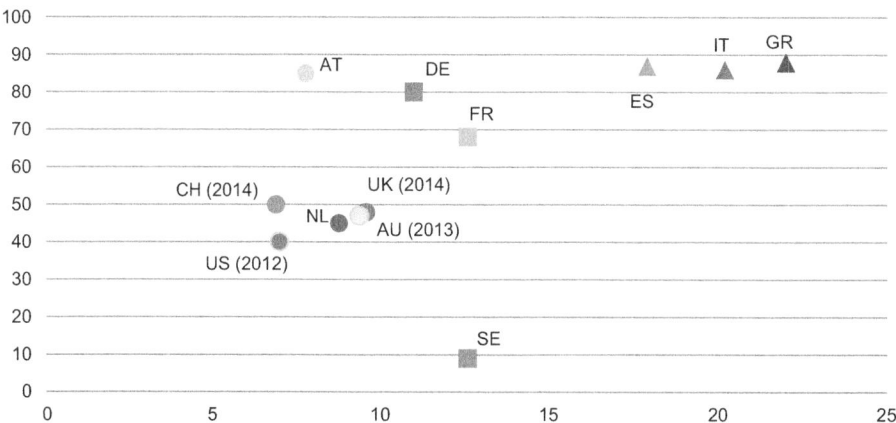

Anmerkung: Erhebungen und Schätzungen zu Barzahlungen unterscheiden sich von Land zu Land. Allen gemeinsam ist der Fokus auf Zahlungen von Verbrauchern an der Ladenkasse. Manche Erhebungen umfassen darüber hinaus auch P2P- oder Online-Zahlungen, einige berücksichtigen nur Zahlungen über einem bestimmten Schwellenwert.

Quellen: Schneider, F. und Boockmann, B. (2016); Esselink, H. und Hernández, L. (2017), Payments Council, Sveriges Riksbank, Verband Elektronischer Zahlungsverkehr, Federal Reserve Banks of Boston, Richmond und San Fransisco, Reserve Bank of Australia, Deutsche Bank Research.

Häufige Bargeldnutzung nicht identisch mit starker Korruption im öffentlichen Sektor

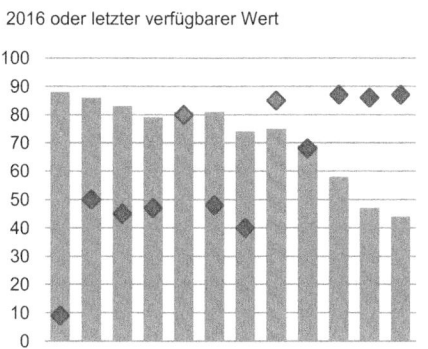

2016 oder letzter verfügbarer Wert

■ Korruptionswahrnehmungsindex*

♦ Anteil von Barzahlungen an Zahl aller Zahlungen (%)

*Der Korruptionswahrnehmungsindex (CPI) misst weltweit das wahrgenommene Korruptionsniveau im öffentlichen Sektor auf einer Skala von 0 (sehr korrupt) bis 100 (sehr sauber).

Quellen: Transparency International, Payments Council, Verband Elektronischer Zahlungsverkehr, nationale Zentralbanken, Deutsche Bank Research.

Nutzung unbarer Zahlungsmittel und Korruption im öffentlichen Sektor 2016

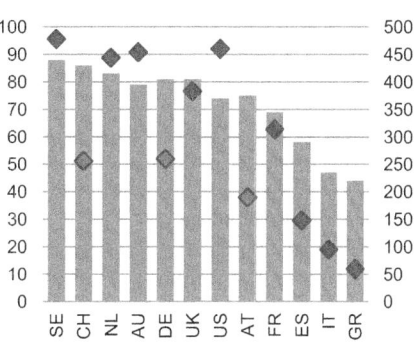

■ Korruptionswahrnehmenungsindex* (links)

♦ Anzahl unbarer Zahlungen je Einwohner (rechts)

*Der Korruptionswahrnehmungsindex (CPI) misst weltweit das wahrgenommene Korruptionsniveau im öffentlichen Sektor auf einer Skala von 0 (sehr korrupt) bis 100 (sehr sauber).

Quellen: Transparency International, EZB, BIZ, Deutsche Bank Research

Literatur

Brå (o. D.) Statistiken und Kommentare

Dalinghaus U (2017) Keeping cash. Assessing the arguments about cash and crime. International Currency Association, White Paper

European Commission (2016) Proposal for a directive of the european parliament and of the council amending directive (EU) 2015/848 on the prevention of the use of the financial system for the purposes of money laundering or terrorist financing and amending directive 2009/101/EC

Europol Financial Intelligence Group (2015) Why is cash still king? A strategic report on the use of cash by criminal groups as a facilitator for money laundering. Europol, The Hague

FBI (2017) Darknet takedown. https://www.fbi.gov/news/stories/alphabay-takedown

Financial Action Task Force (2015) Money laundering through the physical transportation of cash

Financial Action Task Force (2016) Terrorist finance. http://www.fatf-gafi.org/publications/fatfgeneral/documents/terroristfinancing.html. Zugegriffen: Juli 2016

Institute for Economics & Peace (2017) Global Terrorism Index 2017 Measuring and understanding the impact of terrorism. 17 November 2017

Krüger M, Seitz F (2017) Kosten und Nutzen des Bargelds und unbarer Zahlungsinstrumente. Modul 2: Der Nutzen von Bargeld. Fritz Knapp, Frankfurt a. M.

Mai H (2017) Bargeld, Freiheit und Verbrechen. Bargeld in der digitalen Welt. Deutsche Bank Research, EU-Monitor. Deutsche Bank, Frankfurt a. M.

Normark M, Ranstorp M, Ahlin F (2017) Financial activities linked to persons from Sweden and Denmark who joined terrorist groups in Syria and Iraq during the period 2013–2016. Report commissioned by Finansinstpektionen. Center for asymmetric threat studies, Swedish Defence University. 1 February 2017

OECD (2009) Magnitude of counterfeiting and piracy of tangible products. An update

Oftedahl E (2015) The financing of jihadi terrorist cells in Europe. Norwegian Defence Research Establishment (FFI), Oslo

Schneider F (2015) The financial flows of transnational crime and tax fraud: how much cash is used and what do we (not) know? Presentation. Kepler University Linz, Linz

Schneider F (2016) Die Bargeld-Bremse sorgt für Streit. faz.net, 6. Februar

Schneider F, Boockmann B (2017) Die Größe der Schattenwirtschaft – Methodik und Berechnungen für das Jahr 2017. Johannes Kepler University Linz, Linz

The International Consortium of Investigative Journalists (2016) Panama papers. https://panamapapers.icij.org/graphs/

United Nations Office on Drugs and Crime (2005) World drug report 2005

United Nations Office on Drugs and Crime (2011) Estimating illicit financial flows resulting from drug trafficking and other transnational organized crimes. Research report

World Bank (2016) Do digital technologies facilitate illicit financial flows? World development report 2016

Wright R et al (2014) Less cash – less crime: evidence from the Electronic Benefit Transfer Program. NBER Working Paper

Zeit Online (2015) Terrorismus-Finanzierung. Angst zu verbreiten ist erschreckend günstig, 18. November

Heike Mai ist seit 2004 als Senior Economist bei Deutsche Bank Research im Bereich Banken, Finanzmärkte und Regulierung tätig. Ihr Forschungsschwerpunkt liegt auf den Themen Zahlungsverkehr sowie Nicht-Banken im Finanzsektor. Zuvor arbeitete sie im Bereich Global Cash Management der Deutschen Bank AG. Sie studierte Volkswirtschaftslehre und Spanisch an der Universität zu Köln und Betriebswirtschaftslehre an der VWA Stuttgart.

Die Zukunft des 500-€-Scheins

10

Martin Keim

Inhaltsverzeichnis

10.1	Zeitpunkt und mögliche Gründe der Bekanntgabe	144
10.2	Anzahl der Banknoten, ihr Wert und Verbraucherverhalten	145
10.3	Gründe für die Abschaffung des 500-€-Scheins	146
10.4	Gründe für die Beibehaltung des 500-€-Scheins	148
10.5	Ausblick	149
Literatur		150

Am 4. Mai 2016 gab die Europäische Zentralbank bekannt, die Produktion und Ausgabe der 500-€-Banknote gegen Ende des Jahres 2018 einzustellen. Damit werden lediglich die 5 €, die 10 €, die 20 €, die 50 €, die 100 € sowie die 200 €-Banknoten der sogenannten Europa-Serie (die seit 2013 schrittweise die erste Serie von Euro-Banknoten ablöst) in Umlauf gebracht.

Der Aufschrei in Deutschland war recht groß, da Kritiker befürchten, dass dies u. a. der Einstieg in den langfristig vollständigen bargeldlosen Zahlungsverkehr bedeuten könnte, und daher zukünftig Stück für Stück weitere Banknoten aus dem Bargeldumlauf herausgenommen werden könnten.

In diesem Beitrag werden zunächst die möglichen Gründe für die Abschaffung des 500-€-Scheins angeführt. Anschließend wird auf die quantitative und wertmäßige Entwicklung der 500-€-Scheine eingegangen sowie einige Aspekte zum Verbraucherverhalten vorgestellt. Anschließend erfolgt eine Zusammenstellung über die wesentlichen

---

M. Keim (✉)
Hochschule Worms, Worms, Deutschland
E-Mail: keim@hs-worms.de

© Springer Fachmedien Wiesbaden GmbH, ein Teil von Springer Nature 2018
J. Lempp et al. (Hrsg.), *Die Zukunft des Bargelds*,
https://doi.org/10.1007/978-3-658-21720-4_10

Argumente für und gegen die Abschaffung des 500-€-Scheins.[1] Einige abschließende Anmerkungen runden diesen Beitrag ab, insbesondere die Überlegung, bei zukünftigen neuen Banknotenserien die Wiedereinführung eines neuen 500-€-Scheins im Auge zu behalten.

10.1 Zeitpunkt und mögliche Gründe der Bekanntgabe

Die Diskussion, den 500-€-Schein abzuschaffen, existiert schon länger. Bereits im April 2013 äußerte sich der damalige EZB-Vizepräsident Vítor Constâncio vor dem Wirtschafts- und Währungsausschuss des Europaparlaments, dass das sicherlich eine Diskussion wert wäre (Kaufmann 2013). Andere Länder wie Großbritannien haben zwischenzeitlich bereits die Annahme bzw. Ausgabe ähnlich hoch denominierter Banknoten abgeschafft; darauf wird im weiteren Verlauf noch eingegangen.

Die Polizeibehörde Europol empfahl im Jahr 2015 – in zeitlich enger Verbindung mit den Terroranschlägen von Brüssel und Paris – eine Prüfung, ob die Ausgabe solch hoch denominierter Banknoten, „die so eng mit Kriminalität verknüpft sind" weiterhin sinnvoll sei (Siebelt 2016). Auch der Generaldirektor des Europäischen Amtes für Betrugsbekämpfung (Olaf), Giovanni Kessler, machte sich im Januar 2016 für die Abschaffung stark, da er sich frage, ob es überhaupt Bedarf für diese Banknoten gebe. Im Zuge der Bekämpfung illegaler Aktivitäten wäre die Rückverfolgbarkeit bei Banknoten nicht möglich. Zu diesem Zeitpunkt machte sich auch eine Gruppe von SPD-Bundestagsabgeordneten rund um den Finanzpolitiker Jens Zimmermann für die Abschaffung stark (Eckert 2016). Zudem hatten sich bei einem Treffen im Februar 2016 die EU-Finanzminister dafür ausgesprochen, dass man bzgl. der Bekämpfung dieser illegalen Aktivitäten von der EZB „angemessene Maßnahmen" erwarte. Nicht zuletzt hatte Mario Draghi häufiger betont, dass der 500-€-Schein hauptsächlich für kriminelle Zwecke benutzt würde und kündigte ebenfalls im Februar 2016 Maßnahmen an (Petroff 2016).

So ist es nicht verwunderlich, dass die EZB in ihrer Presseerklärung vom 4. Mai 2016 betont, dass „der EZB-Rat Bedenken Rechnung getragen [hat], dass diese Banknote illegalen Aktivitäten Vorschub leisten könnte" (EZB 2016).

---

[1]An dieser Stelle sei klar darauf hingewiesen, dass allgemeine Argumente wie sie in der Diskussion zur Abschaffung bzw. Beibehaltung des Bargelds aufgeführt werden, maximal angerissen, nicht aber ausführlich diskutiert werden, da diese bereits in anderen Artikeln in diesem Sammelband zusammengestellt werden. Insbesondere steht die Abschaffung des 500-€-Scheins zeitlich und thematisch in enger Diskussion mit der Einführung von Obergrenzen bei Bargeldtransaktionen.

10.2 Anzahl der Banknoten, ihr Wert und Verbraucherverhalten

Bereits zu Beginn des Jahres 2002, als der Euro grundsätzlich als Bargeld verfügbar war, wurden rund 60 Mio. 500-€-Scheine in Umlauf gegeben, die einen Wert von über 30 Mrd. € ausmachten. Im Laufe der folgenden Jahre wuchs die Anzahl der Scheine sprunghaft an, ab 2008 etwas verlangsamt, ehe Ende 2015 ein Höhepunkt mit über 610 Mio. Scheinen im Umlauf erreicht wurde – dies entsprach einem Wert von über 300 Mrd. €. Seitdem ist ein Rückgang festzustellen.[2] Im November 2017 befanden sich gerade einmal nur noch ca. 511 Mio. 500-€-Scheine im Umlauf (EZB 2017; Tab. 10.1).

Von den insgesamt 20,7 Mrd. Banknoten, die sich im Umlauf befinden, beträgt der Anteil der 500-€-Scheine gerade einmal 2,5 %. Dieser ist zwar damit ungefähr doppelt so hoch wie der des 200-€-Scheins (1,2 %), erscheint aber im Vergleich zu den anderen Banknoten recht bedeutungslos: Der Anteil der 5-€-Scheine beträgt 8,8 %, der 10-€-Scheine 11,5 %, der 20-€-Scheine 17,6 %, der 50-€-Scheine 46,0 % und der 100-€-Scheine 12,5 % (EZB 2017, Stand: November 2017).

Auf der anderen Seite ist der Wert der Banknoten zu berücksichtigen, denn hier beträgt der Anteil der 5-€-Banknoten gerade einmal 9,1 Mrd. € und macht nur 0,8 % des Gesamtwerts aus. Der Anteil der 10-€-Scheine beträgt 2,1 %, der 20-€-Scheine 6,4 %, der 50-€-Scheine 41,6 %, der 100-€-Scheine 22,6 % und der 200-€-Scheine 4,3 %. Hingegen haben die ca. 255 Mrd. € Barwert der 500-€-Scheine einen beträchtlichen Anteil von 22,3 % (EZB 2017, Stand: November 2017).

In einer Studie von Esselink und Hernández (2017) wurde das Verhalten mit Bargeld der privaten Haushalte in der Eurozone untersucht. Immerhin haben 19 % der ca. 65.000 Befragten angegeben, innerhalb der vergangenen zwölf Monate eine Banknote mit

Tab. 10.1 Entwicklung der sich im Umlauf befindlichen 500-€-Scheine, in Mio. Stück. (Quelle: EZB 2017)

Datum	Anzahl	Datum	Anzahl	Datum	Anzahl
Jan. 2002	61	Dez. 2007	453	April 2013	586
Dez. 2002	167	Dez. 2008	530	Dez. 2014	606
Dez. 2003	238	Dez. 2009	564	Dez. 2015	614
Dez. 2004	306	Dez. 2010	576	Dez. 2016	540
Dez. 2005	370	Nov. 2011	600	Nov. 2017	511
Dez. 2006	419	Jan. 2012	596		

---

[2]Dieser Rückgang steht zeitlich eng zusammen mit dem Aussetzen des Druckens weiterer 500-€-Geldscheine und einem entsprechenden EZB-Ratsbeschluss aus dem Jahr 2014 (Zeit 2017). Österreich, das für die Bereitstellung dieser 500-€-Scheine zuständig ist, hat seitdem keine entsprechenden Scheine mehr gedruckt. Der weitere Rückgang dürfte eben aus dem EZB-Beschluss vom 4. Mai 2016 herrühren.

großem Nennwert (hier wurde nicht zwischen der 200-€- und der 500-€-Banknote unterschieden) besessen zu haben; im Jahre 2008 waren es dagegen noch 25 %. Die Länder, in denen die meisten Banknoten mit hohem Nennwert gehalten wurden, und aus denen wenigstens ein Drittel der Befragten an der Umfrage teilgenommen haben, waren Slowenien (47 %), Luxemburg (42 %), die Slowakei (41 %), Litauen (41 %) und Österreich (36 %). Schlusslichter dagegen waren Irland (11 %), Frankreich (8 %) und die Niederlande (7 %). Der Mittelwert für die gesamte Eurozone betrug 19 % – für Deutschland liegt keine konkrete Zahl vor. 47 % aller Befragten erhielten diese Scheine aus Bankautomaten, 17 % als Geschenk, 16 % als Wechselgeld und 15 % als Teil ihres Einkommens. 40 % der Befragten nutzen diese Geldscheine, um in Geschäften mit diesen zu bezahlen, 12 % für Geschäfte mit Privatpersonen, und immerhin 28 % der Befragten gaben an, diese in einer Bank deponiert zu haben bzw. sie dort gegen kleinere Geldscheine eingetauscht zu haben; 11 % nutzten diese Geldscheine bereits als Geschenk und 10 % der befragten Personen gaben an, diese zu Hause zu halten. Nennenswerte Unterschiede zwischen Männern und Frauen sind kaum festzustellen, auch der Einfluss des Alters scheint keinen erkennbaren Unterschied in all diesen Punkten auszumachen. Lediglich mit zunehmendem Alter erhalten Menschen diese Banknoten eher aus den Bankautomaten und weniger als Geschenk oder als Teil ihres Einkommens.

Die Autoren dieser Studie kommen zu dem Schluss, dass nicht alle Nutzungsarten im Zusammenhang mit diesen Geldscheinen erklärt werden können, aber dass man auch nicht sagen kann, dass gewöhnliche Privatpersonen nicht oder nur kaum mit diesen Banknoten in Berührung kommen würden (Esselink und Hernández 2017).

Wo allerdings sich die 500-€-Scheine befinden bzw. von wem sie gehalten werden, kann nicht eindeutig festgemacht werden. Sinn (2016) vermutet, dass neben einer Haltung durch Kriminelle eine große Anzahl dieser Scheine in Osteuropa und in der Türkei, vornehmlich zu Wertaufbewahrungszwecken gehalten werden. Verschiedene Quellen geben immer wieder an, dass sich ein Viertel bis ein Drittel aller 500-€-Scheine in Spanien befinden sollen (Spongenberg 2006; Rüdel 2013; dpa 2016).

10.3 Gründe für die Abschaffung des 500-€-Scheins

Wenn also der Anteil der 500-€-Scheine gerade einmal 2,5 % an allen Banknoten beträgt, diese Scheine aber 22,3 % des Wertes aller Banknoten ausmachen, dann heißt das, dass ein sehr großer Anteil von Bargeld auf eine kleine Anzahl von Scheinen konzentriert werden kann, was entsprechende Probleme schaffen kann.

In der Pressemitteilung vom 4. Mai 2016 zur Einstellung der Produktion und Ausgabe der 500-€-Banknote wurde lediglich kurz und knapp angegeben, dass genau „damit der EZB-Rat Bedenken Rechnung getragen [hat], dass diese Banknote illegalen Aktivitäten Vorschub leisten könnte" (EZB 2016). Mit solchen „illegalen Aktivitäten" könnte beispielsweise die Herstellung und Verwendung von Falschgeld gemeint sein, aber auch illegale Geschäfte wie Geldwäsche, Drogen-, Waffen- bzw. allgemeine Terrorfinanzierung, Schwarzarbeit oder auch Steuerhinterziehung (s. o.).

10 Die Zukunft des 500-€-Scheins

Auch innerhalb der Eurozone erfüllt der 500-€-Schein durch seinen hohen Nominalwert eine Funktion, die vor der Euro-Einführung in vielen Ländern bis dahin quasi unbekannt war. Während lediglich der 1000 DM-Schein heute einen Wert von 511,29 € ausmacht und somit den Deutschen als quasi gängiges Zahlungsmittel vertraut war, eröffnete es Belgiern und Luxemburgern, die lediglich einen 10.000 Franc-Schein kannten, und der heute einem Wert von gerade einmal 247,89 € entspricht, eine völlig neue Dimension der Bargeldhaltungs- und Nutzungsmöglichkeit. In Österreich entsprach die 5000 Schilling-Banknote einem heutigen Wert von 363,36 €. Besonders in Spanien nahm die Konzentration der 500-€-Scheine zu, da die damalige 10.000 Peseten-Banknote einen heutigen Wert von gerade einmal 60,10 € ausmachte. Auch in Frankreich entsprach die größte Banknote, der 500 Franc-Schein, lediglich einem heutigen Wert von 76 €. Lediglich die lettische 500 Lats-Banknote entsprach einem Wert von 711,44 €.[3] Daher ist in den meisten Ländern die Abschaffung des 500-€-Scheins relativ leise hingenommen worden.

In Großbritannien wurde bereits im April 2010 der 500-€-Schein aus dem Bargeldverkehr herausgenommen. Die damalige SOCA (Serious Organised Crime Agency) beklagte, dass sich 90 % der nach Großbritannien verkauften 500-€-Banknoten in Händen des organisierten Verbrechens befänden. Diese dort sogenannten „Bin Ladens" – mit diesem Spitznamen wurden diese Scheine in Spanien benannt – entsprachen nämlich einem Wert von über 400 Pfund Sterling und somit mehr als das Achtfache der bis dahin am meisten verfügbaren 50 Pfund Sterling Note (BBC 2010a, b)[4] Auch Europol mahnt ähnliche Tendenzen im Rest Europas an (Europol 2015).

Die Richtlinie 2005/60/EG[5] ist bereits ein Ansatz, diese illegalen Aktivitäten einzudämmen, indem unter anderem Kredit- und Finanzinstitute, Immobilienmakler, Buchprüfer, Steuerberater, Notare oder Kasinos dazu angehalten sind, verschiedene Melde- und Aufzeichnungspflichten bei Bargeldzahlungen von über 15.000 € einzuhalten. Insbesondere, wenn nach 2018 grundsätzlich Bargeldzahlungen mit mehreren

---

[3]Zum weiteren Vergleich: Die größte Banknote in den USA ist die 100 Dollar-Note, in Großbritannien eben nur noch die 50 Pfund Sterling-Note; die japanische 10.000 Yen-Note entspricht gerade einmal ca. 75 €. Lediglich die 1000 Schweizer Franken-Note macht einen Wert von ca. 850 € aus; trotzdem gibt es dort keine Bestrebungen, diese Banknote abzuschaffen. Im Übrigen sei darauf verwiesen, dass die Anzahl der 100 US-Dollar-Noten im Verhältnis zu allen ausgegebenen Banknoten mit ca. 28 % einen wesentlich größeren Anteil ausmacht, als der 2,5-prozentige Anteil der 500-€-Scheine, gemessen an allen ausgegebenen €-Scheinen; auch der Anteil der 1000 Schweizer Franken-Banknoten macht ca. 10 % aller ausgegebenen Schweizer Banknoten aus (Morscher et al. 2017, S. 9).

[4]Auch Kanada schuf im Jahr 2000 die kanadische 1000 Dollar-Note ab (entspricht damals wie heute ca. 685 €), Singapur im Jahr 2014 die 10.000 Dollar-Note (entsprach damals ca. 6000 €, entspricht heute ca. 6250 €) (Sands 2016).

[5]Richtlinie 2005/60/EG des Europäischen Parlaments und des Rates vom 26. Oktober 2005 zur Verhinderung der Nutzung des Finanzsystems zum Zwecke der Geldwäsche und der Terrorismusfinanzierung.

500-€-Scheinen geleistet würden, könnte dann der Verdacht verstärkt aufkommen, dass dieses Geld aus illegalen Quellen stammen könnte. Vereinzelt sieht man heute schon bei einigen Einzelhändlern den Hinweis, z. B. an Tankstellen, dass 500-€-Scheine nicht angenommen werden.

10.4 Gründe für die Beibehaltung des 500-€-Scheins

Wie bereits eingangs erwähnt, ist eine Hauptbefürchtung, gerade in Deutschland, dass nach der Abschaffung des 500-€-Scheins als nächstes der 200-€-Schein abgeschafft wird, der sich, wie bereits gezeigt, in noch geringerer Stückzahl im Umlauf befindet als der 500-€-Schein. Langfristig könnte eben die komplette Abschaffung des Bargelds das Ergebnis sein, auch wenn dies immer wieder von Mitgliedern des EZB-Direktoriums und auch den Notenbankpräsidenten dementiert wird.

Was ein Vorteil bei einer möglichen Bekämpfung dieser sogenannten illegalen Aktivitäten sein könnte, ist auf der anderen Seite ein möglicher Nachteil für die Verbraucher im gewöhnlichen Zahlungsgeschäft: Große Geldsummen können einfacher, weil unauffälliger da weniger platzeinnehmend und auch leichter durch diese 500-€-Scheine gelagert, transportiert und übergeben werden. Beispielsweise wiegt eine Million € in 500-€-Scheinen gerade einmal 2,2 kg (bei einem Gewicht von 1,12 g pro Schein), in 50-€-Scheinen allerdings 22 kg und auch wenn er mit 160×82 mm der größte aller €-Scheine ist, nimmt er eben entsprechend weniger Platz ein als der gleiche Betrag in kleineren Stückelungen.

Zudem ist längst nicht klar, ob durch die Abschaffung des 500-€-Scheins die Eindämmung dieser illegalen Aktivitäten wirklich gelingen wird. Erstens dürfte es zeitlich lange dauern, diese Effekte herauszuarbeiten, und zweitens ist es ohnehin schwierig, verlässliche Daten in diesen Bereichen zu gewinnen. Umgekehrt ist auch längst nicht bewiesen, dass in Deutschland, wo es schon seit 1964 die 1000 DM-Scheine gab, eben dadurch mehr kriminelle Handlungen begangen wurden als in anderen Ländern. Schneider et al. (2006) argumentieren außerdem, dass beispielsweise Geldwäsche ohnehin längst überwiegend bargeldlos über Scheinfirmen abgewickelt wird.

Durch die Umstellung müssten entsprechend viele zusätzliche Banknoten (50er, 100er und 200er Banknoten) gedruckt werden. Immerhin kostet die Produktion einer einzelnen Banknote ca. 8–9 Cent.

Sollte das Angebot an 500-€-Scheinen knapper werden, könnte der Preis eines 500-€-Scheins sogar ansteigen. Sollten illegale Aktivitäten mithilfe von 500-€-Scheinen bezahlt werden, dann wäre ein solcher Preisaufschlag aus Sicht von Kriminellen vielleicht sogar noch hinnehmbar; gewöhnliche Verbraucher müssten allerdings diese Preissteigerung mittragen. Ohnehin müssen Verbraucher mit weiteren Problemen rechnen, denn wenn wirklich die Anzahl der 500-€-Scheine weiterhin schrumpfen dürfte, dann sieht sich zukünftig jeder Verbraucher verstärkt einem Generalverdacht ausgesetzt, wenn er mit der 500-€-Banknote legale Geschäfte abwickeln möchte. Schmoll (2013) zitiert

Athanasios Vamvakidis, einen Währungsexperten bei der Bank of America, der sogar im Namen der Bekämpfung einen Schritt weitergeht: Zu einem noch festzulegenden Zeitpunkt nach 2018 müsste dann jeder Verbraucher bei entsprechenden Transaktionen zukünftig nachweisen, dass er rechtmäßig in den Besitz dieser Scheine gelangt sei.

Schärfer nachgedacht: Wenn die 200-€-Banknote dann die höchste denominierte Banknote wäre, wird dann nicht auch schon der Besitzer und Nutzer dieser 200-€-Banknoten unter Generalverdacht gestellt, in illegale Aktivitäten verwickelt zu sein?

Ettel (2016) verweist zusätzlich auf mögliche entgehende Seignorage-Gewinne – die Differenz zwischen Nennwert und Produktionswert des Scheins – der EZB, wenn nämlich die Verbraucher nach Abschaffung der 500-€-Scheine beschließen sollten, ihr Geld zukünftig in Gold oder in anderen Währungen zu halten anstelle in kleineren Euro-Stückelungen.

Fuest (2016) warf bereits auf, dass diese Maßnahme das Vertrauen in die EZB untergraben dürfte, zumal der Zeitpunkt der Bekanntgabe der Abschaffung mit dem Zeitraum des Einstiegs in die Negativzinspolitik zusammenhängt. Nach Fuest sollte die EZB die Abschaffung des 500-€-Scheins zeitlich so lange „vertagen, bis die Zinssituation sich normalisiert hat". Sein Vorgänger am CES-ifo-Institut, Hans-Werner Sinn, hatte bereits berechnet, dass bei einem Strafzins von 0,3 %, den die Banken auf ihre Einlagen bei der Notenbank zahlen, die EZB nach der Abschaffung des 500-€-Scheins diesen Strafzins rechnerisch auf das Zweieinhalbfache, also auf 0,75 % erhöhen könnte (Sinn 2016).

Morscher et al. (2017) kristallisieren sogar heraus, dass aufgrund von Inflation seit der Einführung des Euros im Jahr 2002 die 500-€-Banknote nicht nur nicht abzuschaffen wäre, sondern sogar eine höher denominierte Banknote herausgegeben werden müsste, denn die Kaufkraft der 500-€-Banknote ist bereits auf 390 € (gegenüber 1999) bzw. 410 € (gegenüber 2002) gesunken![6]

10.5 Ausblick

Interessanterweise räumt die EZB in ihrer Pressemitteilung vom 4. Mai 2016 selber ein, dass

> angesichts der internationalen Bedeutung des Euro und des großen Vertrauens in die Banknoten des Währungsraums […] der 500-€-Schein gesetzliches Zahlungsmittel [bleibt] und […] somit weiter als Zahlungsmittel und Wertspeicher verwendet werden [kann]. Das Eurosystem, das die EZB und die nationalen Zentralbanken des Euro-Währungsgebiets umfasst, wird Maßnahmen ergreifen, damit die verbleibenden Stückelungen in ausreichender Menge verfügbar sind. Wie die anderen Stückelungen der Euro-Banknoten wird der 500-€-Schein seinen Wert auf Dauer behalten: Er kann unbefristet bei den nationalen Zentralbanken des Eurosystems umgetauscht werden.

---

[6]So verweisen diese Autoren zusätzlich darauf, dass seit der Einführung des 1000 DM-Scheins im Jahr 1964 deren damalige Kaufkraft heute auf ca. 125 € gesunken sei.

Am 17. Dezember 2017 überraschte Bundesbank-Vorstand Carl-Ludwig Thiele mit einigen Aussagen gegenüber der Deutschen Presse Agentur bezüglich eines möglichen „Comebacks" des 500-€-Scheins. Da die EZB lediglich plant, die Europa-Serie nicht mehr mit den 500-€-Scheinen zu komplettieren, aber vielleicht sogar schon in den kommenden 20er Jahren eine dritte Serie von Euro-Banknoten herausgegeben werden könnte, wäre ein neuer 500-€-Schein eine mögliche Option. Thiele betont, dass die Deutsche Bundesbank ohnehin gegen die Einstellung der Produktion des 500-€-Scheins gewesen wäre, weil es erstens fraglich wäre, ob dadurch wirklich sinnvoll Kriminalität bekämpft werden könnte, zweitens zur Kompensation viel mehr 50-€-, 100-€- und 200-€-Banknoten gedruckt werden müssten, wobei drittens die dadurch entstehenden Mehrkosten durch die Bundesbank zu 25 % selbst finanziert werden müssten (FAZ 2017; Zeit 2017).

So oder so könnte der jetzige noch vorhandene 500-€-Schein eines Tages noch als Spekulationsobjekt dienen, denn mit voranschreitender Zeit und sinkender Verfügbarkeit steigt vielleicht der Sammlerwert dieser 500-€-Banknote. Schmoll (2013) berichtet, dass im Jahr 2006 in den USA eine der letzten verbliebenen 1000 US-Dollar-Banknoten für 2,3 Mio. US$ versteigert wurde.

Literatur

BBC (2010a) http://news.bbc.co.uk/2/hi/uk_news/8678886.stm. Zugegriffen: 25. Jan. 2018
BBC (2010b) http://news.bbc.co.uk/2/hi/uk_news/magazine/8678979.stm. Zugegriffen: 25. Jan. 2018
DPA (2016) EZB besiegelt das Ende des 500-Euro-Scheins. http://www.t-online.de/finanzen/boerse/news/id_77750790/ezb-entscheidet-500-euro-schein-wird-abgeschafft.html
Eckert D (2016) SPD fordert Abschaffung des 500-Euro-Scheins. Die Welt. https://www.welt.de/wirtschaft/article151501889/SPD-fordert-Abschaffung-des-500-Euro-Scheins.html
Esselink H, Hernández L (2017) The use of cash by households in the euro area. ECB Occasional Paper 201, Frankfurt a. M.
Ettel A (2016) Das sollten Sie zum Ende des 500 Euro-Scheins wissen. Die Welt
Europol (2015) Why is cash still king? A strategic report on the use of cash by criminal groups as a facilitator for money laundering. Europol, The Hague
EZB (2016) https://www.ecb.europa.eu/press/pr/date/2016/html/pr160504.de.html. Zugegriffen: 25. Jan. 2018
EZB (2017) Euro banknotes and coins statistics Online
FAZ (2017) Das letzte Wort über den 500er scheint noch nicht gesprochen. http://www.faz.net/aktuell/finanzen/banknoten-letztes-wort-zum-500er-noch-nicht-gesprochen-15345566.html
Fuest C (2016) Neuer ifo-Chef Clemens Fuest gegen Abschaffung der 500er-Scheine. Pressemitteilung. https://www.cesifo-group.de/de/ifoHome/presse/Pressemitteilungen/Pressemitteilungen-Archiv/2016/Q2/press_20160504_500er-Scheine.html
Kaufmann D (2013) Tough times for the 500-euro note. http://www.dw.com/en/tough-times-for-the-500-euro-note/a-16865110
Morscher C, Schlothmann D, Horsch A (2017) Bargeld quo vadis? Freiberger Arbeitspapiere Nr. 01-2017. Technische Universität Bergakademie Freiberg
Petroff A (2016) Death of the 500 euro bill getting closer. CNN Money. http://money.cnn.com/2016/02/15/news/500-euro-bill-banknote/index.html

Rüdel N (2013) Der Schein betrügt. Handelsblatt. http://www.handelsblatt.com/finanzen/maerkte/devisen-rohstoffe/500-euro-note-der-schein-betruegt/8053634-all.html

Sands P (2016) Making it harder for the bad guys: the case for eliminating high denomination notes. M-RCBG associate working paper series Nr. 52, Februar 2016, Mossavar-Rahmani Center for Business & Government, Weil Hall, Harvard Kennedy School

Schmoll T (2013) Abschaffung des 500-Euro-Scheins: „Bin Laden unterm Kopfkissen", Zitat im Stern. https://www.stern.de/wirtschaft/news/abschaffung-des-500-euro-scheins–bin-laden–unterm-kopfkissen-3022128.html

Schneider F, Dreer E, Reigler W (2006) Geldwäsche – Studie über Formen, Akteure, Größenordnung – und warum die Politik machtlos ist. Springer, Wiesbaden

Siebelt F (2016) Abschaffung des 500-Euro-Scheins stößt auf Kritik. Reuters Wirtschaftsnachrichten. https://de.reuters.com/article/ezb-bargeld-500-euro-schein1-idDEKCN0XW0ON

Sinn H-W (2016) Wie sich der Einzug des 500-Euro-Scheins rechnet. http://www.hanswernersinn.de/de/FAZ_07022016

Spongenberg H (2006) Spain worried about high 500 euro notes circulation. Euobserver vom 30. Mai 2006. https://euobserver.com/economic/21721

Zeit (2017) Der 500er soll bleiben. http://www.zeit.de/wirtschaft/2017-12/bundesbank-carl-ludwig-thiele-eurobanknote-kriminalitaet

Martin Keim Nach seiner Ausbildung zum Industriekaufmann studierte Martin Keim Wirtschaftswissenschaft an der Bergischen Universität Wuppertal. Im Anschluss arbeitete und promovierte er am Lehrstuhl für Makroökonomie und als Economist am Europäischen Institut für Internationale Wirtschaftsbeziehungen. Nach einer Vertretungsprofessur (in Wirtschaftspolitik) an der Hochschule Rhein-Waal nahm er 2012 den Ruf als Professor für International Economics und Außenwirtschaft an der Hochschule Worms an. Seine Lehr- und Forschungsschwerpunkte sind die Wirtschaftspolitik, Europäische Wirtschaft und Wirtschaftspsychologie.

Abschaffung von Kleinmünzen durch Rundung

11

Ergebnisse einer Beleganalyse sowie einer Händler- und Kundenbefragung in Kleve zur Rundung auf den nächsten Fünf-Cent-Betrag

Jakob Lempp, Thomas Pitz und Jörn Sickmann

Inhaltsverzeichnis

11.1	Studienauftrag und Gang der Analyse	154
11.2	Zentrale Ergebnisse der Beleganalyse	157
11.3	Zentrale Ergebnisse der Händlerbefragung	159
11.4	Zentrale Ergebnisse der Kundenbefragung	161
11.5	Fazit	164
Literatur		165

An dieser Stelle danken wir Jessica Römer für die Aufbereitung und Auswertung der Daten der Kunden- sowie der Händlerbefragung. Der Text basiert in Teilen auf dem Beitrag von Jakob Lempp (2017).

J. Lempp (✉) · T. Pitz · J. Sickmann
Hochschule Rhein-Waal, Kleve, Deutschland
E-Mail: Jakob.Lempp@hochschule-rhein-waal.de

T. Pitz
E-Mail: Thomas.Pitz@hochschule-rhein-waal.de

J. Sickmann
E-Mail: joern.sickmann@hochschule-rhein-waal.de

© Springer Fachmedien Wiesbaden GmbH, ein Teil von Springer Nature 2018
J. Lempp et al. (Hrsg.), *Die Zukunft des Bargelds*,
https://doi.org/10.1007/978-3-658-21720-4_11

11.1 Studienauftrag und Gang der Analyse

Fast die Hälfte aller in Umlauf gebrachten Euro-Münzen in Deutschland sind Ein- oder Zwei-Cent-Münzen und im Durchschnitt verfügt jeder Deutsche über mehr als zweihundert hiervon.[1] Die Deutsche Bundesbank geht zudem davon aus, dass der Anteil der im Umlauf befindlichen Kleinmünzen am gesamten Münzbestand weiter steigt. Nach Angaben der Europäischen Zentralbank befanden sich im Jahr 2017 ca. 34,2 Mrd. Ein-Cent-Münzen und 26,3 Zwei-Cent-Münzen im Umlauf. Im Jahr 2002 waren es ca. 6,1 Mrd. Ein-Cent-Münzen und 5,8 Mrd. Zwei-Cent-Münzen.[2] Dies ist durchaus erstaunlich, erfüllen doch die Kleinmünzen aufgrund ihres geringen Nennwerts kaum die zentralen Funktionen des Geldes: Sowohl die Wertaufbewahrungs- als auch die Zahlungsfunktion von Bargeld lassen sich in der Praxis nur sehr eingeschränkt mit Kleinmünzen realisieren. Dass diese dennoch so weit verbreitet sind lässt sich wahrscheinlich am besten damit erklären, dass sich ein großer Teil der Kleinmünzen wohl nicht im Wirtschaftskreislauf, sondern eher in Sparschweinen oder zur vermeintlichen Steigerung persönlichen Lebensglücks auf dem Grund von Brunnen befindet. In der Konsequenz liegen die Transaktionskassenanteile der Kleinmünzen, also der Anteil bei der Verwendung zum Einkauf, gemäß Daten der Deutsche Bundesbank (2015a) bei unter 30 %.[3] Der durchschnittliche Bargeldbestand im Portemonnaie beträgt in Deutschland 103 €, davon machen Münzen einen Wert von durchschnittlich 5,73 € aus (Deutsche Bundesbank 2015b, S. 15).

Der hohe Bestand an Kleinmünzen verwundert insofern, als die Herstellung der Ein-Cent-Münze deutlich über einen Cent kostet, wodurch bislang bereits ein wirtschaftlicher Schaden von mehr als einer Milliarden € entstanden ist.[4] Bereits in einer Mitteilung der Europäischen Kommission an das Europäische Parlament und den Rat zur Ausgabe von Ein- und Zwei-Cent-Münzen vom 14. Mai 2013 war festgestellt worden, dass die kumulierten Nettogesamtkosten der Ausgabe (also die negative Seigniorage) 1,4 Mrd. € betragen hatte.[5] Im Flash Eurobarometer der Europäischen Kommission wird zudem berichtet, dass bei einer Umfrage in 19 Mitgliedsstaaten der EU sich zwei Drittel der 17.547 Befragten für eine Abschaffung der Ein- und Zwei-Cent-Münzen aussprachen. Von den Befragten empfanden 61 % bei den Ein-Cent-Münzen und sogar 70 % bei den Zwei-Cent-Münzen Schwierigkeiten bei der Verwendung im Zahlungsverkehr (Flash Eurobarometer 458 2017). Sowohl volkswirtschaftliche Argumente als auch die individuellen Einstellungen zum praktischen

---

[1]Seibel (2017); auf Basis einer Statistik der Europäischen Zentralbank sowie Deutsche Bundesbank (2015a).

[2]European Central Bank (2018).

[3]Die Deutsche Bundesbank unterscheidet grundsätzlich zwischen drei möglichen Verwendungszwecken des Münzumlaufs: die Transaktionskasse für Einkäufe, die Hortung und der Auslandsumlauf.

[4]Die Kosten der Produktion einer Zwei-Cent-Münze liegen allerdings unterhalb ihres Nennwertes, siehe Bundesministerium der Finanzen (2016).

[5]European Commission (2013).

Umgang mit Kleinmünzen geben regelmäßig Anlass, über deren Abschaffung zu diskutieren (vgl. exemplarisch etwa Deutsche Bundesbank 2016). Zuletzt hat sich allerdings zumindest auf europäischer Ebene eine Mehrheit der Euro-Mitgliedstaaten, darunter auch Deutschland, für die Beibehaltung der Ein- und Zwei-Cent-Münzen ausgesprochen, weshalb Vorschläge zu einer zentralen Abschaffung bzw. zur Einführung von Rundungsregelungen im gesamten Euro-Raum vorerst nicht weiter verfolgt werden (Bundesministerium der Finanzen 2016).

In einigen europäischen Staaten wird dennoch bereits seit einiger Zeit versucht, durch Rundung die Verbreitung der Kleinmünzen einzudämmen, so in Finnland (seit 2002), in den Niederlanden (seit 2004), in Irland (seit 2015), teilweise in Belgien sowie ab dem 1. Januar 2018 auch in Italien. Von den EU-Mitgliedsländern außerhalb des Euro-Raums hat Schweden bereits im Jahr 1972 mit der Abschaffung der Ein- und Zwei-Öre-Münzen eine Rundungsregel eingeführt. Schließlich werden unter anderem vor dem Hintergrund des stetigen Wertverlustes der Kleinmünzen auch außerhalb der EU wiederkehrend Diskussionen um eine Abschaffung geführt und Rundungsregeln zum Teil bereits umgesetzt. So wurde etwa in Kanada 2012 beschlossen, die Produktion von Ein-Cent-Münzen einzustellen (die Distribution wurde ab 2013 beendet). Begründet wurde dieser Schritt mit der geringen Kaufkraft der Münze, Produktionskosten über dem Nominalwert von 1,6 Cent pro Ein-Cent-Münze und Einsparungen für den Steuerzahler in Höhe von jährlich 11 Mio. kanadischen Dollar (House of Commons 2012, S. 217). In der Schweiz wurde bereits 1974 die Produktion von Zwei-Rappen-Münzen eingestellt, die der Ein-Rappen-Münzen seit 2007. Die Abschaffung der Fünf-Rappen-Münze ist immer wieder Gegenstand politischer Kontroversen, auch wenn sich der Schweizer Bundesrat zuletzt erst 2017 erneut dagegen ausgesprochen hat.[6] Ähnliche Schritte zur Abschaffung von Kleinmünzen wurden ferner auch in Neuseeland, Australien und Norwegen unternommen.

Gerade die Nähe der ca. 50.000 Einwohner großen Stadt Kleve zur deutsch-niederländischen Grenze sowie die Tatsache, dass viele der an die Rundung von Kleinbeträgen gewöhnten Niederländer regelmäßig in Kleve einkaufen, führte Anfang des Jahres 2016 dazu, dass das Klever City Netzwerk e. V. eine Rundungspraxis auch in Kleve initiierte. Das Klever City Netzwerk e. V. ist ein Zusammenschluss von Händlern in Kleve und zielt auf die „Stärkung des Wirtschaftsstandortes Kleve, die einheitliche Darstellung und

---

[6]Der Bundesrat (2006). Zur öffentlichen Debatte um die Abschaffung der Fünf-Rappen Münze siehe diverse Zeitungsartikel, etwa Sturzenegger (2013).

Kommunikation gemeinsamer Interessen seiner Mitglieder nach innen und außen, sowie die Unterstützung bei der Entwicklung von weiteren Marketinginstrumenten zur Förderung und Verbesserung der Attraktivität" der Stadt Kleve ab.[7] Die Händlervereinigung schrieb über 800 Händler der Stadt Kleve mit der Bitte an, ab dem 1. Februar 2016 auf Ein- und Zwei-Cent-Münzen zu verzichten. Kleve war damit die erste Stadt in Deutschland mit einer entsprechenden Rundungspraxis.

Die Klever Rundungspraxis beruht auf dem Prinzip der Auf- bzw. Abrundung des Endbetrags auf den nächsten Fünf-Cent-Betrag. Damit wurden Endbeträge, die auf den Ziffern 1, 2, 6 und 7 endeten, abgerundet, Endbeträge, die auf den Ziffern 3, 4, 8 und 9 endeten aufgerundet und Endbeträge, die auf den Ziffern 0 und 5 endeten nicht gerundet. Aus einem Endbetrag von 14,97 € wurde also ein gerundeter Endbetrag von 14,95 €, aus einem Endbetrag von 19,93 € wurde ein gerundeter Endbetrag von 19,95 €. Die Teilnahme an diesem Verfahren war für die Händler und auch die Rundung selbst für die Kundinnen und Kunden der teilnehmenden Händler freiwillig.[8] Ein Teil der Klever Händler – schwerpunktmäßig kleine und mittelgroße inhabergeführte Geschäfte und regionale Ketten – nahm die Idee positiv auf und führte die Rundungsregel, teils mit Unterstützung von Hinweisschildern („Geehrte Kunden, wir RUNDEN!"), ein. Überregional aktive Unternehmen waren dagegen aus unterschiedlichen Gründen eher zurückhaltend. Von der Einführung der Rundungspraxis und dem damit einhergehenden Verzicht auf die Nutzung von Ein- und Zwei-Cent-Münzen versprachen sich die Initiatoren vier Vorteile:

1. Die Senkung von Kosten für die Aufbewahrung von Münzen,
2. die Senkung von Kosten für den Transport von Münzen,
3. die Senkung von Kosten für die Einzahlung von Münzen auf Bankkonten und
4. eine Beschleunigung des Verkaufsvorgangs durch einen schnelleren Bezahlvorgang.

Bereits die Ankündigung dieser Rundungspraxis in Kleve führte zu einem großen Echo in regionalen, nationalen und auch internationalen Medien. Teils waren die Berichte eingebettet in übergreifende Fragen zur Zukunft des Bargelds insgesamt, teils wurde auf die spezifische Lage Kleves an der deutsch-niederländischen Grenze Bezug genommen, gelegentlich wurden auch die gesamtwirtschaftlichen Fragen der Kosten für das Bargeldmanagement bei Händlern und Banken thematisiert – jedenfalls stieß die Rundungspraxis weit über Kleve hinaus auf ein sehr großes Interesse. So wurde das Klever

---

[7]Webauftritt des Klever City Netzwerks e. V.: https://www.kleve.de/de/inhalt/klever-city-netzwerk/.

[8]Der Verbrauchersicht wurde somit durch den optionalen Charakter der Anwendung der Rundungsregel besonders Rechnung getragen. Eine Vermeidung möglicher negativer Auswirkungen auf die Verbraucher wurde auch dadurch angestrebt, dass die Rundungsregel auf die Endpreise und nicht auf Einzelpreise abzielt. Ein solches Vorgehen erachtet auch etwa der Verbraucherzentrale Bundesverband (vzbv) (2016, S. 4) für angemessener als die Rundung von Einzelpreisen.

Rundungsprojekt beispielsweise auch bei einem Bargeldsymposium der Deutschen Bundesbank im Juni 2016 diskutiert (2016, S. 129).

Bei einigen Akteuren knüpften sich daran auch Hoffnungen auf eine schnelle Verbreitung der Idee auf andere Städte und Regionen.

Nachdem die Klever Händler die Rundungspraxis ein Jahr lang angewendet hatten und Erfahrungen mit der praktischen Umsetzung, mit den tatsächlichen Effekten auf das Management des Bargeldbestands und mit den Reaktionen der Kunden gesammelt hatten, beauftragte das Klever City Netzwerk e. V. die in Kleve ansässige Hochschule Rhein-Waal mit einer Studie zur Evaluation.[9] Insgesamt wurden dabei drei Fragestellungen untersucht:

1. Welche ökonomische Auswirkung hat die Rundungspraxis beispielhaft in einem beteiligten Unternehmen?
2. Wie zufrieden sind die teilnehmenden Einzelhändler mit der Rundungspraxis?
3. Wie zufrieden sind die Kunden mit der Rundungspraxis?

Diese Forschungsfragen wurden mithilfe einer Analyse sämtlicher Kassenbelege eines beteiligten Unternehmens aus dem Jahr 2016 („Beleganalyse") sowie einer umfassenden Befragung der im Klever City Netzwerk e. V. zusammengeschlossenen Händler (webbasierte Händlerbefragung) und Kunden (mündliche Befragung von Kunden in der Fußgängerzone in Kleve) beantwortet.

11.2 Zentrale Ergebnisse der Beleganalyse

Zur Prüfung des Effekts der Rundung wurden bei einem ausgewählten Klever Händler alle Kassenbelege des Jahres 2016 analysiert. Bei der Interpretation der Daten gilt zu beachten, dass die Ergebnisse nicht ohne weiteres auf die Gesamtheit der teilnehmenden Händler in Kleve übertragbar, die Aussagen also weder für Kleve noch für die bundesdeutschen Händler repräsentativ sind. Die fallstudienartige Beleganalyse liefert aber dennoch einige interessante Einblicke, die dadurch an Aussagekraft gewinnen, dass sie in weiten Teilen auch im Einklang mit der weiteren wissenschaftlichen Literatur stehen.

Interessant ist hier zunächst, dass in dem untersuchten Datenbestand entsprechend den in der Preisgestaltung weit verbreiteten Annahmen des psychologischen Preisens[10],

---

[9]Die diesem Beitrag zugrunde liegende Studie wurde im Auftrag des Klever City Netzwerks e. V. von Prof. Dr. Jakob Lempp, Prof. Dr. Thomas Pitz und Prof. Dr. Jörn Sickmann durchgeführt.

[10]Preise unterhalb runder Zahlen werden vor allem mit dem Konzept der Preisschwelle begründet, wonach ein Überschreiten eines Schwellenwertes zu Absatzverlusten führe. Die Existenz von solchen Preisschwellen ist in der ökonomischen Literatur aber strittig. Vgl. hierzu im Überblick ausführlich Sickmann, Goldbach und Fenneman in Kap. 13.

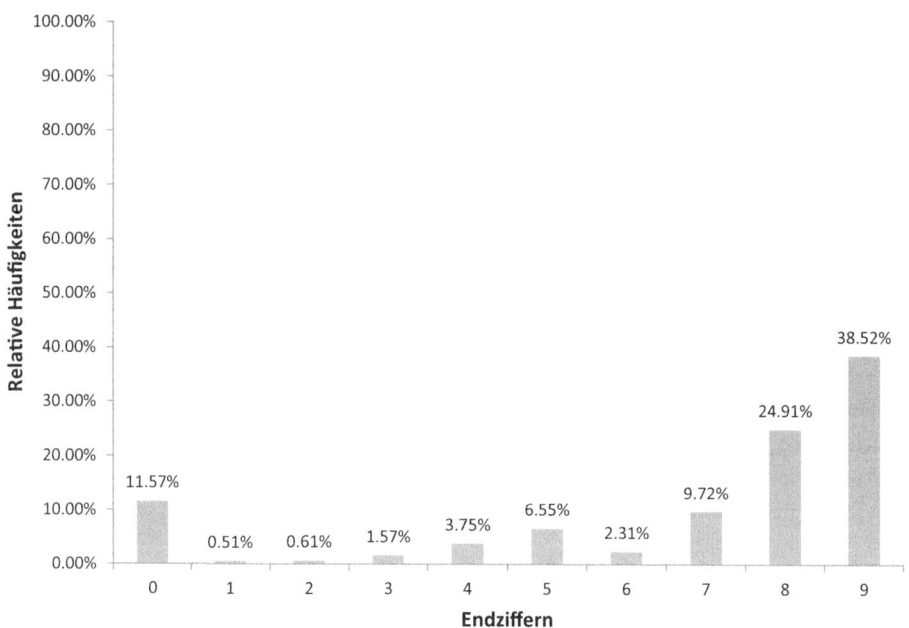

Abb. 11.1 Verteilung der Endziffern nach Verkaufsvorgängen. (Quelle: eigene Darstellung)

die Preise von 61 % der Einzelpositionen auf der Ziffer 9 endeten. Es folgen die Endziffern 0 (15 %), 8 (15 %) und 5 (8 %).

Bei dem untersuchten Händler wurden durchschnittlich lediglich 1,9 Produkte pro Verkaufsvorgang gekauft.[11] Dadurch ergibt sich die in Abb. 11.1 dargestellte Verteilung der Endziffern bei Kaufvorgängen. Auch hier sind Endziffern, die zu Aufrundung führen, insgesamt deutlich häufiger (69 %) als Endziffern, die zu Abrundung führen (13 %). Diese deutliche Verteilung zugunsten der Endziffern 8 und 9 ergibt sich allerdings aus der Tatsache, dass der ausgewählte Händler durchschnittlich eher teure Produkteanbietet. Die entsprechende Verteilung ist also nicht repräsentativ für die Gesamtheit der Klever Einzelhändler,[12] entspricht aber in der Tendenz der in weiteren Studien zur Verteilung von Endziffern gefundenen Ergebnisse. So haben für das Gebiet der Bundesrepublik Untersuchungen von Horst (2015) in Zusammenarbeit mit der Deutschen Bundesbank in Einklang mit den Ergebnissen der vorliegenden Studie eine deutliche Häufung bei den Endziffern 8 und 9 sowie bei geraden Beträgen mit Endziffern 0 und 5 ergeben.

---

[11] Arithmetisches Mittel: 1,86; Median: 1,0.

[12] Die durchschnittliche Anzahl gekaufter Artikel pro Einkauf im Lebensmitteleinzelhandel in Deutschland ist deutlich höher (2008 etwa durchschnittlich 8,34 Artikel); siehe Statista (2018).

Insgesamt wurde bei dem in dieser Studie untersuchten Klever Händler pro Verkaufsvorgang – sofern jeder Kaufvorgang auch in der Praxis zu einer freiwilligen Rundung geführt hat – ein Rundungsergebnis von 0,0072 € zu Gunsten des Händlers erreicht, ein Ergebnis, das also eher moderat ausfällt. Auch dieses Ergebnis findet in der Studie von Horst (2015, S. 18 ff.) Bestätigung, in der aufgrund der überproportionalen Verteilung der Endziffern 8 und 9 ebenso ein sehr geringer (0,02 %) positiver Umsatzeffekt einer kaufmännischen Rundungsregel aufgezeigt wird. Sowohl die Ergebnisse der Beleganalyse der Rundungspraxis in Kleve als auch die auf einer Simulation beruhende Beleganalyse von Horst können daher die gelegentlich geäußerte Vermutung, bei der Rundungspraxis handle es sich um eine erhebliche „Preissteigerung durch die Hintertür", nicht rechtfertigen.

11.3 Zentrale Ergebnisse der Händlerbefragung

Die Befragung der insgesamt 45 Klever Händler mithilfe eines Online-Fragebogens im Herbst 2016 zielte auf die Klärung der Frage nach der Zufriedenheit mit der Rundungspraxis ab.[13] Von den befragten Händlern boten 47 % ihren Kunden die Möglichkeit an, die Endbeträge an der Kasse zu runden. 27 % gaben an, nur gerundete Preise anzubieten. Nur bei 24 % bestand für die Kunden keine Möglichkeit, die Endbeträge zu runden.

Bei der Befragung gaben 57 % der Händler, welche ihren Kunden anboten, die Endbeträge an der Kasse zu runden, an, dass sie mit der Klever Rundungspraxis sehr zufrieden oder zufrieden sind. Dem stehen lediglich 18 % unzufriedene Händler entgegen (vgl. Abb. 11.2).

Die mit der Einführung der Rundung gehegten Hoffnungen konnten jedoch nicht überall erfüllt werden. Lediglich 18 % der befragten Händler gaben an, durch die Rundung die Verwaltungskosten für den Bargeldbestand gesenkt zu haben.

Ebenso wenig wurden allerdings auch die Befürchtungen wahr, die Einführung der Rundungspraxis im Unternehmen sei mit hohem Aufwand verbunden. Für lediglich 6 % der Händler war der Aufwand bei der Einführung der Rundungsregel nach eigenem Bekunden groß oder sehr groß gewesen. 51 % der Händler bewerteten den Aufwand für die Einführung der Rundungspraxis als sehr gering (vgl. Abb. 11.3).

---

[13]Die Händler wurden als Mitgliedsorganisationen des Klever City Netzwerks durch per Email auf die Befragung aufmerksam gemacht. Alle Emailadressen wurden den Autoren über die Mitgliederdatenbank des Klever City Netzwerks zur Verfügung gestellt. Bei den nicht an der Rundungspraxis teilnehmenden Händlern lag die Zustimmung („zufrieden" oder „sehr zufrieden") bei lediglich 16 %. Allerdings zeigten sich hier auch lediglich 25 % „unzufrieden" oder „sehr unzufrieden".

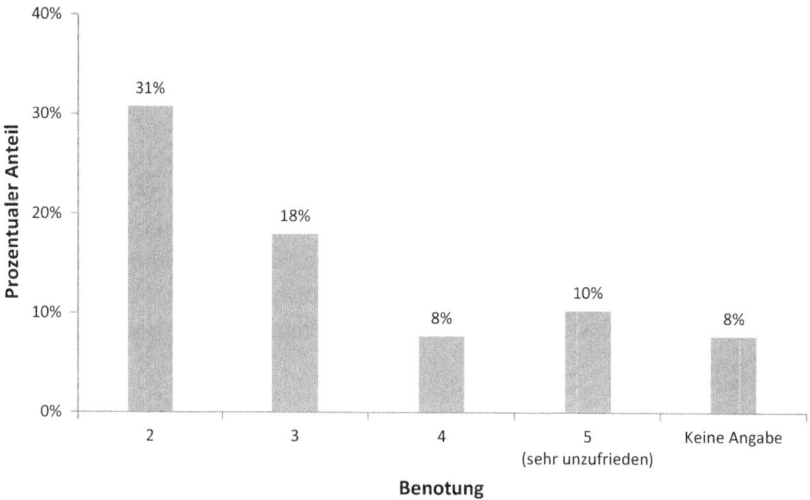

Abb. 11.2 Wie zufrieden sind Sie allgemein mit der Rundungspraxis in Kleve? Händlerbefragung. (Quelle: eigene Darstellung)

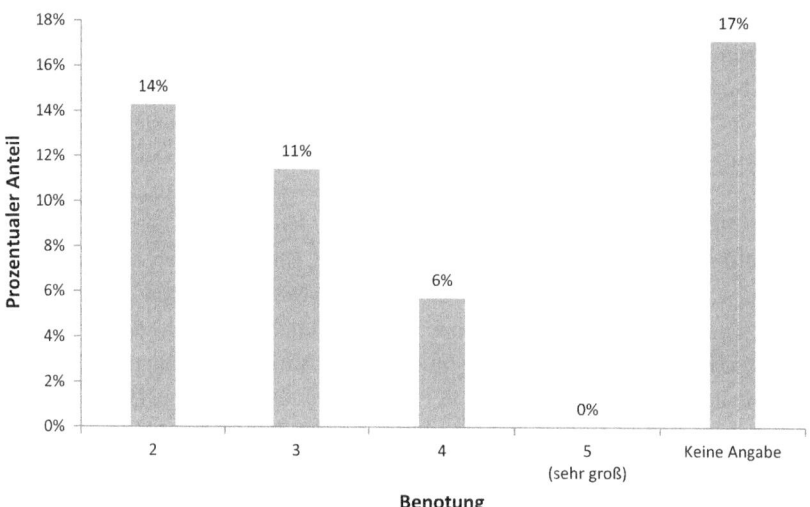

Abb. 11.3 Wie groß ist der Aufwand für die Einführung der Rundungspraxis in Ihrem Unternehmen? (Quelle: eigene Darstellung)

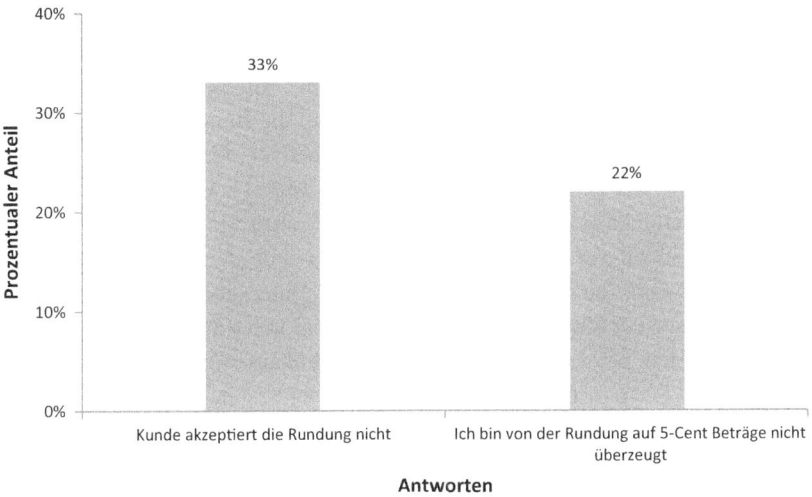

Abb. 11.4 Warum runden Sie die Endpreise nicht? (Quelle: eigene Darstellung)

Damit erweisen sich die Befürchtungen der Gegner der Rundungspraxis als eher unbegründet. Diese gaben als Hauptgründe für ihre Ablehnung des Projekts an, die technische Umstellung sei zu schwierig (44 %), der Kunde akzeptiere die Rundung nicht (33 %) oder man sei generell nicht von der Rundung überzeugt (22 %) (vgl. Abb. 11.4).[14]

Deutlich wurde dennoch, dass Händler, die zum Befragungszeitpunkt nicht gerundet hatten, sich mehrheitlich auch nicht vorstellen konnten, später auf Fünf-Cent-Beträge zu runden (50 %). Lediglich 25 % der nicht rundenden Händler konnte sich vorstellen, zukünftig an der Rundungspraxis zu partizipieren.

11.4 Zentrale Ergebnisse der Kundenbefragung

Insgesamt wurden im November 2016 in drei Befragungswellen 376 Kunden befragt. Die Befragungen fanden im Nahfeld von Unternehmen statt, in denen die Klever Rundungspraxis umgesetzt wurde. Eindeutig ist, dass den Kunden in Kleve die Möglichkeit, an der Kasse die Endbeträge zu runden, bekannt ist (80 %). Lediglich 20 % der Befragten wussten nicht, dass der Händler anbot, die Endbeträge an der Kasse zu runden.

---

[14]Insgesamt glauben 50 % der befragten Händler, die Kunden seien mit der Rundungspraxis zufrieden oder sehr zufrieden, lediglich 6 % der Händler glauben, die Kunden seien damit unzufrieden oder sehr unzufrieden.

Durch das Interesse der Medien an der Rundungspraxis waren auch die Kunden auf die Rundungspraxis aufmerksam geworden. So gaben 39 % der Befragten an, dass sie durch Anzeigen in Zeitungen und Zeitschriften von der Rundungspraxis erfuhren. 24 % wurden durch Beiträge im Radio und im Fernsehen auf die Rundungspraxis aufmerksam. Anzeigen im Internet, Newsletter, Plakate und Werbeflyer oder Prospekte nahmen mit weniger als 5 % eine nur geringe Bedeutung ein (vgl. Abb. 11.5).

Trotz der Bekanntheit der Rundungsmöglichkeit gaben nur 19 % der Befragten an, dass bei Ihrem Einkauf gerundet wurde. Bei 77 % wurde der Endbetrag des Einkaufs nicht gerundet, obwohl die Kundenumfrage nur bei Unternehmen durchgeführt wurde, welche, laut Aussage der Klever City Netzwerk e. V., an der Rundungspraxis teilnahmen.

Von den Befragten, bei denen der Endbetrag des Einkaufs nicht gerundet wurde, sprachen sich nur 8 % bewusst gegen die Rundung aus. 89 % gaben an, dies nicht getan zu haben. Somit sind die 77 %, bei denen der Endbetrag nicht gerundet wurde, nicht auf den Unwillen der Kunden zurückzuführen.

Dass die Rundungsfrage aufgrund der sehr hohen Neigung, Einkäufe in bar zu bezahlen, nach wie vor höchst relevant ist, wird an folgenden Ergebnissen deutlich: 68 % der Befragten hatten ihren Einkauf bar bezahlt, lediglich 26 % mit einer Giro- oder Kreditkarte. Zudem gaben 63 % der Befragten an, mindestens wöchentlich Ein- und Zwei-Cent-Münzen beim Bezahlen zu verwenden. 35 % bekundeten jedoch, weniger oft Ein- und Zwei-Cent-Münzen beim Bezahlen zu verwenden.

Nach Aussage der Befragten hatten 30 % schon einmal Schwierigkeiten gehabt, die Kleinmünzen loszuwerden. Für 69 % bestanden solche Schwierigkeiten nicht (vgl. Abb. 11.6).

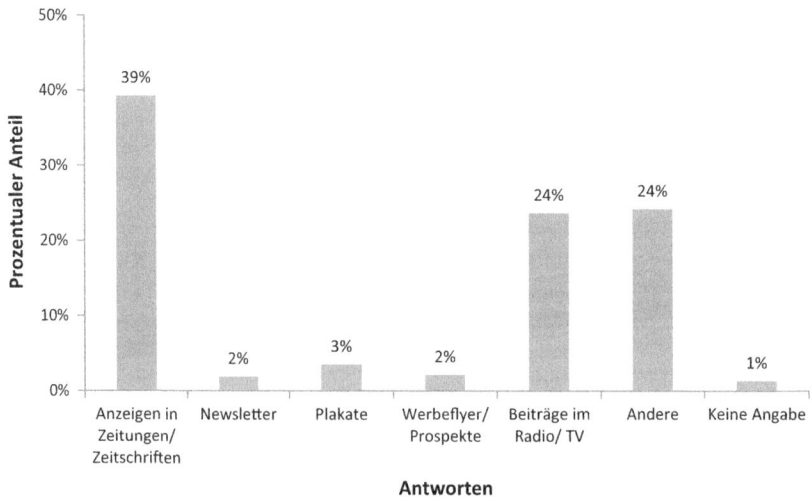

Abb. 11.5 Wie sind Sie auf das Rundungsprojekt aufmerksam geworden? (Quelle: eigene Darstellung)

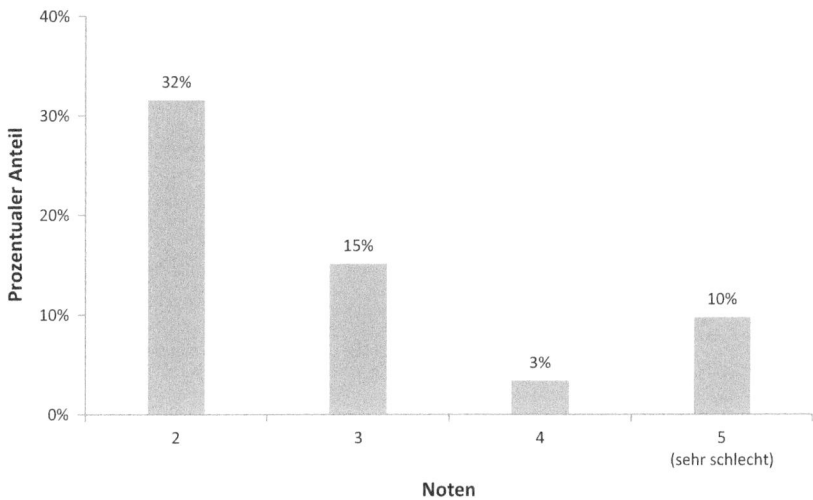

Abb. 11.6 Finden Sie die Idee, Endbeträge an der Kasse zu runden, gut? Kundenbefragung. (Quelle: eigene Darstellung)

Die Einstellung der befragten Kunden zu der Klever Rundungspraxis ist insgesamt sehr positiv. 72 % gaben an, die Idee, Endbeträge an der Kasse zu runden, sehr gut oder gut zu finden. Lediglich 13 % antworteten hier mit „schlecht" oder „sehr schlecht".

Die erhobenen soziodemografischen Daten zeigen keine großen Unterschiede in der Bewertung der Rundungspraxis zwischen niederländischen und deutschen Kunden. Beide bewerteten die Rundungspraxis überwiegend positiv. Auch Geschlechterunterschiede spielen nur eine geringe Rolle. Die männlichen bewerteten die Rundungspraxis insgesamt leicht positiver als die weiblichen Befragten.

Im Durchschnitt bewerteten die befragten Kunden die Rundung der Endbeträge an der Kasse besser als die befragten Händler. Die Händler wurden auch aufgefordert, zu bewerten, wie zufrieden die Kunden mit der Rundungspraxis sind. Dabei stellte sich heraus, dass die Kunden mit der Rundungspraxis im Durchschnitt zufriedener sind, als die Händler erwarteten. Somit ist auch der von den Händlern am zweihäufigsten angegebene Grund gegen die Rundungspraxis, nämlich, dass die Kunden die Rundung nicht akzeptieren würden, nicht stichhaltig (vgl. Abb. 11.7).

Deutlich wird auch, dass die Befragten nicht befürchten, durch ein übermäßiges Aufrunden „über den Tisch gezogen zu werden". 76 % erwarteten einen neutralen Effekt der Rundung. Trotz dieser grundsätzlich positiven Einstellung gegenüber dem Runden fiel es vielen Befragten schwer, die Klever Rundungspraxis konkret anzuwenden. Allen Befragten wurden fünf Preise genannt (1,22 €; 2,93 €; 3,75 €; 1,97 € und 3,78 €). Lediglich 12 % der Befragten konnten alle Preise regelgerecht runden (also auf 1,20 €; 2,95 €; 3,75 €; 1,95 € und 3,80 €).

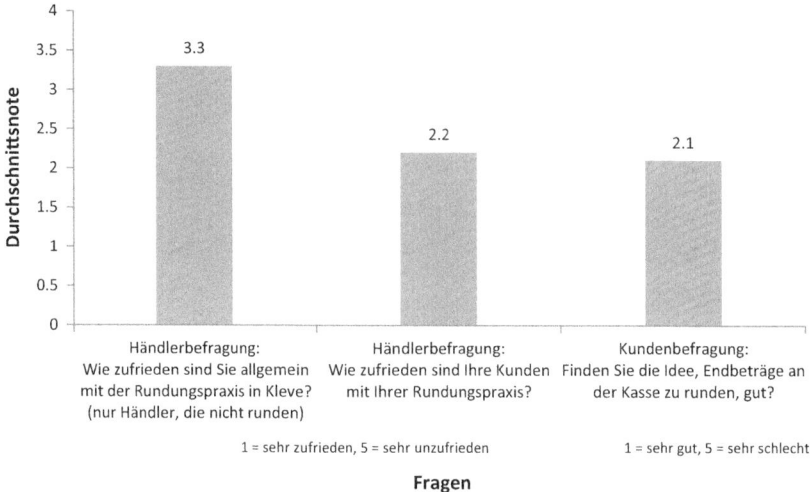

Abb. 11.7 Benotung des Rundungsprojekts – Vergleich Händler/Kunden. (Quelle: eigene Darstellung)

11.5 Fazit

Kleve hat als erste Stadt in Deutschland den ambitionierten Versuch unternommen, die Kleinmünzen mithilfe einer durch die Händler der Stadt getragene Rundungspraxis de facto abzuschaffen. Dieses Experiment hat die Stadt und ihre Einzelhändler weit über die Grenzen der Region ins Gespräch gebracht und die in einigen europäischen Ländern gängige Praxis auch in Deutschland stärker in den Fokus der Diskussion gestellt.

Die im Auftrag des Klever City Netzwerk e. V. durchgeführten Untersuchungen zeigen, dass eine solche Praxis von den teilnehmenden Händlern und den Kunden weitgehend akzeptiert wurde. Die in der politischen Diskussion zur Einführung von Rundungsregelungen regelmäßig geäußerten Befürchtungen etwa zu einem inflationären Effekt bzw. einer „versteckten Preiserhöhung" oder zu einer generell fehlenden Akzeptanz auf Kundenseite finden in der vorliegenden Studie keine Bestätigung. Auch sahen sich die teilnehmenden Händler nach eigenem Bekunden keinem wesentlich erhöhten Aufwand durch die Einführung einer Rundungsregelung ausgesetzt.

Gleichzeitig gab der überwiegende Teil der Klever Händler aber auch an, dass insgesamt keine signifikanten Kosteneinsparungen erzielt werden konnten. Zudem zeigte sich in Kleve nicht nur eine sehr geringe Partizipation größerer, überregional tätiger Einzelhandelsgeschäfte. Auch scheinen nicht bei allen Händlern, die an dem Rundungsprojekt teilgenommen haben, die Rundungsregelungen konsequent angewandt worden zu sein. Und letztlich stand auf Konsumentenseite einer positiven Aufnahme der Rundungspraxis eine beachtliche Unkenntnis über die genauen Rundungsregeln gegenüber.

Insgesamt erscheint es, auch mit Blick auf die Praxis in anderen Ländern, dass ein wirklich nachhaltiges Abschaffen der Kleinmünzen nur in einem größeren regionalen – oder gar nationalen – Umfeld effektiv möglich ist. Die Ergebnisse der vorliegenden Studie zeigen, dass die Einführung einer solchen Regelung, falls sie denn gewünscht wird, ergänzt werden sollte durch eine umfangreiche Informations- und Schulungskampagne, um unbegründeten Ängsten zu begegnen und sicherzustellen, dass die teilnehmenden Konsumenten die Wirkungen der Rundung auch richtig verstehen.

Literatur

Bundesministerium der Finanzen (2016) Monatsbericht April 2016. http://www.bundesfinanzministerium.de/Content/DE/Monatsberichte/2016/04/Inhalte/Kapitel-3-Analysen/3-4-muenzen-in-deutschland-europa.html. Zugegriffen: 25. Juni 2018

Der Bundesrat (2006) 941.103.3. Verordnung über die Ausserkurssetzung der Einrappenstücke. https://www.admin.ch/opc/de/classified-compilation/20060931/index.html. Zugegriffen: 25. Juni 2018

Deutsche Bundesbank (2015a) Monatsbericht April 2015. https://www.bundesbank.de/Redaktion/DE/Downloads/Veroeffentlichungen/Monatsberichte/2015/2015_04_monatsbericht.pdf?__blob=publicationFile. Zugegriffen: 25. Juni 2018

Deutsche Bundesbank (2015b) Zahlungsverhalten in Deutschland 2014. Dritte Studie über die Verwendung von Bargeld und unbaren Zahlungsinstrumenten. Abgeschlossen am 11. Februar 2015, Frankfurt. https://www.bundesbank.de/Redaktion/DE/Downloads/Veroeffentlichungen/Studien/zahlungsverhalten_in_deutschland_2014.pdf?__blob=publicationFile. Zugegriffen: 25. Juni 2018

Deutsche Bundesbank (2016) Sonderdruck zum 3. Bargeldsymposium, 2016, Frankfurt. https://www.bundesbank.de/Redaktion/DE/Downloads/Veroeffentlichungen/Studien/bargeldsymposium_2016.pdf?__blob=publicationFile. Zugegriffen: 25. Juni 2018

European Central Bank (2018) Statistical Data Warehouse. http://sdw.ecb.europa.eu/reports.do?node=1000004113. Zugegriffen: 25. Juni 2018

European Commission (2013) COM/2013/0281. Issues related to the continued issuance of the 1 and 2 euro cent coins. https://eur-lex.europa.eu/legal-content/EN/ALL/?uri=COM:2013:0281:FIN. Zugegriffen: 25. Juni 2018

Flash Eurobarometer 458 (2017) The euro area. Survey requested by the European Commission, Directorate-General for Economic and Financial Affairs and co-ordinated by the Directorate-General for Communication, Dezember 2017. https://data.europa.eu/euodp/data/dataset/S2158_458_ENG. Zugegriffen: 25. Juni 2018

Horst F (2015) Münzgeldstudie. Folgenabschätzung einer Rundungsregel im Einzelhandel. EHI Retail Institute GmbH in Zusammenarbeit mit der Deutschen Bundesbank, Mai 2015, Frankfurt. https://www.bundesbank.de/Redaktion/DE/Downloads/Veroeffentlichungen/Studien/muenzgeldstudie.pdf?__blob=publicationFile. Zugegriffen: 25. Juni 2018

House of Commons (2012) Economic Action Plan 2012. https://www.budget.gc.ca/2012/plan/pdf/Plan2012-eng.pdf. Zugegriffen: 25. Juni 2018

Lempp J (2017) Ein Jahr runden in Kleve. Cards, Karten, Cartes om. 10. August 2017, S. 37ff.

Seibel K (2017) Warum die Abschaffung der Mini-Münzen sinnvoll ist. 29. Mai 2017. https://www.welt.de/finanzen/article165051931/Warum-die-Abschaffung-der-Mini-Muenzen-sinnvoll-ist.html. Zugegriffen: 25. Juni 2018

Statista (2018) Anzahl gekaufter Artikel pro Einkauf im Lebensmitteleinzelhandel in Deutschland in den Jahren 2008 und 2014. https://de.statista.com/statistik/daten/studie/303179/umfrage/gekaufte-artikel-pro-einkauf-im-lebensmitteleinzelhandel-in-deutschland/. Zugegriffen: 25. Juni 2018

Sturzenegger S (2013) So viel kostet unser Geld wirklich. http://www.20min.ch/finance/news/story/So-viel-kostet-unser-Geld-wirklich-18197920. Zugegriffen: 25. Juni 2018

Verbraucherzentrale Bundesverband (2016) Der Preis für eine Welt ohne Bargeld ist zu hoch. Positionspapier zur Bargeld-Debatte. 15. April 2016. https://www.vzbv.de/sites/default/files/bargeld-positionspapier-vzbv-2016-04-15_0.pdf. Zugegriffen: 25. Juni 2018

Jakob Lempp ist Professor für Politikwissenschaft und Dekan der Fakultät Gesellschaft und Ökonomie an der Hochschule Rhein-Waal in Kleve. Er hat an der Technischen Universität Dresden promoviert und arbeitete anschließend mehrere Jahre lang als Consultant bei der Boston Consulting Group GmbH in München, schwerpunktmäßig für Kunden im Öffentlichen Dienst. Er forscht und lehrt zu Fragen der Wirtschaftsförderung und zu Europapolitik.

Thomas Pitz wurde in Heilbronn geboren. Er studierte unter anderem an der Technischen Universität Darmstadt Mathematik und Informatik und promovierte über ein Thema zur Simulation sozialer Systeme an der LMU München im Fachbereich Philosophie, Logik und Wissenschaftstheorie. Danach arbeite er mehre Jahre in Forschungsprojekten im Bereich der Experimentellen Wirtschaftsforschung, der Spieltheorie und der verteilten künstlichen Intelligenz an der Universität Duisburg-Essen, dem Labor für Experimentelle Wirtschaftsforschung in Bonn und am Vernon Smith Laboratorium der Jiao Tong University in Shanghai. Er ist seit 2012 Professor für Spieltheorie an der Hochschule Rhein Waal in Kleve.

Jörn Sickmann ist Professor für Industrieökonomie und Unternehmensfinanzierung an der Hochschule Rhein-Waal in Kleve. Schwerpunktmäßig beschäftigt er sich mit industrie- und ordnungsökonomischen Fragestellungen in Netzindustrien mit besonderem Fokus auf die Bereiche der Telekommunikation und der Digitalisierung sowie der Transformation von Energie- und Verkehrsnetzen. Ein weiteres Interessengebiet ist die verhaltenswissenschaftliche und experimentelle Forschung zu finanz- und netzwirtschaftlichen Fragestellungen. Seine Arbeit umfasst gutachterliche Tätigkeiten sowie Verbundforschung im Rahmen von öffentlich geförderten Drittmittelprojekten.

Die Zukunft der Visualität des Bargelds, oder: Auslaufmodell Banknote?

12

Stefan Hartmann

Inhaltsverzeichnis

12.1	Funktionen von Banknoten	169
12.2	Norwegen: Identitätsfaktor Meer	171
12.3	„Weltoffene Schweiz"	174
12.4	„Rule, Britannia!"?	178
12.5	Die Banknote – Gegenwart und Zukunft eines vielschichtigen Kommunikationsmediums	180
Literatur		182

Auf den ersten Blick scheint die Abschaffung des Bargelds für Handel, Konsumenten,[1] Mediziner und natürlich Banken vor allem Vorteile zu bringen. Für den Verbraucher ist Bargeld mit Unbequemlichkeit verbunden, schließlich muss man stets Münzen und Scheine mit sich führen sowie Wege zum Geldautomaten einplanen;[2] hinzu kommt noch ein gewisses Sicherheitsrisiko in Hinblick auf Diebstahl und Raub. Für Gewerbetreibende ist Bargeld ebenfalls mit einem Sicherheitsrisiko verbunden, zudem können in erheblichem Umfang Finanzmittel gebunden sein. Ein großes Problem kann auch

---

[1]Aus Gründen der leichteren Lesbarkeit wurde von der Verwendung einer geschlechtergerechten Sprache abgesehen.
[2]Andererseits galt der Geldautomat praktisch seit seiner Einführung als Instrument der Verheißung, als „Verführer", der zum leichtfertigen Umgang mit Geld anregt (Booz 2014).

S. Hartmann (✉)
Universität Augsburg, Augsburg, Deutschland
E-Mail: Stefan.Hartmann@phil.uni-augsburg.de

© Springer Fachmedien Wiesbaden GmbH, ein Teil von Springer Nature 2018
J. Lempp et al. (Hrsg.), *Die Zukunft des Bargelds*,
https://doi.org/10.1007/978-3-658-21720-4_12

der logistische Aufwand für Bargeldtransporte sowie die damit verbundenen Kosten darstellen.[3] Für alle Beteiligten bergen gerade Banknoten darüber hinaus Gesundheitsgefahren, da auf deren Oberfläche Krankheitserreger Verbreitung finden können.[4] Bargeldlose Zahlungssysteme und Virtuelle Währungen[5] hingegen sind bequem, zumindest langfristig gesehen kostengünstig und hygienischer. Auch können die Geldströme vorgeblich leichter durch staatliche Instanzen kontrolliert werden, womit sich die (organisierte) Kriminalität sowie der Terrorismus leichter bekämpfen lassen. Genau diese Transparenz weckt aber Ängste, viele Bürger möchten keine Überwachung ihrer Transaktionen (Hutter 2001, S. 42). Zugleich sind Virtuelle Währungen wie der Bitcoin für die Geldwäsche geradezu prädestiniert: Die Geldströme unterliegen keiner staatlichen Kontrolle, enorme Summen lassen sich so global transferieren. Außerdem kann man auf Wechselkursgewinne spekulieren, respektive selbige durch das Eintauschen großer Summen selbst auslösen.[6] Für ‚normale' Nutzer bergen Virtuelle Währungen unter anderem wegen ihrer Volatilität, wegen der Gefahr des Identitätsdiebstahls sowie wegen der Möglichkeit einschlägiger Gesetzesänderungen in einzelnen Ländern hohe Risiken.[7]

Im vorliegenden Beitrag sollen allerdings nicht die wirtschaftlichen, rechtlichen oder gesundheitlichen Aspekte des Bargelds betrachtet werden, sondern die gesellschaftlich-kommunikative Ebene dieses Mediums, genauer gesagt von Banknoten. Banknoten sind ein polysensuelles Kommunikationsmedium, das vor allem durch die Komponenten Bildlichkeit und Materialität bestimmt wird. Mit der Materialität verbunden sind die Aspekte Haptik, Akustik und auch Geruch (Hafner et al. 2014, S. 37; Gabriel 2016, S. 23). Hinzu tritt die textuelle Dimension des Mediums.

Nach einer Einführung in die zentralen Funktionen sowie die (alltags-)kulturellen Dimensionen von Banknoten erfolgt eine Betrachtung der neuen Banknoten dreier europäischer Staaten (Großbritannien, Norwegen, Schweiz), mit Fokus auf ikonografische Aspekte. Einerseits soll auf diese Weise exemplarisch die aktuelle Relevanz der Banknote als Kommunikationsmedium aufgezeigt werden. Zugleich soll, anknüpfend an J. Hymans'

---

[3]Vor einigen Jahren mussten allein deutsche Banken und Sparkassen für die Bargeldversorgung wohl über 4 Mrd. € aufwenden (Die Welt 2012). Daneben kann die Abhängigkeit des Handels von großen Geldtransportunternehmen ein Problem darstellen, wie finanzielle Schwierigkeiten eines entsprechenden deutschen Unternehmens im Jahr 2009 gezeigt haben (Süddeutsche Zeitung 2010).
[4]Die Bakterienzahl auf Banknoten hängt unter anderem von deren Material ab. An Banknoten aus Polymermaterial haften westlich weniger Bakterien an als an Geldscheinen aus anderen Materialien, die eine gröbere, porösere Oberfläche bilden (Vriesekoop et al. 2016; Hafner et al. 2014, S. 37).
[5]Die Europäische Bankenaufsichtsbehörde (EBA/Op 2014, S. 11) definiert Virtuelle Währungen („virtual currencies") wie folgt: „[…] as a digital representation of value that is neither issued by a central bank or public authority nor necessarily attached to a FC [Fiat Currency; Anm. des Verfassers], but is used by natural or legal persons as a means of exchange and can be transferred, stored or traded electronically."
[6]Einführend zum Bitcoin als bekanntes Beispiel einer virtuellen Währung siehe Tzanetakis (2016).
[7]Zu den Risiken siehe EBA/Op (2014, S. 23–29).

drei-Phasen-Modell der Gestaltung europäischer Banknoten, geprüft werden, ob wir uns gegenwärtig in einer neuen Phase befinden.[8]

Neben dem steten Bemühen um die Fälschungssicherheit[9] als ein Movens für die Neugestaltung von Banknoten spielt vor allem deren ideologische Dimension eine Rolle. Im Kern geht es um eine Frage nationaler Identität: Welche Personen oder Symbole sollen den Staat repräsentieren? Entscheidet man sich für die Abbildung von Personen, können Gender-Debatten[10] und ‚Personenkult'-Vorwürfe die Folge sein. Entscheidet man sich für Stellvertreterfiguren bestimmter Gruppierungen, etwa von Arbeitern oder Forschern, stellt sich die Frage, welcher Gruppe welche Wertigkeit zugesprochen werden soll. In allen Fällen kann diskutiert werden, wer diese Entscheidungen treffen soll.[11] Genau solche Überlegungen – und die verschiedenen Lösungsansätze – verweisen bereits auf die Relevanz der Banknote als Kommunikationsmedium.

12.1 Funktionen von Banknoten

Das Zusammenwirken polysensueller Informationen bewirkt beim Rezipienten den Eindruck von Echtheit sowie Wertigkeit. Dies ist natürlich eine Kernfunktion von Banknoten, die gleichsam das materialisierte „Wertversprechen" eines Staates darstellen (Gabriel 2016, S. 23 f.).[12] Zugleich dienen sie als Medium staatlicher Selbstdarstellung und dienen

---

[8]Hymans unterscheidet zwischen der „traditionellen" („traditional"), der „materialistischen" („materialist") und der „postmaterialistischen" („post-materialist") Phase, die jeweils durch Veränderungen in Hinblick auf die Repräsentation des Staates, der Gesellschaft – oder von „Klassen" – sowie von Individuen gekennzeichnet seien. Veränderungen könnten dabei in ganz Europa jeweils mehr oder minder parallel beobachtet werden, als Ausdruck eines „Europe-wide cultural *Zeitgeist*" (Hymans 2004, S. 14 f. für die Phasen, S. 19 für das Zitat).

[9]Einführend Thiel (2016, S. 63).

[10]In Südkorea führte 2007 gerade die erstmalige Abbildung einer Frau, der Künstlerin Sin Saimdang (1504–1551), zu Protesten von feministischer Seite. Die Gegnerinnen dieser Entscheidung führten aus, dass Saimdang als „wise mother and good wife" für tradierte, konfuzianisch-patriarchalische Werte stehe (Kim 2016, S. 201). Einführend zur Darstellung von Frauen auf Banknoten siehe den kleinen Katalog „Beauty and the Banknote" des Britischen Museums (Hewitt 1994). Siehe auch Jungmann-Stadler (2012).

[11]Siehe exemplarisch zu diesen Aspekten die Beiträge von Peter Leisering (2016) zur Gestaltung von DDR-Banknoten und von Katharina Depner (2016) zur „Ikonografie des Nation-Building am Beispiel von Banknoten afrikanischer Länder". Einführend zur Frage der Verantwortung für das Design siehe Thiel (2016, S. 64).

[12]Der Begriff „Wertversprechen" stammt von Günter Schmölders (1966, S. 35).

Ergänzend sei angemerkt, dass Banknoten in Europa in der zweiten Hälfte des 17. Jahrhunderts erstmals eingeführt wurden. Bis zum Beginn des 20. Jahrhunderts waren dann die drei wesentlichen Merkmale heutiger Banknoten etabliert: Die Emission durch eine Notenbank, der Status eines „gesetzlichen Zahlungsmittels" und der Wegfall der Umtauschpflicht in Münzen oder Gold seitens der ausgebenden Institution (Herrmann 2010, S. 19).

der Kommunikation zwischen Staat und ‚eigenen' Bürgern beziehungsweise den Bürgern anderer Staaten.[13] So druckten etwa Polen, Tschechien und Ungarn nach dem Zusammenbruch der Sowjetunion Darstellungen bekannter Herrscher beziehungsweise Helden der nationalen Geschichte auf ihre Banknoten, die symbolisch als „Garanten der Freiheit" fungieren sollten (Bartetzky 2012, S. 139). Banknoten weisen zudem häufig eine „emotional-symbolische" Dimension auf, können mit individuellen Erinnerungen verbunden sein, als Medium persönlicher Beziehungen fungieren oder – durch Beschriften / Bedrucken – subversiv genutzt werden (Hafner et al. 2014).[14] Kurz: Es kommt zu vielfältigen Aneignungsprozessen, die sich auch in unterschiedlichsten Praxen des Gebrauchs äußern. Hierbei ist vor allem an Kulturtechniken des Schenkens zu denken, wie Falten und Verzieren, um das unpersönliche Zahlungsmittel ‚geschenkwürdig' zu machen (Meyer 2014, S. 18; vgl. auch Meyer 2011). In Asien werden zum Neujahrsfest rote Umschläge („Hongbao") mit möglichst neuen Banknoten verschenkt. Dafür werden jedes Jahr Millionen neuer Geldscheine gedruckt und zu Teilen extra Geldautomaten aufgestellt.[15]

Als Ausdruck von Dekadenz oder Verachtung kann man das Verbrennen eines Geldscheins zum Anzünden einer Zigarre (oder als Selbstzweck) interpretieren.[16] Lässig-überheblich soll wohl das Wedeln mit Banknoten wirken, um zu bezahlen. Die Großzügigkeit und finanzielle ‚Potenz' des Gebers mag im Zustecken von Papiergeld in Strip-Clubs zum Ausdruck kommen. All dies sind mehr oder weniger alltägliche Handlungen, in deren Rahmen die Banknote genau wegen des achtlosen Umgangs mit ihr für ihren Besitzer zum Statussymbol avanciert.

Andy Warhol (1928–1987) hingegen thematisierte den Dollar als ‚Ikone der Moderne' in mehreren Arbeiten, unter anderem mit dem frühen Siebdruck „200 One Dollar Bills" (1962), der genau das zeigt: 20 × 10 Ein-Dollar-Scheine. In der rasterartigen Reihung wird der Dollar zugleich zum ‚Star' und zum ‚Fetisch' der Konsum- und Mediengesellschaft, womit er sich in Warhols Darstellungen von Berühmtheiten (vgl. etwa Shafrazi 2012) und

---

[13]Einführend Thiel (2016, S. 49–51). Exemplarisch für Banknoten europäischer Staaten siehe Pointon (1998).

[14]Zur subversiven Dimension des Mediums siehe auch Hartmann (2016). Mit D-Mark Münzen und Scheinen als Medien individueller Erinnerungskultur hat sich Karin Bürkert (2014) beschäftigt.

[15]http://www.bbc.com/news/av/business-31545714/lunar-new-year-demand-for-new-banknotes; http://www.channelnewsasia.com/news/singapore/new-good-as-new-notes-available-from-jan-11-7533358 (Erstellt am 7. Januar 2017; Zugegriffen: 2. August 2017).

[16]Vgl. Hafner et al. (2014, S. 52). Im Gegensatz zu den Autorinnen dieses Beitrags ist der Verfasser allerdings nicht der Ansicht, dass der „Geldschein […] in diesen Beispielen zum Gegenstand ohne monetären Wert […]" wird (ebenda). Schließlich ist es genau sein monetärer Wert, der ihn zum geeigneten Mittel derartiger dekadent-verächtlicher Gesten macht.

Konsumprodukten der Zeit einreiht. In diesem Zusammenhang erscheint es äußerst passend, dass Warhols Siebdruck 2009, im Nachgang der globalen Finanzkrise, für knapp 44 Mio. US$ versteigert wurde, und damit den Schätzpreis um ein Mehrfaches übertraf (Kamholz 2013).

Während Warhol den „Fetischcharakter" (K. Marx) der Dollarnote thematisierte, geht man beim Gestaltungsprozess von Banknoten heute zu Teilen neue Wege – offensichtlich, um deren identitätsstiftende Funktion, vor dem Hintergrund geänderter gesellschaftlicher Rahmenbedingungen und politischer Diskurse, zu erhalten. Dies soll exemplarisch anhand der Neuemissionen Großbritanniens, Norwegens und der Schweiz aufgezeigt werden.

12.2 Norwegen: Identitätsfaktor Meer

Norwegens neue Banknotenserie (Serie VIII: 50, 100, 200, 500 und 1000 Kronen) wird sukzessive zwischen 2017 und 2019 eingeführt. Als übergeordnetes Leitmotiv fungiert die Bedeutung des Meeres für das Land in Geschichte und Gegenwart. Die Vorderseiten zeigen jeweils als Hauptmotiv einen Leuchtturm (50 Kronen, Abb. 12.1), ein Wikingerschiff (100 Kronen, Abb. 12.3), einen Kabeljau (200 Kronen, Abb. 12.5), ein Seenot-Rettungs-Segelschiff (500 Kronen, Abb. 12.7) und eine Meereswelle (1000 Kronen, Abb. 12.9). Das Wikingerschiff wird im Hintergrund kontrastiert durch ein neuentwickeltes Bugkonzept (X-Bow).[17] Der 200-Kronen-Schein zeigt neben dem Kabeljau noch Heringe und ein Fischernetz.[18] In der oberen rechten Ecke aller Vorderseiten ist ein Papageientaucher von der Seite dargestellt. Der Kopf dieses Vogels wird auch im Wasserzeichen der Banknoten abgebildet.[19] Die Rückseiten präsentieren stark abstrahierte, verpixelte sowie kleine grafische Motive, die das jeweilige Thema aufgreifen, unter anderem

Abb. 12.1 50 Kronen, 126 × 70 mm, Vorderseite vorläufiger Entwurf: Der Leuchtturm von Utvaer (Gemeinde Solund) diente hier als Vorbild. Einführung im vierten Quartal 2018 geplant. (© Norges Bank)

---

[17]http://www.norges-bank.no/en/notes-and-coins/New-banknote-series/New-100-krone-note/new-100-description/x-bow/ (Erstellt am 27. Juli 2017; Zugegriffen: 12. Oktober 2017).

[18]http://www.norges-bank.no/en/notes-and-coins/New-banknote-series/New-200-krone-note/new-200-description/ (Erstellt am 4. Mai 2017; Zugegriffen: 12. Oktober 2017).

[19]http://www.norges-bank.no/en/notes-and-coins/New-banknote-series/New-50-krone-note/new-50-description/ (Erstellt am 4. Mai 2017; Zugegriffen: 12. Oktober 2017).

Abb. 12.2 50 Kronen, 126 × 70 mm, Rückseite vorläufiger Entwurf: abstrahiertes Leuchtfeuer, abstrahierter Wind und leichte Wellenbewegung, Sternbild „Ursa Major". Einführung im vierten Quartal 2018 geplant. (© Norges Bank)

Abb. 12.3 100 Kronen, 133 × 70 mm, Vorderseite: Gokstad-Wikingerschiff und X-Bow-Entwurf. Eingeführt am 30. Mai 2017. (© Norges Bank)

ein Leuchtfeuer (50 Kronen, Abb. 12.2), ein Containerschiff (100 Kronen, Abb. 12.4), ein Fischerboot mit -netz und ein Schifffahrtszeichen (200 Kronen, Abb. 12.6), eine Ölförderplattform mit dem schematisch dargestellten Netzwerk der Nordseepipline und eine fossile Meeresschnecke (500 Kronen, Abb. 12.8) sowie eine Meeresoberfläche und Darstellungen des Wassermoleküls in festem und flüssigem Zustand (1000 Kronen, Abb. 12.10).[20] Erhabene Linien an den Rändern sollen es Blinden und Sehbehinderten erlauben, den Wert des Geldscheins erkennen zu können.[21]

Die Gestaltung der neuen Scheine aus Baumwoll-Papier[22] erfolgte durch Designer der Notenbank Norwegens auf Basis von Entwürfen professioneller Gestaltungsbüros,[23] die

---

[20]Für eine Übersicht der Banknoten siehe: http://www.norges-bank.no/en/notes-and-coins/New-banknote-series/ (Erstellungsdatum unbekannt; Zugegriffen: 12. Oktober 2017).

[21]http://www.norges-bank.no/en/notes-and-coins/New-banknote-series/New-100-krone-note/is-it-genuine-3/ (Erstellt am 23. Mai 2017; Zugegriffen: 12. Oktober 2017).

[22]http://www.norges-bank.no/en/notes-and-coins/New-banknote-series/About-the-new-notes/ (Erstellt am 22. November 2016; Zugegriffen: 2. August 2017).

[23]http://www.norges-bank.no/en/notes-and-coins/New-banknote-series/About-the-new-notes/ (Erstellt am 22. November 2016; Zugegriffen: 2. August 2017).

Abb. 12.4 100 Kronen, 133 × 70 mm, Rückseite: abstrahiertes Containerschiff. leichte Brise und stärkerer Seegang. Eingeführt am 30. Mai 2017. (© Norges Bank)

Abb. 12.5 200 Kronen, 140 × 70 mm, Vorderseite: Kabeljau, kleinere Heringe und ein Fischernetz bilden die wichtigsten Motive. Eingeführt am 30. Mai 2017. (© Norges Bank)

im Rahmen eines Wettbewerbs ausgewählt worden waren.[24] Nach einer Übergangszeit von 12 Monaten verliert die bisherige Banknotenserie ihre Gültigkeit.[25] Die Noten dieser Serie zeigen auf den Vorderseiten Porträts nationaler ‚Geistesgrößen' (eines Schriftstellers, einer Sängerin, eines Physikers, einer Romanautorin und eines Malers) und auf den Rückseiten Motive mit Bezug zum Werk der jeweiligen Person.[26] Vergleicht man die

---

[24] http://www.norges-bank.no/en/notes-and-coins/New-banknote-series/On-the-choice-of-theme-and-motifs/ (Erstellt am 22. November 2016; Zugegriffen: 2. August 2017).

[25] http://www.norges-bank.no/en/notes-and-coins/New-banknote-series/What-to-do-with-old-banknotes/ (Erstellt am 22. November 2016; Zugegriffen: 12. Oktober 2017).

[26] Für eine Übersicht der bisherigen Banknoten siehe: http://www.norges-bank.no/en/notes-and-coins/Banknotes/legal-tender-banknotes/ (Erstellt am 30. Mai 2017; Zugegriffen: 12. Oktober 2017).

Erstmals mit Porträts verschiedener bekannter Persönlichkeiten des Landes versehen wurden die Stückelungen der 1948 emittierten IV. Serie: http://www.norges-bank.no/en/notes-and-coins/Banknotes/Banknote-series-IV/ (n. d.; Zugegriffen: 13. Oktober 2017).

Abb. 12.6 200 Kronen, 140 × 70 mm, Rückseite: unter anderem abstrahierte Darstellung eines Fischerboots am Horizont und einer frischen Brise sowie eines noch etwas stärkeren Seegangs. Eingeführt am 30. Mai 2017. (© Norges Bank)

Abb. 12.7 500 Kronen, 147 × 70 mm, Vorderseite: Rettungssegelschiff RS14 „Stavanger" von 1901. Einführung im vierten Quartal 2018 geplant. (© Norges Bank)

Motive der bisherigen und der neuen Serie, so stellt der Verzicht auf Porträts sicher den signifikantesten Unterschied dar. An ihre Stelle treten das Meer, Schiffe, Bauwerke und Fische beziehungsweise ein Meeresvogel, wobei die gewählten Motive Vergangenheit und Gegenwart miteinander verbinden. Letztlich fungiert das Meer als primäre Identifikationsfigur Norwegens.[27]

12.3 „Weltoffene Schweiz"

In der Schweiz werden von 2016 bis 2019 neue Banknoten (9. Serie: 10, 20, 50, 100, 200 und 1000 Franken) emittiert – 20 Jahre nach Einführung der letzten Serie. Die Gestaltung erfolgte durch die Grafikerin Manuela Pfrundner, die dafür im Rahmen eines Wettbewerbs im Jahr 2005 ausgewählt wurde.[28] Im Kontext des Wettbewerbs verwies der Vizepräsident

---

[27]Siehe die entsprechenden Ausführungen zur Gestaltung der Banknoten: http://www.norges-bank.no/en/notes-and-coins/New-banknote-series/On-the-choice-of-theme-and-motifs/ (Erstellt am 22. November 2016; Zugegriffen: 3. August 2017).

[28]https://www.snb.ch/de/iabout/cash/series9/newcash/id/cash_series9_project#t3 (n. d.; Zugegriffen: 2. November 2017).

Abb. 12.8 500 Kronen, 147 × 70 mm, Rückseite: abstrahierte Ölförderplattform, starker Wind und Seegang; schematische Darstellung der Nordsee-Gaspipeline und eines Fossils. Eingeführt am 30. Mai 2017. (© Norges Bank)

Abb. 12.9 1000 Kronen, 154 × 70 mm, Vorderseite: Welle auf dem offenen Meer. Einführung für das vierte Quartal 2019 geplant. (© Norges Bank)

der Schweizerischen Nationalbank, Nikolaus Blattner, auf die Bedeutung sowohl einer gelungenen ästhetischen Gestaltung wie der inhaltlichen Dimension: Banknoten müssten „[…] Werte vermitteln, die unser Land repräsentieren und die von der Bevölkerung mitgetragen werden" (Blattner 2005). Zu diesem Zweck wurde vor dem Wettbewerb aus mehreren Vorschlägen die „Weltoffene Schweiz" als Leitthema gewählt: „Nicht einzelne Personen, Erfindungen oder Leistungen sollen im Zentrum stehen, sondern es soll eine grundsätzliche Haltung und deren Ausstrahlung vermittelt werden: Die Schweiz als Plattform für Dialog, Fortschritt, Menschlichkeit, Erlebnis, Kreativität und für das Suchen nach praktischen Lösungsansätzen in Organisationen" (Blattner 2005). Die wichtigste Gemeinsamkeit der 8. und der 9. Serie ist sicher das Farbschema der Stückelungen.[29] Offenbar im Versuch, die nationalen Sprachen gleichberechtigt zu behandeln, werden abwechselnd zwei Sprachen auf der Vorder- und zwei auf der Rückseite verwendet. In Hinblick auf die Fälschungssicherheit werden zahlreiche, zu Teilen innovative Merkmale in das mehrschichtige Material („Durasafe®") integriert.[30] Bislang wurden der 10-, der 20- und der 50-Franken-Schein

---

[29]Siehe: https://www.snb.ch/de/iabout/cash/series8/design_series8/id/cash_series8_design_principle (n. d.; Zugegriffen: 2. November 2017).

[30]https://www.snb.ch/de/iabout/cash/series9/id/cash_series9_security_concept (n. d.; Zugegriffen: 2. November 2017).

Abb. 12.10 1000 Kronen, 154 × 700 mm, Rückseite: abstrahiertes Meer mit hohen Wellen und stärkerem Wind; Darstellungen eines Wassermoleküls in festem und flüssigem Zustand. Einführung für das vierte Quartal 2019 geplant. (© Norges Bank)

Abb. 12.11 10 Franken, 123 × 70 mm, Vorderseite: Hände mit Dirigentenstab; Globus mit Zeitzonen. Ziffernblätter als ornamentales Muster im Hintergrund. Eingeführt am 18. Oktober 2017. (Archiv der SNB)

ausgegeben.[31] „Die 10er-Note zeigt die Schweiz von ihrer organisierenden Seite – das Hauptelement ist die Zeit."[32] Die dominierenden Elemente der Vorderseite sind Hände mit einem Dirigentenstab und ein Globus, auf dem die Zeitzonen eingetragen wurden (Abb. 12.11). Das Liniennetz der Schweizer Bahn ist im Sicherheitsstreifen dargestellt.[33] Die Rückseite zeigt ein Uhrwerk und den Blick in einen Eisenbahntunnel (Abb. 12.12). „Die 20er-Note zeigt die Schweiz von ihrer kreativen Seite – das Hauptelement ist das Licht."[34]

---

[31] https://www.snb.ch/de/iabout/cash/series9/id/cash_series9 (n. d.; Zugegriffen: 2. August 2017).

[32] https://www.snb.ch/de/iabout/cash/series9/design_series9/id/cash_series9_design_10 (n. d.; Zugegriffen: 2. November 2017).

[33] https://www.snb.ch/de/iabout/cash/series9/design_series9/id/cash_series9_design_10 (n. d.; Zugegriffen: am 2. November 2017).

[34] https://www.snb.ch/de/iabout/cash/series9/design_series9/id/cash_series9_design (n. d.; Zugegriffen: 2. November 2017).

Abb. 12.12 10 Franken, 123 × 70 mm, Rückseite: Eisenbahntunnel, Uhrwerk und schematische Darstellung eines Teils des Schienennetzes der Schweiz. Eingeführt am 18. Oktober 2017. (Archiv der SNB)

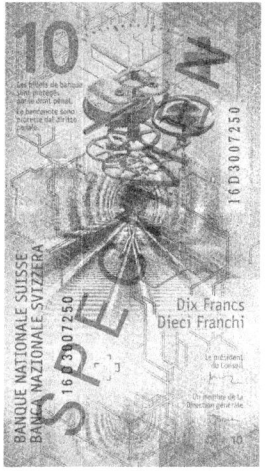

Abb. 12.13 20 Franken, 130 × 70 mm, Vorderseite: Hand mit Prisma; Globus mit Sternbildern. Kaleidoskopartiges Muster im Hintergrund. Eingeführt am 17. Mai 2017. (Archiv der SNB)

Auf der Vorderseite finden sich als Hauptelemente eine Hand, die ein Prisma hält sowie ein Globus, auf den Sternbilder projiziert sind (Abb. 12.13).[35] Den Hintergrund bildet ein kaleidoskopartiges Muster.[36] Der Sicherheitsstreifen zeigt unter anderem eine Karte der Schweiz und der Nachbarregionen, in die Darstellungen der „Lichtemissionen bei Nacht"

---

[35]https://www.snb.ch/de/iabout/cash/series9/design_series9/id/cash_series9_design (n. d.; Zugegriffen: 2. August 2017).

[36]https://www.snb.ch/de/iabout/cash/series9/design_series9/id/cash_series9_design (n. d.; Zugegriffen:2. August 2017).

Abb. 12.14 20 Franken, 130 × 70 mm, Rückseite. Filmleinwand, Schmetterlinge und Iris. Eingeführt am 17. Mai 2017. (Archiv der SNB)

integriert sind.[37] Auf der Rückseite sind Schmetterlinge, die Leinwand des Filmfestivals von Locarno sowie die Iris des menschlichen Auges die dominierenden Motive (Abb. 12.14). Hand und Globus bilden auf den Vorderseiten aller drei bislang präsentierten Stückelungen die Hauptmotive.[38]

12.4 „Rule, Britannia!"?

Im Gegensatz zu Norwegen und der Schweiz zeigen die neuen Banknoten Großbritanniens weiterhin Porträts bekannter Persönlichkeiten. Dies wird von der Bank of England auch offensiv kommuniziert: „We have featured characters on our banknotes since 1970 and they provide a fantastic opportunity to celebrate individuals that have shaped British thought, innovation, leadership, values and society."[39] Diese Kriterien erfüllen offensichtlich Sir Winston Churchill (5-Pfund-Note, 2016, Abb. 12.15), Jane Austen (10-Pfund, 2017, Abb. 12.16) und J.M.W. Turner (20 Pfund, 2020, Abb. 12.17).[40] Porträts der Persönlichkeiten werden

---

[37]https://www.snb.ch/de/iabout/cash/series9/design_series9/id/cash_series9_design (Erstellungsdatum unbekannt; Zugegriffen: 2. November 2017).

[38]Für die 50-Franken-Note siehe: https://www.snb.ch/de/iabout/cash/series9/design_series9/id/cash_series9_design_50 (Erstellungsdatum unbekannt; Zugegriffen: 2. November 2017).

[39]http://www.bankofengland.co.uk/banknotes/Pages/characters/default.aspx (Erstellungsdatum unbekannt; Zugegriffen: 3. November 2017).

[40]http://www.bankofengland.co.uk/banknotes/Pages/characters/default.aspx (Erstellungsdatum unbekannt; Zugegriffen: 2. August 2017). Informationen darüber, ob es weiterhin eine 50-Pfund-Note geben wird und wie diese ggf. gestaltet sein wird, konnten nicht gefunden werden.

Abb. 12.15 5 Pfund, 125 × 65 mm, Rückseite: Sir Winston Churchill und das Parlamentsgebäude. Eingeführt am 13. September 2016. (© Bank of England 2017)

Abb. 12.16 10 Pfund, 132 × 69 mm, Rückseite: Jane Austen, eine Darstellung von E. Bennet, einer Figur aus „Stolz und Vorurteil", eine Ansicht des Landsitzes von Austens Bruder sowie ein Zitat aus „Stolz und Vorurteil". Eingeführt am 14. September 2017. (© Bank of England 2017)

Abb. 12.17 20 Pfund, Rückseite: J. M. Turner. Einführung für 2020 geplant. (© Bank of England 2017)

auf der Rückseite der Banknoten gezeigt. Die Vorderseite wird weiterhin von einem Porträt Elisabeths II. dominiert. Beim Auswahlprozess wird ein Bemühen um ein partizipatives Verfahren unter Beteiligung möglichst aller Gruppierungen der Gesellschaft deutlich, das erstmals im Rahmen der Gestaltung der neuen 20-Pfund-Note angewandt wurde. Hierbei legte ein beratendes Komitee den Bereich fest, aus dem eine Persönlichkeit gewählt werden sollte. Dann konnte die Öffentlichkeit Vorschläge einreichen. Diese wiederum diskutierte das Komitee mit „public focus groups". Am Ende stellte das Komitee eine Liste mit Vorschlägen zusammen, aus denen der Leiter der Notenbank letztlich die Auswahl traf.[41] Eine Sensibilität der öffentlichen Meinung gegenüber wird auch in Hinblick auf die Wahl des

---

[41] http://www.bankofengland.co.uk/banknotes/Pages/characters/selection.aspx (Erstellungsdatum unbekannt; Zugegriffen: 3. November 2017). Details zur Gestaltung der Banknoten konnten nicht eruiert werden.

Materials deutlich. Die neuen Banknoten bestehen aus Polymermaterial. Als Gründe dafür werden Hygiene, Sicherheit und Haltbarkeit angeführt.[42] 2016 bestätigte die Bank of England, dass im Zuge des Herstellungsprozesses auch in geringem Maße Zusatzstoffe tierischer Herkunft verwendet würden. Nach einem umfangreichem Abwägungsprozess wurde beschlossen, die 5- und 10-Pfund-Noten in Umlauf zu lassen, beziehungsweise zu emittieren. Im Sommer 2017 rief die Bank die Öffentlichkeit dazu auf, über das Material der 20-Pfund-Note abzustimmen. Dabei plädierte die überwiegende Mehrheit für den Verzicht auf Inhaltsstoffe tierischer Herkunft. Zugleich lehnte knapp die Hälfte der TeilnehmerInnen den Einsatz von Additiven aus Palmölbasis ab, die von der Notenbank als einzige mögliche Alternative angegeben wurden. Unter Berücksichtigung auch der Kosten entschied sich die Bank für die Beibehaltung des bisherigen Materials.[43]

Interessant wird die Situation im Vereinigten Königreich auch dadurch, dass insgesamt sieben Banken Nordirlands und Schottlands das Recht haben, eigene Banknoten zu emittieren. Diese divergieren in der Gestaltung untereinander sowie im Vergleich zu denen der Bank of England zu Teilen erheblich. Zusammenfassend gesagt dominieren hier Darstellungen historischer Persönlichkeiten oder von Personifikationen des Landes in Kombination mit Bauwerken – bei der aktuellen Serie der Clydesdale Bank etwa sind es die UNESCO-Welterbe Stätten Schottlands.[44] Banknoten werden hier zum Trägermedium einer Art ‚binnen-nationaler' Identität Schottlands und Nordirlands innerhalb des Vereinigten Königreichs. Möglicherweise ist diese besondere Situation auch mitverantwortlich dafür, dass die Bank of England weiter auf das identitätsstiftende Potenzial großer, nationaler Persönlichkeiten setzt.

12.5 Die Banknote – Gegenwart und Zukunft eines vielschichtigen Kommunikationsmediums

Die Fallstudien zeugen exemplarisch von der Bandbreite aktueller Gestaltungsansätze von Banknoten. Dabei bemühen sich die Notenbanken aller drei Staaten um die Integration möglichst innovativer Sicherheitsmerkmale, auch wenn dieser Aspekt im Rahmen des Beitrags lediglich am Rande Erwähnung finden konnte. Zu Teilen soll durch Verwendung neuer Materialzusammensetzungen zudem eine längere Haltbarkeit und eine Verbesserung der hygienischen Eigenschaften erzielt werden. In diesem Zusammen-

---

[42] http://www.bankofengland.co.uk/banknotes/polymer/Pages/why_polymer.aspx (Erstellungsdatum unbekannt; Zugegriffen: 3. November 2017).
[43] http://www.bankofengland.co.uk/banknotes/Pages/about/faqs.aspx#polymer2 (Erstellungsdatum unbekannt; Zugegriffen: 3. November 2017).
[44] http://www.acbi.org.uk/clydesdale_bank.php (Erstellungsdatum unbekannt; Zugegriffen: 3. November 2017). Für eine Übersicht der Banknoten siehe: http://www.acbi.org.uk/current_banknotes.php (Erstellungsdatum unbekannt; Zugegriffen: 3. November 2017).

hang hat das britische Beispiel gezeigt, wie auch hier Befindlichkeiten tangiert werden können. Zugleich hat die Bank of England den Versuch unternommen, auf entsprechende Proteste mit Partizipationsmöglichkeiten zu reagieren.

In Hinblick auf die Ikonografie kann gesagt werden, dass Banknoten nach wie vor als wichtiges Medium staatlicher Selbstdarstellung gesehen werden. Darüber hinaus spiegeln ihr Design sowie mitunter der Gestaltungsprozess direkt und indirekt gesellschaftliche Entwicklungen wieder. So setzt die Bank of England bei den neuen Pfund-Noten weiterhin auf die Darstellung von Porträts bekannter Persönlichkeiten der Nation, womit sie, Hymans Schema zufolge, an der „postmateriellen" Phase festhält.[45] Neu ist die Beteiligung der Bürger am Auswahlprozess.

Die Serien Norwegens und der Schweiz hingegen stehen für eine Abkehr vom tradierten Porträt-Motiv und einer Hinwendung zu Naturdarstellungen sowie zur Abstraktion, den Hymans als charakteristisch für die aktuelle Phase der europäischen Banknotengestaltung ansieht.[46] Diese Phase zeichne sich durch einen postmodern orientierten ‚Zeitgeist' aus, der unter anderem charakterisiert sei durch die Skepsis gegenüber der Glorifizierung ‚großer Einzelner' und die Suche nach einer Offenheit der Bedeutung, die dem Rezipienten Freiraum zur individuellen Interpretation lasse (Hymans 2004, S. 19 ff.).[47] Den zweiten Punkt erfüllen insbesondere die Banknoten der Schweiz. Verglichen mit den neuen Kronen-Scheinen erscheinen die Motive der Schweizer Serie abstrakter, allgemeingültiger. Im Grunde würde sich die Serie, mit geringen Modifikationen, auch für eine supranationale Währung eignen. Das primäre Anliegen war aber wohl, dass sich möglichst Nutzer der ganzen Welt mit den vermittelten Inhalten identifizieren können sollten. Auf nationaler Ebene zeugt die abwechselnde Verwendung von zwei Sprachen auf den Vorder- und Rückseiten von einer Sensibilität in Hinblick auf die Bedeutung von Sprache als Identifikationsfaktor in einem mehrsprachigen Land.

Wenn sich die Paradigmen der Gestaltung also im Lauf der Zeit geändert haben, so fungieren Banknoten doch nach wie vor als wichtiges Kommunikationsmedium zwischen Staat und ‚eigenen' Bürgern sowie Bürgern anderer Staaten. Mehr noch: Der einführende Blick auf das Funktionsspektrum hat gezeigt, dass hierzu auch Praxen des Schenkens, des habituell-distinktiven Ge- und Missbrauchs sowie der subversiven Zweckentfremdung zählen. Trotz – oder vielleicht gerade wegen – der Digitalisierung praktisch aller Lebensbereiche und der Virtualisierung des Geldes haben Banknoten immer noch einen festen Platz im Alltag. Zudem stellen sie eine wichtige Quelle für die kulturhistorisch-soziologische Forschung dar.

---

[45]Diese Phase setzte in Europa in den 1950er Jahren ein. Sie zeichnete sich durch die zunehmende Abbildung von Persönlichkeiten aus Künsten und Wissenschaften aus: Hymans (2004, S. 14 f.).

[46]Eine solche Entwicklung hat sich früh bei den Banknoten der Niederlande gezeigt. Bereits seit den 1970er Jahren wurden Porträts hier durch Darstellungen von Pflanzen, Tieren und Gebäuden ersetzt. 1989 erfolgte dann der Schritt zu abstrakt-geometrischen Motiven: Hymans (2004, S. 21 f.).

[47]Hymans diskutiert in diesem Kontext auch die Gestaltung des Euro: ebenda.

Literatur

Bartetzky A (2012) Nation – Staat – Stadt. Architektur, Denkmalpflege und visuelle Geschichtskultur vom 19. bis zum 21. Jahrhundert. In S. Troebst (Hrsg) Visuelle Geschichtskultur. Böhlau, Köln

Blattner N (2005) Das Projekt neue Banknoten. Mediengespräch am 2. Februar 2005 in Bern. https://www.snb.ch/de/mmr/speeches/id/ref_20050202_nbl/source/ref_20050202_nbl.de.pdf. Zugegriffen: 2. Nov. 2017

Booz S (2014) Verführerische Technik? Kulturanalytische Perspektiven auf den Geldautomaten. In: Meyer S (Hrsg) Money Matters. Umgang mit Geld als soziale und kulturelle Praxis. Innsbruck University Press, Innsbruck, S 53–66

Bürkert K (2014) Wert ohne Geldwert – Die D-Mark als Erinnerungsgegenstand. In: Meyer S (Hrsg) Money Matters. Umgang mit Geld als soziale und kulturelle Praxis. Innsbruck University Press, Innsbruck, S 87–106

Depner K (2016) Die Ikonografie des Nation-Building am Beispiel von Banknoten afrikanischer Länder. In: Hartmann S, Thiel C (Hrsg) Der schöne Schein. Symbolik und Ästhetik von Banknoten. Band zur gleichnamigen Tagung an der Universität Augsburg vom 17. bis 19. Oktober 2014. Battenberg Gietl, Regenstauf, S 175–192

Die Welt (2012) Vertrauen der Deutschen ins Bargeld ungebrochen. https://www.welt.de/finanzen/article109748442/Vertrauen-der-Deutschen-ins-Bargeld-ungebrochen.html. Zugegriffen: 9. Okt. 2017

EBA/Op (2014) EBA Opinion on ‚virtual currencies'. http://www.eba.europa.eu/documents/10180/657547/EBA-Op-2014-08+Opinion+on+Virtual+Currencies.pdf. Zugegriffen: 4. Nov. 2017

Gabriel G (2016) Ästhetik und Rhetorik des Geldes. In: Hartmann S, Thiel C (Hrsg) Der schöne Schein. Symbolik und Ästhetik von Banknoten. Band zur gleichnamigen Tagung an der Universität Augsburg vom 17. bis 19. Oktober 2014. Battenberg Gietl, Regenstauf, S 19–44

Hafner et al (2014) Mehr Sein als Schein: Modifizierte Geldscheine. In: Meyer S (Hrsg) Money Matters. Umgang mit Geld als soziale und kulturelle Praxis. Innsbruck University Press, Innsbruck, S 37–5

Hartmann S (2016) *Faites vos jeux*: subversive Banknoten-Fakes. In: Hartmann S, Thiel C (Hrsg) Der schöne Schein. Symbolik und Ästhetik von Banknoten. Band zur gleichnamigen Tagung an der Universität Augsburg vom 17. bis 19. Oktober 2014. Battenberg Gietl, Regenstauf, S 245–276

Herrmann C (2010) Währungshoheit, Währungsverfassung und subjektive Rechte. Jus Publicum. Beiträge zum Öffentlichen Recht 187. Mohr Siebeck, Tübingen

Hewitt V (1994) Beauty and the banknote. Images of women on paper money. Ausstellungskatalog. British Museum Press, London

Hutter G (2001) Über Geld spricht man nicht…? Reden und Schweigen, Zeigen und Verbergen im Umgang mit Geld aus kulturwissenschaftlicher Sicht. Inaugural-Dissertation. Albert-Ludwigs-Universität Freiburg im Breisgau, Freiburg im Breisgau

Hymans J (2004) The changing color of money: European currency iconography and Collective Identity. Eur J Int Relat 10(1):5–31

Jungmann-Stadler F (2012) Frauenbilder Frauen auf Banknoten. Münzen & Sammeln 2012(7/8):142–144

Kamholz R (2013) Andy Warhol and ‚200 One Dollar Bills'. http://www.sothebys.com/en/news-video/blogs/all-blogs/21-days-of-andy-warhol/2013/11/andy-warhol-200-one-dollar-bills.html. Zugegriffen: Okt. 2017

Kim S (2016) Defining a woman: the painting of Sin Saimdang. In: Bose, BM (Hrsg) Women, gender and art in Asia, c. 1500–1900. Routledge, Abingdon, S 201–229

Leisering P (2016) DDR-Banknoten als Spiegel der gesellschaftlichen Situation. In: Hartmann S, Thiel C (Hrsg) Der schöne Schein. Symbolik und Ästhetik von Banknoten. Band zur gleichnamigen Tagung an der Universität Augsburg vom 17. bis 19. Oktober 2014. Battenberg Gietl, Regenstauf, S 127–148

Meyer S (2011) Geld als Gabe. Wert und Wertigkeit von Geldgeschenken. In: Hartmann S et al (Hrsg) Die Macht der Dinge. Symbolische Kommunikation und kulturelles Handeln. Festschrift für Ruth-E. Mohrmann. Waxmann, Münster, S 87–98

Meyer S (2014) Money Matters. Umgang mit Geld als soziale und kulturelle Praxis. Innsbruck University Press, Innsbruck

Pointon M (1998) Money and nationalism. In: Cubitt G (Hrsg) Imagining nations. Manchester University Press, Manchester, S 229–254

Schmölders G (1966) Psychologie des Geldes. Rowohlt, Reinbek bei Hamburg

Shafrazi T (2012) Andy Warhol Porträts. Phaidon, Hamburg

Süddeutsche Zeitung (2010) Einzelhandel bangt um Bargeldversorgung. http://www.sueddeutsche.de/geld/finanzen-kompakt-ein-neuer-chef-fuer-olli-kahn-1.1040984-2. Zugegriffen: 9. Okt. 2017

Thiel C (2016) Banknoten im Blickpunkt der Wissenschaft: Fragen – Perspektiven – Desiderata. In: Hartmann S, Thiel C (Hrsg) Der schöne Schein. Symbolik und Ästhetik von Banknoten. Band zur gleichnamigen Tagung an der Universität Augsburg vom 17. bis 19. Oktober 2014. Battenberg Gietl, Regenstauf, S 45–76

Tzanetakis M (2016) Von der visuellen Symbolik zum Vertrauen schaffenden System der virtuellen Währung Bitcoin. In: Hartmann S, Thiel C (Hrsg) Der schöne Schein. Symbolik und Ästhetik von Banknoten. Band zur gleichnamigen Tagung an der Universität Augsburg vom 17. bis 19. Oktober 2014. Battenberg Gietl, Regenstauf, S 277–300

Vriesekoop F, Chen J, Oldaker J, Besnard F, Smith R, Leversha W, Smith-Arnold C, Worrall J, Rufray E, Yuan Q, Liang H, Scannell A, Russell C (2016) Dirty money: a matter of bacterial survival, adherence, and toxicity. www.mdpi.com/2076-2607/4/4/42/pdf. Zugegriffen: 10. Okt. 2017

Stefan Hartmann ist Koordinator der Graduiertenschule für Geistes- und Sozialwissenschaften der Universität Augsburg und Dozent im Studiengang Kunst- und Kulturgeschichte. Forschungsinteressen: Banknoten, Authentisierungsstrategien, Public History.

13. Kaufentscheidungen, psychologische Preise und der Schmerz des Bezahlens – Erkenntnisse der Verhaltensforschung

Jörn Sickmann, Carina Goldbach und Achiel Fenneman

Inhaltsverzeichnis

13.1	Einleitung	185
13.2	Zahlungsschmerz	187
	13.2.1 Transparenz der Zahlungsweise	187
	13.2.2 Auswirkungen auf das Kaufverhalten	190
	13.2.3 Zahlungsschmerzen in den Neurowissenschaften	193
13.3	Psychologische Preisstrategien	193
	13.3.1 Heuristiken und numerische Kognition	195
	13.3.2 Die Leichtigkeit der Informationsverarbeitung	197
	13.3.3 Rationale Unaufmerksamkeit	198
13.4	Fazit	199
Literatur		200

13.1 Einleitung

Jeden Tag müssen wir eine große Anzahl an Entscheidungen treffen: Sollen wir früh oder spät aufstehen, nehmen wir das Auto oder das Fahrrad zur Arbeit, lesen wir zuerst unsere Emails oder studieren lieber den neuen Quartalsbericht. Grobe Schätzungen reichen von

---

J. Sickmann (✉) · C. Goldbach · A. Fenneman
Hochschule Rhein-Waal, Kleve, Deutschland
E-Mail: joern.sickmann@hochschule-rhein-waal.de

C. Goldbach
E-Mail: carina.goldbach@hochschule-rhein-waal.de

A. Fenneman
E-Mail: achiel.fenneman@hochschule-rhein-waal.de

© Springer Fachmedien Wiesbaden GmbH, ein Teil von Springer Nature 2018
J. Lempp et al. (Hrsg.), *Die Zukunft des Bargelds*,
https://doi.org/10.1007/978-3-658-21720-4_13

20.000 (Pöppel 2008) bis hin zu 35.000 (Hoomans 2015) Entscheidungen, mit denen jeder von uns täglich konfrontiert wird. Nach der traditionellen ökonomischen Theorie werden Entscheidungen durch einen analytischen Prozess der rationalen Entscheidungsfindung getroffen. In alltäglichen Entscheidungssituationen wie dem wöchentlichen Einkauf in einem großen Supermarkt kann dies jedoch eine sehr zeitraubende und eher frustrierende Aufgabe sein. So müssten für jede einzelne Kaufentscheidung sämtliche verfügbaren Substitute und alternative Ausgabemöglichkeiten verglichen werden.

Die Verhaltensforschung legt daher nahe, dass nicht alle Entscheidungen rational getroffen werden. Nach der in der Psychologie weit verbreiteten dualen Prozesstheorie werden die meisten Entscheidungen vielmehr unbewusst (und schnell) getroffen, während nur einige wenige das Resultat eines mühsameren analytischen Prozesses sind (siehe z. B. Kahneman 2003). Zahlreiche Feld- und Laborstudien weisen darauf hin, dass Individuen oft irrationale Entscheidungen treffen. Dieses Verhalten kann auch systematisch sein und Marktergebnisse beeinflussen (Kahneman und Tversky 1979; Tversky und Kahneman 1981; Thaler 2000). Als eine Antwort haben sich zwei komplementäre Forschungsfelder („Behavioral Economics" und „Behavioral Finance")[1] herauskristallisiert, die Erkenntnisse aus der Psychologie und zunehmend auch aus der Soziologie vereinen, um die Beschreibung und Vorhersage ökonomischer Entscheidungsprozesse und Marktergebnisse zu verbessern. Diese Forschung hat ihre Wurzeln in dem Konzept der begrenzten Rationalität, das von Simon (1957, 1976, 1986) als Antwort auf das traditionelle Konzept des *Homo Oeconomicus* entwickelt wurde. Es besagt, dass Individuen zwar ein rationales Verhalten intendieren, aber durch kognitive Grenzen in der Aufnahme und Verarbeitung von Informationen eingeschränkt sind.

Die grundlegenden Erkenntnisse verhaltenswissenschaftlicher Forschung sind auch für die Analyse individueller Kaufentscheidungen und dem daraus resultierenden Konsumniveau von Bedeutung. Konsumenten neigen typischerweise nicht dazu, die Preise aller Alternativen zu vergleichen und unterbrechen ihre Suchanstrengungen meistens, sobald sie eine ihrem Anspruchsniveau entsprechende Alternative gefunden haben (die sogenannte *Satisfizierungs*-Strategie, eingeführt von Simon (1956)). In jüngerer Zeit haben Reutskaja et al. (2011) experimentell gezeigt, dass Probanden eine Art Stopp-Regel benutzen, die Merkmale optimaler Suche und Satisfizierung kombiniert. Konsumenten stützen sich auf Heuristiken (mentale Abkürzungen), verwenden eine mentale Buchführung und werden von verschiedenen Verzerrungen beeinflusst. Grundsätzlich legt die bisherige Forschung nahe, dass Kaufentscheidungen und Zahlungsbereitschaft eher durch die wahrgenommenen als durch die tatsächlichen Kosten bestimmt werden und dass diese Kundenwahrnehmung mit verschiedenen Mitteln beeinflusst werden kann (Gourville und Soman 2002).

---

[1]Gelegentlich werden die Disziplinen im Deutschen wenig glücklich unter dem Begriff der Verhaltensökonomik zusammengefasst. Eine treffende Übersetzung ist schwer zu finden, daher hat sich insbesondere „Behavioral Finance" auch im deutschen Sprachraum als feststehender Fachbegriff etabliert.

Dieser Buchbeitrag befasst sich deshalb mit zwei Verhaltensaspekten, die im Kontext der aktuellen Diskussion um die Zukunft des Bargelds von besonderer Relevanz sind: Erstens kann eine Kaufentscheidung als hedonischer Prozess interpretiert werden, der mit einem unmittelbaren Zahlungsunvergnügen („pain of paying") verbunden ist, welches zu der Erklärung beiträgt, warum Verbraucher zum Beispiel bei Zahlungen mit Debitkarten tendenziell mehr konsumieren als bei Zahlungen mit Bargeld. Gemäß der gängigen Wirtschaftstheorie sollte die Zahlungsmethode die Entscheidungsfindung von Einzelpersonen allerdings nicht über mögliche Transaktionskosten hinaus beeinflussen, die zu den tatsächlichen Kosten eines Produktes beitragen würden. Zweitens könnten Individuen bei ihrer Entscheidungsfindung durch psychologische Preisstrategien beeinflusst werden, wie zum Beispiel dem Setzen von Schwellenpreisen. Infolgedessen ist es möglich, dass die Verbraucher die tatsächlichen Kosten eines Produktes systematisch unterschätzen und dadurch mehr konsumieren.

13.2 Zahlungsschmerz

Im Jahr 1996 führte Zellermayer das psychologische Konzept des „pain of paying" ein, das allgemein als Unmut oder Schmerzempfindung bei Zahlungen definiert wird.[2] Im Gegensatz zu der traditionellen Ansicht, dass Zahlungen einen rationalen Akt darstellen, argumentierte Zellermayer, dass dieser wahrgenommene Schmerz Konsumfreude untergraben könne (Zellermayer 1996). Das Konzept wurde von Prelec und Loewenstein (1998) in einer einflussreichen Arbeit weiterentwickelt und basiert generell auf den innerhalb der Verhaltensökonomik weit verbreiteten und gut etablierten Konzepten der Verlustaversion (Kahneman und Tversky 1979, 1984) und der mentalen Buchführung (Thaler 1980, 1985). Während der Zahlungsschmerz offensichtlich vom bezahlten Betrag abhängt, deuten spätere Untersuchungen zudem auf einen signifikanten Einfluss der jeweiligen Zahlungsform hin (z. B. Prelec und Simester 2001). Es wird daher allgemein angenommen, dass Zahlungen in bar mit größerem Unmut verbunden sind als andere Zahlungsarten – selbst wenn die Zahlungsweisen normativ gleichwertig sind.

13.2.1 Transparenz der Zahlungsweise

Eine Untersuchung der Wirkungsweisen verschiedener Zahlungsmethoden ist in der heutigen Gesellschaft besonders wichtig, da die Verbraucher oftmals die Wahl zwischen vielen verschiedenen Zahlungsmöglichkeiten haben. Obwohl in vielen Volkswirtschaften

---

[2]Für frühere Überblicksarbeiten siehe Rick (2014) und insbesondere van der Horst und Matthijsen (2013), auf die dieser Abschnitt in Teilen aufbaut und um neuere Forschungsergebnisse ergänzt.

Bargeld noch immer die häufigste Zahlungsmethode ist, sind Debit- und Kreditkarten ebenfalls weit verbreitet (siehe zum Gesamtkomplex auch Klocke und Winter in diesem Band). In vielen Ländern werden diese Zahlungsmöglichkeiten durch eine Vielzahl von neuen elektronischen und mobilen Zahlungsmethoden ergänzt. Diese Entwicklung führte letztendlich auch zu einer verstärkten Forschung über die Auswirkungen von Zahlungsmethoden auf den wahrgenommenen Zahlungsschmerz. Dieser hängt, laut Soman (2003), in erster Linie von der Transparenz der verschiedenen Zahlungsmethoden ab. Mit höherer Transparenz werden Verbraucher verstärkt auf den Vermögensverlust aufmerksam, der den Zahlungsschmerz erhöht und die Konsumfreude senkt. Die Transparenz einer Zahlungsmethode wird im Allgemeinen durch drei Faktoren bestimmt: a) die Salienz der Zahlungsmethode,[3] b) die Salienz des Betrags und c) die Kopplung von Zahlung und Konsum (Soman 2003).

Offensichtlich ist die Barzahlung die transparenteste Zahlungsmethode: Sowohl die Zahlungsform als auch der Zahlungsbetrag sind von hoher psychologischer Salienz. Münzen und Banknoten sind greifbar und müssen aktiv zur Bezahlung einer Transaktion aus der Hand gegeben werden. Zudem müssen sie – ihren Wert sichtbar anzeigend – gezählt werden. Der Verbraucher achtet darüber hinaus typischerweise auch auf das Wechselgeld, das er erhält. Die hohe Transparenz des Bargeldes wird außerdem dadurch unterstrichen, dass ein Blick in die Brieftasche schnell über das verfügbare Bargeld und den eventuell bereits ausgegebenen Betrag informieren kann. Eine Umfrage bestätigt, dass die meisten deutschen Konsumenten Bargeld aufgrund dieser Transparenzeigenschaften bevorzugen (von Kalckreuth et al. 2014). Die leichte Kontrolle über das verfügbare Budget wird auch als einer der Hauptgründe für die weite Verbreitung der Bargeldnutzung in einigen deutschen Nachbarländern identifiziert – neben anderen Gründen wie der Bequemlichkeit oder der Anonymität (Mooslechner et al. 2006; Jonker 2007).

Zahlungen mit Debit- oder Kreditkarten sind hingegen deutlich weniger salient. Sie haben nicht die gleichen physischen Eigenschaften und die Benutzung ist abstrakter und weniger emotional als das Überreichen von Bargeld. Diese Form der Bezahlung beinhaltet auch nicht die gleiche mentale Wiederholung des Zahlungsbetrags, und anstatt sich auf den tatsächlichen Wert der für die Transaktion benötigten Mittel zu konzentrieren, achten Konsumenten eher darauf, den richtigen PIN einzugeben oder den Kartenbeleg zu unterschreiben. Bei Kreditkartenzahlungen besteht zudem eine zeitliche Trennung von Kauf und tatsächlichem Geldabfluss, die im Mittelpunkt des Kopplungskonzeptes von Prelec und Loewenstein (1998) steht. Die direkte Kopplung (z. B. bei Zahlungen mit Bargeld oder einer Debitkarte) ist wesentlich transparenter als rückwirkende Zahlungen (z. B. mit Kreditkarten) oder Vorauszahlungen (z. B. bei Zahlungen mit Prepaid-Karten oder Geschenkgutscheinen). Da die Verbraucher in

---

[3]Unter Salienz *(Auffälligkeit)* versteht man in der kognitiven Psychologie die schnellere Wahrnehmung von Reizen. Somit sind saliente Reize dem Bewusstsein leichter zugänglich als nicht-saliente Reize.

der Regel zukünftige Kreditkartenabrechnungen unterschätzen und Schwierigkeiten haben, sich an mit Kreditkarten bezahlte Ausgaben zu erinnern, wird erwartet, dass die zeitliche Divergenz zwischen Konsum und Mittelabfluss den Zahlungsschmerz verringert (Raghubir 2006).

Prelec und Loewenstein (1998) postulierten in ihrer für dieses Thema wegweisenden Arbeit „The Red and the Black", dass Menschen unterschiedliche mentale Konten benutzen, die spezifische Käufe und spezifische Zahlungen verbinden. Sie erläutern dieses Konzept mithilfe des hypothetischen Beispiels der Wirkungen eines Kredits für einen in der Folgezeit nur wenig genutzten Sportwagen. In dem Beispiel ist es dem Käufer erst nach Auflösen des gesamten Kredits möglich, die nur gelegentlich stattfindenden Wochenendfahrten befreit von Zahlungsbedenken zu genießen. Es wurde – irrationalerweise unabhängig von allen anderen Dingen – ein mentales Auto-Konto geführt dessen immer wiederkehrende Abbuchungen ein Verlustempfinden ausgelöst haben. Zur weiteren Untermauerung ihrer Argumentation zeigen die Autoren in einer Umfrage, dass Menschen es vorziehen, für den Urlaub im Voraus zu bezahlen, da Zahlungen näher am Urlaubszeitraum das Urlaubsvergnügen schmälern. Letztendlich wird davon ausgegangen, dass entkoppelte Aktivitäten mehr genossen werden können, da Verbraucher durch die zeitliche Differenz nicht an Zahlungen denken müssen.

Auch wenn die meisten Transaktionen in Deutschland mit Bargeld oder Karte bezahlt werden, sind neue elektronische und mobile Zahlungsmethoden auch hier auf dem Vormarsch. Solche gelten jedoch als noch abstrakter als die Zahlungen mit Kredit- und Debitkarten. So erleichtern beispielsweise PayPal oder Amazon Pay das Bezahlen in Online-Shops, indem Kunden nach einmaliger Hinterlegung die Zahlung ohne erneute Eingabe ihrer Zahlungsinformationen (Debit- oder Kreditkartenkonto bzw. Bankverbindung) ermöglicht wird. Android Pay ermöglicht zudem, ähnlich wie andere mobile Geldbörsen, die Debit- oder Kreditkarteninformationen mit dem Google-Konto des Kunden zu verknüpfen. Die Kunden müssen ihre Karten dann nicht länger bei sich tragen, sondern können stattdessen bezahlen, indem sie ihr Smartphone (oder Tablet oder Smartwatch) in die Nähe des entsprechenden Geräts an der Kasse halten. Auch hier sind keine Münzen, Karten, PIN oder Signaturen erforderlich, sondern lediglich ein schneller Wink mit dem Gerät.

Während PayPal in Deutschland eine bekannte Zahlungsmethode ist (95 % der Internetnutzer geben an, PayPal zu kennen), sind kontaktlose mobile Methoden wie Google Pay oder Apple Pay noch nicht verfügbar. Es wird jedoch erwartet, dass die Zahl der kontaktlosen Zahlungstransaktionen in Zukunft – insbesondere bei jungen Erwerbstätigen, die neuen Technologien vertrauen – stark zunehmen wird (Deutsche Bundesbank 2015). Damit würden abstrakte Zahlungsmethoden sukzessive „schmerzhafte" Barzahlungen verdrängen. Zusammenfassend kann festgestellt werden, dass sehr wahrscheinlich alle drei Faktoren der Transparenz – Salienz der Zahlungsform, Salienz des Betrags und zeitliche Kopplung – den wahrgenommenen Zahlungsschmerz beeinflussen. Anhand dieser drei Faktoren können die verschiedenen Zahlungsmethoden von hoher bis hin zu sehr niedriger Transparenz sortiert werden (vgl. Tab. 13.1).

Tab. 13.1 Transparenz der verschiedenen Zahlungsmethoden. (Quelle: eigene Darstellung in Anlehnung an Soman 2003, S. 175)

	Zahlungsmethode	Salienz der Form	Salienz des Betrags	Zeitliche Kopplung von Mittelabfluss und Kauf	Transparenz/ Zahlungsschmerz
1.	Bargeld	Sehr hoch	Hoch	Zeitgleich	Hoch
2.	Scheck	Medium	Hoch	Zahlung nach Kauf	Medium
3.	Debitkarte	Medium	Medium	Zeitgleich	Niedrig
4.	Kreditkarte	Medium	Medium	Zahlung wesentlich nach Kauf	Niedrig
5.	Prepaid Karte	Niedrig	Niedrig	Zahlung vor Kauf	Sehr niedrig
6.	Mobile Zahlungen	Niedrig	Sehr niedrig	Zeitgleich	Sehr niedrig
7.	Automatischer Bankeinzug	Sehr niedrig	Sehr niedrig	Zeitgleich	Sehr niedrig

13.2.2 Auswirkungen auf das Kaufverhalten

Seit Ende der 1970er Jahre häufen sich Studien zu den Auswirkungen unterschiedlicher Zahlungsmethoden – insbesondere Kreditkarten – auf individuelle Ausgaben. So konnte gezeigt werden, dass Kreditkartenbenutzer mehr pro Kaufhausbesuch ausgaben (Hirschman 1979) oder in Restaurants ein höheres Trinkgeld gaben als Bargeldzahler (Feinberg 1986). Da jedoch sowohl die Verwendung von Kreditkarten als auch die höheren Ausgaben andere Gründe (wie z. B. Liquiditätsengpässe) haben könnten, versuchten Verhaltensstudien im Nachhinein zunehmend, den kausalen Charakter der Beziehung zwischen Zahlungsmodalitäten und Ausgaben besser zu berücksichtigen. Ein erstes Laborexperiment zeigte, dass die hypothetische Bereitschaft, für verschiedene Produkte zu bezahlen, schon dann anstieg, wenn die Versuchsanordnung nur mit Kreditkartenstickern dekoriert wurde. Diese erhöhte Zahlungsbereitschaft wird seitdem gemeinhin als Kreditkartenprämie bezeichnet (Feinberg 1986). Weitere Belege hierfür lieferten etwa Prelec und Simester (2001) durch die Analyse einer Auktion für Basketballtickets. Die Studie zeigte weiterhin, dass die beobachtete Kreditkartenprämie nicht durch Liquiditätsengpässe getrieben wurde. Unterstützend deuten experimentelle Ergebnisse von Chatterjee und Rose (2012) darauf hin, dass der unmittelbar empfundene Schmerz der Barzahlung Kostenüberlegungen verstärkt, während Kreditkartenzahlungen positive Assoziationen mit dem Produkt hervorrufen.

Das durch die Bezahlung ausgelöste Verlustempfinden ist jedoch vermutlich nicht nur geringer, wenn die Geldmittel nach der Transaktion (wie bei Kreditkartenzahlungen) eingezogen werden, sondern auch wenn der Mittelabfluss bereits vor der Transaktion erfolgt ist. Der Zahler hätte sodann bereits mental den ausgegebenen Betrag abgeschrieben und würde deshalb voraussichtlich bereit sein, mehr zu konsumieren. Der Wunsch des Verbrauchers nach Vorauszahlung wird durch verschiedene Institutionen genutzt: Casinos dienen hier als bekanntes Beispiel, da sie ein Zahlungssystem verwenden, das die Zahlung und die eigentlich Aktion durch die Verwendung von Prepaid-Chips entkoppelt. In ähnlicher Weise berichteten Konsumenten oft, dass sie fremde Währung unbeschwerter ausgäben, nicht nur durch eine erschwerte Umrechnung, sondern vor allem auch weil die Einkäufe im Wesentlichen bereits im Voraus bezahlt seien (Prelec und Loewenstein 1998). Soman (2003) bestätigte diese Annahme mithilfe zweier Experimente: In einem ersten Experiment wurde herausgefunden, dass Studenten mehr kopieren, wenn Kopiergeld auf einer Prepaidkarte anstelle in Form von Münzgeld bereitgestellt wird; in einem zweiten, dass die Bewohner zweier Wohnkomplexe nach dem von Wechsel von Münzwaschmaschinen zu einem Prepaid-Kartensystem signifikant mehr Waschgänge durchführten. Raghubir und Srivastava (2008) bestätigen in weiteren Experimenten, dass Geschenkkarten öfter als Spielgeld behandelt wurden.

Während der potenzielle Effekt von Kreditkarten auf das Ausgabeverhalten verhältnismäßig gut untersucht ist, konzentrieren sich nur wenige Studien auf die Unterschiede zwischen Debitkarten und Bargeld, obwohl dies die beiden häufigsten Zahlungsmethoden in Deutschland und vielen anderen europäischen Ländern sind. Sowohl Kredit- als auch Debitkarten ähneln sich hinsichtlich der Salienz der physischen Form und des Kaufbetrags – und sind daher durch eine im Vergleich zu Bargeld geringere Transparenz gekennzeichnet -, unterscheiden sich jedoch in anderen grundlegenden Aspekten wie der Zahlungsentkopplung. Runnemark et al. (2015) untersuchen experimentell mögliche Unterschiede in den Zahlungsbereitschaften in einer Auktion in Abhängigkeit von der Bezahlmethode. Die Ergebnisse zeigten, dass die Gebote bei Bezahlung mit Debitkarte signifikant höher waren als bei Barzahlung.[4] Dies bestätigt die Ergebnisse zur gesteigerten Zahlungsbereitschaft, die bereits bei Zahlungen mit Kredit- oder Prepaidkarte gefunden wurden und deutet darauf hin, dass der subjektiv empfundene Zahlungsschmerz eher durch die Transparenz des Zahlungsformats und nicht so sehr durch die Entkopplung der Zahlungen beeinflusst wird.

Forschungsarbeiten zu modernen, noch weniger transparenten Zahlungsmethoden wie etwa mobile Bezahlformen, bei denen keine physischen Maßnahmen wie das Eingeben eines PIN oder das Unterzeichnen einer Quittung erforderlich sind, liegen bislang kaum vor. Eine der wenigen existierenden Arbeiten zeigte in drei Laborexperimenten, dass Zahlungsmethoden die Wahrnehmung der Teilnehmer beeinflussten. Teilnehmer, die mit Bargeld bezahlten, nahmen das Preisniveau eines Geschäftes als höher wahr als

---

[4]In einem weiteren Test wurde manchen Teilnehmern das Geld vorher nicht in bar gegeben, sondern per PayPal zugesendet, bevor sie darüber informiert wurden, dass sie die Gebote später mit Debitkarte bezahlen sollen. Dies hatte allerdings keinen Einfluss auf die Zahlungsbereitschaft der Teilnehmer.

Teilnehmer, die mobiles Bezahlen verwendeten – auch wenn Preisniveaus und Zahlungsmethoden überhaupt nicht zusammenhingen (Falk et al. 2016). Schon heute haben das bei Bargeldzahlungen empfundene Verlustempfinden, und der zunehmende Komfort von Zahlungen per App oder Karten zu einer Veränderung des Zahlungsverhaltens in vielen Ländern geführt. Ein besonderes Beispiel ist Schweden, das sich auf dem Weg zu einer bargeldlosen Gesellschaft befindet: Obdachlose steigern dort ihren Zeitschriftenverkauf, indem sie sich Kreditkartenleser anschaffen, und Kirchen erhalten mehr Spenden, indem sie ihre Bankkontonummer während ihres Gottesdienstes an die Wand projizieren, Zahlungen mit mobilen Apps fördern oder sogenannte „Kollektomats" installieren, an denen Kirchgänger ihre Spende direkt per Karte zahlen können (Alderman 2015; Balzter 2016).

Ein weiterer Zweig der empirischen Literatur untersucht verstärkt den Einfluss der Zahlungsmethode auf die Art des getätigten Kaufs. Dabei wird der Vermutung nachgegangen, dass die Verwendung eher abstrakter Zahlungsmethoden durch eine verminderte Transparenz die Impulskontrolle des Verbrauchers schwächt und zu mehr ungeplanten oder hedonischen Käufen führt. Soman (2003) zeigt in einer Feldstudie zum routinemäßigen Einkaufsverhalten auf Basis der Analyse der Einkaufsquittungen von 275 Konsumenten, dass Konsumenten, die mit Kreditkarte bezahlten, deutlich mehr für flexible Artikel wie etwa Süßigkeiten oder Luxusprodukte ausgaben als Bargeldzahler. Andere Studien zeigten ähnliche Ergebnisse: In einer Studie von mehr als tausend Haushalten über einen Zeitraum von sechs Monaten wurde festgestellt, dass mit Kredit- und Debitkarten bezahlte Einkäufe mehr ungesunde Nahrungsmittel als mit Bargeld bezahlte Einkäufe enthielten (Thomas et al. 2011). In einer aktuellen Studie analysiert Eschelbach (2017) auf Grundlage von Daten einer Bundesbank-Studie zum Zahlungsverhalten die disziplinierende Wirkung von Bargeld bei nicht geplanten Einkaufsfahrten. Daraus resultierende Einkäufe wurden von den Verbrauchern in der Folge seltener als unnötig bezeichnet, wenn sie bar bezahlt wurden. Shah et al. (2016) testeten zudem in mehreren Versuchsumgebungen den Einfluss der Zahlungsmethode auf die Verbundenheit des Verbrauchers mit dem Produkt. Personen, die mit schmerzhafteren Zahlungsformen wie Bargeld bezahlen mussten, hatten mit größerer Wahrscheinlichkeit eine gesteigerte emotionale Bindung an das gekaufte Produkt, signalisierten eher diese Bindung und waren eher bereit, die Transaktion zu wiederholen als Personen, die mit weniger transparenten Zahlungsmethoden zahlten.

Rick et al. (2008) argumentierten darüber hinaus, dass Konsumenten diesen Zahlungsschmerz unterschiedlich stark verspüren können: So nehmen geizige Personen („Tightwads") ihn wahrscheinlich stärker wahr als verschwenderische Personen („Spendthrifts"). Thomas et al. (2011) simulierten daraufhin in einem Online-Experiment ein Shoppingerlebnis, nach dem die Teilnehmer gebeten wurden, zudem einen Fragebogen zu ihrem alltäglichen Kaufverhalten auszufüllen. Es wurde herausgefunden, dass die Zahlungsweise einen signifikanten Einfluss auf Kaufentscheidungen der im Test als geizig eingestuften Teilnehmer hatte: sie kauften mehr impulsive Produkte im Experiment, wenn sie mit Kreditkarte bezahlen mussten. Für verschwenderische Personen konnte allerdings kein Unterschied zwischen Kreditkarten- und Barzahlungen festgestellt werden.

Insgesamt deuten die vorliegenden Studien also darauf hin, dass eine weniger transparente Zahlungsmethode in der Tat nicht nur die Kaufbereitschaft erhöht, sondern vermutlich auch die Impulskontrolle derjenigen Konsumenten senkt, die empfindlicher für subjektiven Zahlungsschmerz sind.

13.2.3 Zahlungsschmerzen in den Neurowissenschaften

Während sich die frühere Forschung über den Schmerz der Bezahlung auf ökonomische oder psychologische Studien stützte, bieten große Fortschritte in der neurowissenschaftlichen Forschung nun die Möglichkeit einer Analyse auch auf physiologischer Ebene. Mithilfe von funktionellen Magnetresonanztomographen (fMRT) kann die Gehirnaktivität während der Entscheidungsfindung beobachtet werden. In einer wegweisenden ersten Arbeit lieferten Knutson et al. (2007) erste Hinweise darauf, dass bestimmte Gehirnaktivitäten Kaufentscheidungen weitgehend vorherzusagen vermögen. Dazu wurde die Gehirnaktivität der Studienteilnehmer beobachtet, während ihnen ein Video von einem Bezahlvorgang gezeigt wurde, der entweder mit Debitkarte oder in bar erfolgte. Wie erwartet unterschieden sich die Emotionen in Abhängigkeit von der gezeigten Bezahlform signifikant voneinander, was erste neurowissenschaftliche Beweise für die Idee eines Zahlungsschmerzes liefert (van der Horst und Matthijsen 2013). Eine weitere Studie untersuchte Gehirnaktivitäten während Käufen, die entweder mit Bargeld oder mit dem Erhalt elektronischer Schocks „bezahlt" werden konnten. Das Experiment verdeutlichte, dass das Bezahlen mit Geld im Gegensatz zu elektronischen Schocks keinen somatosensorischen (physischen) Schmerz verursacht, sondern affektiven (psychologischen) Schmerz höherer Ordnung (Mazar et al. 2017). Hiermit adressieren die Autoren eine wichtige in der Wissenschaft bis dahin unbeantwortete Forschungsfrage (z. B. Rick 2014).

13.3 Psychologische Preisstrategien

Wie Abschn. 13.2 zeigte, wirkt sich die Transparenz der Zahlungsmethode auf das Verhalten der Konsumenten aus: Zahlungen in bar sind generell mit größerem Unmut verbunden als andere Zahlungsarten – selbst wenn die Zahlungsweisen normativ gleichwertig sind. Ein ähnlich irrationales Phänomen zeigt sich bei einem lockeren Spaziergang in einem beliebigen westlichen Supermarkt: viele der dort angezeigten Preise enden mit einer „9". Studien berichteten Ende der 1990er Jahre, dass bis zu 65 % aller britischen Endkundenpreise solche sogenannten Schwellenpreise sind, die unmittelbar unter einem runden Preis liegen (Schindler und Kirby 1997; Stiving und Winer 1997). In einem neueren Bericht im Auftrag der Deutschen Bundesbank (Horst 2015) wurde festgestellt, dass auch hierzulande insgesamt 62,9 % aller Endkundenpreise mit der Ziffer „9" enden. Darüber hinaus liegen von den 20 am häufigsten beobachteten Endkundenpreisen nicht weniger als 18 direkt unter einem glatten Betrag. Die relative Häufigkeit dieser Schwellenpreise ist außergewöhnlich hoch, und viel höher, als aufgrund zufälliger Vorkommnisse erwartet werden könnte. Angesichts der Allgegenwart dieses Überangebots an unrunden Schwellenpreisen scheint es, dass Einzelhändler eine bestimmte psychologische Preisstrategie verfolgen, die darauf abzielt, die Kunden zum Kauf anzuregen und ihre Einnahmen zu erhöhen.

Diese besondere Regelmäßigkeit ist auch der Wissenschaft nicht entgangen. So führten Schindler und Kibarian (1996) mithilfe eines Versandhauses eine Feldstudie durch, in der zufällig drei verschiedene Versionen des Versandhauskatalogs versendet wurden: eine Version mit (Nachkomma-) Preisendungen auf „99", eine mit den ursprünglichen Endungen auf „88" und eine mit abgerundeten Preisen mit Endungen auf „00". Abgesehen von dieser Manipulation waren alle drei Kataloge identisch. Obwohl Daten zu den einzelnen Einkäufen, die von den Verbrauchern getätigt wurden, den Forschern nicht zur Verfügung gestellt wurden, zeigten die Gesamtergebnisse, dass solche Preise, die auf „99" endeten, zwar nicht zu einer größeren Anzahl an Käufern führten, jedoch zu einem größeren Endbetrag pro Käufer. Diese Ergebnisse wurden sowohl in Labor- als auch in Feldexperimenten in einer großen Anzahl von Veröffentlichungen repliziert (z. B. Coulter 2001; Liang und Kanetkar 2006; Manning und Sprott 2009).

In einer wegweisenden Studie berichteten Thomas und Morwitz (2005) von der Beobachtung, dass Versuchspersonen Schwellenpreise (z. B. 2,99 US$) als wesentlich niedriger als runde Preise (z. B. 3,00 US$) zu bewerten scheinen. Die Autoren argumentierten, dass diese Verhaltensregularität das Ergebnis eines sog. „Left Digit Effects" (linker Zifferneffekt) sein könne, also eines Effekts, der daraus resultiert, dass Zahlen in westlichen Sprachen von links nach rechts gelesen (und vermutlich auch verarbeitet) werden. Diese Lesart führt bei Konsumenten mit begrenzter kognitiver Fähigkeit zu einem überschätzten Einfluss der Ziffern ganz links eines beobachteten Preises. Die Verbraucher scheinen also den Wert des unrunden Preises zu unterschätzen, da sie der „2" eine übermäßige Aufmerksamkeit widmen, während sie den Wert der beiden „9"-Ziffern ignorieren. In einer ähnlichen Studie führten Guéguen und Legoherel (2004) eine Serie von Produkten mit abgerundeten Preisen ein. Nach einer kurzen Verzögerung sahen die Probanden das gleiche Produkt, aber jetzt mit einem ausgeschriebenen Aktionspreis. Dieser Aktionspreis war entweder gerundet oder knapp unterhalb eines runden Preises. Auf die Frage nach der Differenz zwischen den ursprünglichen Preisen und den Aktionspreisen berichteten die Studienteilnehmer einen wesentlich höheren Rabatt für Preise mit einem nicht gerundeten Aktionspreis. Wie in der Untersuchung von Thomas und Morwitz (2005) argumentierten die Autoren daraufhin, dass diese Beobachtung auf die erhöhte Salienz von früher wahrgenommenen Ziffern hinweist, während nachfolgende Ziffern in einem Preis weniger Aufmerksamkeit bekommen.

Abgesehen von diesen Studien haben eine Reihe von Forschern (z. B. Stiving 2000; Schindler 2006) argumentiert, dass Schwellenpreise verwendet werden, um den Verbrauchern einen Aktionspreis oder einen reduzierten Preis zu signalisieren. Laut dieser Interpretation assoziieren die Verbraucher einen Schwellenpreis indirekt mit ermäßigten Preisen. Diese Ergebnisse werden auch von Anderson und Simester (2003) bestätigt, die drei Feldstudien mit der Hilfe von zwei US-Versandhäusern, die Kleidung zu moderaten Preisen verkauften, durchführten. Im Originalformat des Katalogs wurden unrunde, also auf „9"-endende Preise verwendet. In zwei experimentellen Manipulationen wurde dieser Preis entweder um „5" erhöht oder verringert. Die Autoren beobachteten letztendlich ein höheres Verkaufsniveau von Produkten, die auf „9" enden – allerdings nur für neu eingeführte Artikel. Ähnlich zu Stiving (2000) argumentierten die Autoren, dass diese ungeraden Eckpreise den Verbrauchern ein Schnäppchen signalisierte.

Die Kombination unserer zufälligen Supermarktbeobachtung in Verbindung mit der oben zitierten wissenschaftlichen Literatur scheint darauf hinzudeuten, dass eine psychologische Preisstrategie von Unternehmen eingesetzt werden kann (und wird), um die Einnahmen durch die Verwendung von Schwellenpreisen zu erhöhen, was vermutlich auf einen „Left-digit effect" zurückzuführen ist. Derzeit sind die genauen Mechanismen hinter diesem Effekt jedoch noch unklar. Im Folgenden werden deshalb drei mögliche Erklärungen für den Effekt und seine Implikationen für die Zukunft der psychologischen Preisstrategie aufgezeigt. Zuerst werden die neuesten Entwicklungen in der Verhaltensökonomik und den Entscheidungswissenschaften diskutiert, bevor im nächsten Abschnitt ein vermehrtes Augenmerk auf wichtige Erkenntnisse auf dem Gebiet der numerischen Kognition und auf neuere Theorien der „rationalen Unaufmerksamkeit" gelegt wird.

13.3.1 Heuristiken und numerische Kognition

Eine erste mögliche Erklärung für den Einfluss von Preisen, die mit einer „9" enden, findet sich in der Heuristikliteratur. Diese Literatur beeinflusste die Entwicklung der modernen Entscheidungstheorie und der Verhaltensökonomik maßgeblich. Im Wesentlichen stellen die Theorien dieser Literatur die Annahme von ökonomischer Rationalität in Frage, die üblicherweise Bestandteil der traditionellen (neoklassischen) Wirtschaftstheorien war (z. B. von Neumann und Morgenstern 1944). Während die traditionellen Theorien von klar vorhersagbaren Verhaltensweisen nach mathematisch optimalen Lösungen ausgehen, sind die zugrunde liegenden Berechnungen für die meisten realen Entscheidungsprobleme viel zu komplex, um selbst von modernen Supercomputern ausgeführt zu werden, geschweige denn vom begrenzten (und oft abgelenkten) menschlichen Verstand. Wie anfangs bereits erwähnt, gehen verhaltensorientierte Theorien deswegen stattdessen davon aus, dass reale Menschen eine begrenzte kognitive Fähigkeit besitzen: Anstatt eine optimale Antwort in allen Bereichen des Lebens perfekt zu berechnen, neigen menschliche Entscheidungsträger dazu, sich auf Heuristiken zu verlassen, um in der Lage zu sein, eine zufriedenstellende Näherung an das optimale Verhalten zu finden. Die erhöhte Effizienz dieser Heuristiken hat jedoch ihren Preis: Unter bestimmten Bedingungen können sie zu strukturellen Verzerrungen führen. Mehrere Autoren haben argumentiert, dass Heuristiken das Phänomen der Schwellenpreise verursachen: Anstatt den Preis für jedes Produkt einzeln zu analysieren, verwenden

Verbraucher Abkürzungen, um die Kosten eines Produkts schnell einzuschätzen. Thomas und Morwitz (2009a) beschreiben in einer aktuelleren Übersicht mehrere allgemeine Prinzipien einer solchen Preiswahrnehmung. Die Autoren beginnen damit, dass menschliche numerische Kognition auf einer analogen Skala und auf assoziativem Wissen basiert; d. h. alle Preise sind auf einer subjektiven Zahlenreihe dargestellt und werden eher als „Erfahrungen" wie Ton und Bild statt als tatsächliche Zahlen verarbeitet. Als ein Ergebnis werden Preise und Preisunterschiede (z. B. 4,00 bis 2,99 US$) nicht als mathematische Konzepte analysiert, sondern erinnern stattdessen an andere numerische Konzepte, zu denen sie in Beziehung stehen (z. B. $4-2=2$). Diese Art der Verarbeitung kann zu einer Reihe von Verzerrungen führen. Die erste davon ist das sogenannte „Anchoring" (Verankerung), bei der die Einbeziehung einer bestimmten Zahl die Schätzung der nachfolgenden Zahlen beeinflusst (z. B. Tversky und Kahneman 1974). Dieser Effekt tritt auch dann auf, wenn diese bestimmte Zahl offensichtlich irrelevant oder nicht informativ ist. Die Wirkung der Schwellenpreise ist ein Paradebeispiel für eine solche Verankerung. Da dieser Preis im Vergleich zu einem runden Preis eine niedrigere erste Ziffer aufweist, „verankert" dies die subjektive Schätzung des Produktpreises durch den Verbraucher. Infolgedessen wird der unrunde Preis als viel niedriger als der gerundete Preis wahrgenommen, obwohl der objektive Unterschied minimal ist.

Eine zweite anwendbare mentale Abkürzung kann in der Repräsentativitätsheuristik gefunden werden. Diese Heuristik bezieht sich auf Entscheidungsträger, die reflexiv dazu neigen, Elemente und Ereignisse hinsichtlich ihrer hervorstehenden Eigenschaften zu kategorisieren. Einfach ausgedrückt wird dabei Gleiches zu Gleichem sortiert (z. B. Gilovich und Savitsky 2002). Experimentelle Arbeiten von Thomas et al. (2010) geben ein Beispiel dafür, wie diese Heuristik die Preiswahrnehmung von Schwellenpreisen beeinflussen kann. Die Autoren argumentierten, dass es im alltäglichen Leben wesentlich weniger hohe, unrunde Preise als niedrige, unrunde Preise gibt. Infolgedessen empfinden Verbraucher runde Preise unbewusst als relativ hoch und unrunde Preise als relativ niedrig. Aufgrund der Repräsentativitätsheuristik werden also hohe und unrunde Preise (z. B. 395.525 €) fälschlicherweise niedriger eingeschätzt als hohe und gerundete Preise (z. B. 395.000 €). Die experimentellen Befunde der Autoren unterstützen diese Hypothese: In der Tat bewerteten die Experimentteilnehmer die letztgenannten Preise höher als die ersteren. Insgesamt führen die Existenz solcher Heuristiken und die damit einhergehenden Verzerrungen bei der Preiswahrnehmung der Verbraucher zu vorhersehbarem irrationalen Verhalten. Durch solche vorhersehbaren kognitiven Verzerrungen kann die rationale Beschränkung der Verbraucher von einem psychologisch versierten Marketingfachmann dazu genutzt werden, die subjektive Preiswahrnehmung zu senken. Durch strategische Preissetzung könnte das Unternehmen somit theoretisch Umsatz und Gewinn steigern.

13.3.2 Die Leichtigkeit der Informationsverarbeitung

Die kognitive Psychologie beschäftigt sich zudem mit einer anderen Forschungsrichtung, die mit dem vorherigen Konzept stark verwandt ist. Forscher auf diesem Gebiet beschäftigen sich seit langem mit der Frage, wie das menschliche Gehirn und der menschliche Geist verschiedene Stimuli interpretiert und berechnet. Eine besondere Erkenntnis ist hier, dass sich unterschiedliche Preisschemata in der Wahrnehmungsschwierigkeit unterscheiden können; d. h. in der Leichtigkeit („Perceptual Fluency"), mit der ein Verbraucher den angegebenen Preis interpretieren kann. Runde Preise werden hier im Allgemeinen als viel einfacher zu verarbeiten angesehen als unrunde Preise, da die Wahrnehmung unrunder Preise dem Verbraucher viel höhere kognitive Kosten verursacht. Diese kognitiven Kosten können sich direkt auf die Meinung eines Verbrauchers über ein Produkt auswirken. In verschiedenen Entscheidungsexperimenten wurde gezeigt, dass Entscheidungsträger anscheinend eine metakognitive Strategie verwenden: Die erfahrene Schwierigkeit einer Aufgabe selbst beeinflusst die Wahrnehmungen des Individuums. Eine solche Strategie wurde zuerst formell von Tversky und Kahneman (1973) beschrieben, um die Beobachtung zu erklären, dass Experimentteilnehmer scheinbar davon ausgehen, dass etwas wichtig ist, wenn etwas leicht aus den Erinnerungen abgerufen werden kann.

Diese kognitive Strategie kann einen starken Einfluss auf die subjektive Preiswahrnehmung haben. Obwohl ein solcher Mechanismus nur schwer explizit getestet werden kann, gibt es eine Reihe von Studien, die darauf hindeuten, dass dies der Fall sein könnte. Zum Beispiel beobachteten Thomas und Morwitz (2009b), dass die Komplexität der Berechnung die Beurteilung numerischer Unterschiede beeinflusst. Wenn eine Differenz zwischen zwei Preisen schwieriger zu verstehen ist (z. B. zwischen 4,97 und 3,96 US$ im Vergleich zur Differenz zwischen 5,00 und 4,00 US$), wird sie als größer bewertet. Infolgedessen kann die Kombination unrunder Preise dazu führen, dass die Verbraucher den Verkaufsrabatt der Preise überbewerten. In neueren Arbeiten beobachteten Lin und Wang (2017) den gleichen Effekt, allerdings ausschließlich für niedrigere Zahlen (der Preis-Differenz-Effekt scheint sich relativ zum Ausgangsbetrag zu verringern), ein Muster, das auch in Guéguen und Legoherel (2004) beobachtet wurde. Die Effekte unrunder Schwellenpreise müssen allerdings nicht zwangsläufig positiv sein: Interessanterweise haben neuere Arbeiten Hinweise darauf geliefert, dass ein Anstieg der Preiskomplexität ein Produkt für einen Verbraucher weniger attraktiv macht. Zum Beispiel finden Mishra et al. (2007) heraus, dass leichter zu verarbeitende Informationen (z. B. durch eine geringere Komplexität der Preise) zu einer Erhöhung der Zahlungsbereitschaft für ein Produkt führen. Lynn et al. (2013) beobachteten im Zusammenhang mit sog. „Zahle-was-du-willst"-Programmen, dass die Verbraucher stark dazu geneigt sind, abgerundete Preise zu wählen, was wiederum für die Präferenzen der Verbraucher für eine geringere Preiskomplexität spricht.

Die oben skizzierten Untersuchungen zeigen auf, dass der Effekt in zwei unterschiedliche Richtungen laufen kann: Zwar unterschätzen die Verbraucher Schwellenpreise im Durchschnitt; gleichzeitig steigen aber auch die dadurch anfallenden kognitive Kosten. Dies kann wiederum ein negatives Gefühl und eine generelle Abneigung für das Produkt erzeugen. Infolgedessen müssen Vermarkter und Geschäfte möglicherweise etwas Vorsicht und Zurückhaltung mit Schwellenpreisen ausüben. Eine aktuelle Studie von Wieseke et al. (2016) scheint diese Hypothese zu bestätigen. Die Autoren weisen darauf hin, dass Geschäfte in den letzten Jahren wieder vermehrt auf runde Preise setzen. Ein möglicher Grund für diese Beobachtung könnte die höhere Bequemlichkeit der Käufer sein. Es wird argumentiert, dass ein solcher nicht-monetärer Vorteil eines Produkts (wie geringe Preiskomplexität) dazu führt, dass Käufer eine günstigere Meinung von dem Produkt haben. Die Autoren führten eine Reihe von Feldexperimenten durch, um diesen Effekt zu untersuchen, und fanden heraus, dass die von den Probanden eingeschätzte Preisattraktivität den gekauften Betrag beeinflusste. Runde Preise führten demnach zu einem höheren (nicht niedrigeren) Umsatzniveau für diese Produkte. In einer ähnlichen Feldstudie von Bray und Harris (2006) führte das Runden von Preisen in britischen Filialen zu einem höheren Verkaufsvolumen – ganz im Gegensatz zu dem, was die zu Beginn skizzierten Effekte zur Preiswahrnehmung vermuten ließen.

Letztendlich deutet diese Literatur darauf hin, dass Marketingfachleute, die sich mit psychologischen Preisstrategien befassen, eine gewisse Vorsicht walten lassen sollten: während unrunde Preise dazu führen können, dass Verbraucher den objektiven Preis eines Produkts unterschätzen, können sie gleichzeitig auch gewisse Kosten für den Konsumenten verursachen.

13.3.3 Rationale Unaufmerksamkeit

Abgesehen von den Erläuterungen, die die beiden obigen Unterabschnitte bieten, könnte eine weniger gut diskutierte dritte Alternative die Auswirkungen unrunder Preise erklären. Bei der subjektiven Schätzung unrunder Preise können Verbraucher eine Strategie rationaler Unaufmerksamkeit benutzen (siehe z. B. Sims 2003). Wenn ein Konsument weiß, dass er nur eine begrenzte kognitive Kapazität hat, kann es optimal sein, sich nur auf eine Teilmenge aller verfügbaren Informationen zu konzentrieren. Somit wäre es optimal, einige Informationen absichtlich zu ignorieren, wenn die Kosten der Wahrnehmung den maximal möglichen Nutzen übersteigen, den diese Information bieten könnte. Obwohl dieser Gedankengang aus Simons (1986) beschränkter Rationalität folgt, hat er erst in letzter Zeit mehr Aufmerksamkeit auf dem Gebiet der Verhaltensökonomik und der Entscheidungswissenschaft erlangt (z. B. Sims 2003; Hohnisch et al. 2017). Zudem unterscheidet sich diese Theorie von dem oben beschriebenen heuristischen Ansatz: Anstatt sich auf eine Faustregel zu verlassen, ignoriert ein Entscheidungsträger gemäß dem Konzept der rationalen Unaufmerksamkeit eine Teilmenge der Information vollständig, um eine rationale Beurteilung auf der Grundlage relevanter Informationen zu ermöglichen.

Im Zusammenhang mit dem in diesem Abschnitt erörterten Effekt von unrunden Schwellenpreisen könnte es daher sein, dass Verbraucher die letzten Ziffern eines Preises absichtlich ignorieren. Während diese Erklärung in der Literatur bisher wenig diskutiert wurde, scheinen die Beobachtungen, die in verschiedenen anderen Arbeiten getätigt wurden, auf eine solche Strategie hinzuweisen. Interessanterweise wurde in mehreren Studien beobachtet, dass sich der Effekt der linken Ziffer bei größeren Beträgen verringert (z. B. Guéguen und Legoherel 2004; Lin und Wang 2017). Des Weiteren berichten Stiving und Winer (1997), dass Studienteilnehmer die letzte Ziffer ignorieren, wenn sich zwei Produkte nicht in ihrer vorletzten Ziffer unterscheiden. Diese Beobachtungen entsprechen den Vorhersagen rationaler Unaufmerksamkeit. Wenn ein kognitiv begrenzter Verbraucher erkennt (entweder bewusst oder durch den Einsatz einer Heuristik), dass die kognitiven Kosten der Berechnung das Risiko einer geringfügigen Überbezahlung überwiegen, kann das Ignorieren der rechten Ziffern eines Preises eine vollkommen rationale Strategie sein. Wenn der Preis allerdings hoch genug ist – und eine Fehlentscheidung somit relevantere Auswirkungen hat – dann ist der Agent besser gestellt, wenn er Zeit in die Analyse der Preise investiert. Dementsprechend würde der Effekt der linken Ziffer bei großen Preisen verschwinden.

Sollten die vorangegangenen Erklärungen stimmen, dann würde eine Preisstrategie basierend auf Schwellenpreisen den Verbraucher eher im Niedrigpreissegment beeinflussen, wo die maximalen Gewinne durch diese Marketingstrategie relativ gering sind. Dies wirft die Frage auf, warum Schwellenpreise knapp unter einem runden Preis dann immer noch so häufig in Supermärkten zu sehen sind. In einer eleganten Erklärung griff Basu (2006) auf ein formales Modell oligopolistischer Märkte zurück, in denen die Konsumenten als rational unaufmerksam gelten. In diesem Modell stellte er fest, dass Unternehmen durch eine Schwellenpreisstrategie, insbesondere bei günstigeren Geschäften, immer noch einen Nettogewinn erzielen können. Kurz gesagt: die Einnahmen steigernden Effekte einer solchen Preispolitik sind wahrscheinlich gering, summieren sich aber in einem Markt voll rational unaufmerksamen Verbrauchern auf. Auch wenn der Effekt der linken Ziffer nur bei geringwertigen Preisen auftreten sollte, bieten die kombinierten Effekte vieler Verbraucher mit kleinen Rundungsfehlern also nach wie vor einen starken Anreiz für Einzelhändler, psychologische Preisstrategien zu verfolgen.

Obwohl diese Theorie der rationalen Unaufmerksamkeit auf den ersten Blick eine gute Beschreibung des Effekts der linken Ziffern und ihres (Nicht-)Auftretens bei verschiedenen Preisen liefert, hat sie in der Literatur bisher wenig Beachtung gefunden. In Zukunft wird mehr Forschung benötigt, um festzustellen, ob diese theoretischen Argumente in der Realität Bestand haben.

13.4 Fazit

Empirische Studien bestätigen gemeinhin, dass nicht alle Entscheidungen rational getroffen werden. Erkenntnisse aus zwei verschiedenen Verhaltensaspekten unterstreichen die Relevanz von nicht-rationalem Verhalten für die Analyse individueller

Kaufentscheidungen und daraus resultierendem Konsumniveau. Die Literatur zum Bezahlungsschmerz („pain of paying"), die in Abschn. 13.2 kurz zusammengefasst wurde, legt nahe, dass die Trennung von Bargeld mehr „schmerzt" als die Verwendung einer Bank- oder Prepaid-Karte, da eine Barzahlung das Bewusstsein für die getätigte Ausgabe erhöht. Empirische Studien bestätigen, dass die Transparenz einer Zahlungsmethode sowohl für die Zahlungsbereitschaft als auch für die Art des Kaufs von zentraler Bedeutung ist. Eine wichtige Erkenntnis der Analyse des Zahlungsschmerzes ist daher, dass Bargeld und elektronische Zahlungsmethoden keineswegs perfekte Substitute sind – obwohl sie dies für einen rationalen Entscheider sein sollten.

In Abschn. 13.3 wurde das Konzept der psychologischen Preisgestaltung in Form des linken Zifferneffekts („Left Digit Effect") diskutiert, der üblicherweise von Herstellern verwendet wird, um Konsumenten zu einer niedrigeren subjektiven Einschätzung des Preises zu verleiten. Durch eine geringfügige Reduzierung des Preises eines Gegenstands könnten Verkäufer diese Eigenart des menschlichen Verhaltens potenziell ausnutzen, um fast mühelos höhere Einnahmen zu erzielen. Während die Verwendung einer solchen Strategie in der Praxis allgegenwärtig ist, liefert die Literatur, die in diesem Abschnitt besprochen wurde, kein eindeutiges Ergebnis. Auf der einen Seite implizieren Theorien, dass eine solche psychologische Preisstrategie tatsächlich funktionieren kann, da Konsumenten mentale Abkürzungen benutzen anstelle Entscheidungen nach einem mühsameren analytischen Prozess bewusst zu treffen. Auf der anderen Seite kann eine solche Preisstrategie jedoch auch mit erhöhten kognitiven Kosten durch komplexere Preisberechnungen verbunden sein. Die negativen Assoziationen, die dabei in Erinnerung gerufen werden, können dann die Wahrscheinlichkeit eines Verkaufs verringern. Zu einem solchen Ergebnis kann auch ein Verhalten rationaler Unaufmerksamkeit führen.

Insgesamt weisen die Ergebnisse auf die Notwendigkeit hin, kognitive und nichtrationale Aspekte (wie ein besonders durch Barzahlung ausgelöstes Verlustempfinden oder Effekte einer psychologischen Preisgestaltung) in die Diskussion über die Zukunft von Bargeld als Zahlungsinstrument und seine Auswirkungen auf das Konsumverhalten miteinzubeziehen.

Literatur

Alderman L (2015) In Sweden, a cash-free future nears. New York Times. https://www.nytimes.com/2015/12/27/business/international/in-sweden-a-cash-free-future-nears.html. Zugegriffen: 19. Dez. 2017

Anderson ET, Simester DI (2003) Effects of $9 price endings on retail sales: evidence from field experiments. Quant Mark Econ 1:93–110. https://doi.org/10.1023/A:1023581927405

Balzter S (2016) Land ohne Bargeld. Frankfurter Allg. http://www.faz.net/aktuell/finanzen/digital-bezahlen/schweden-setzt-immer-mehr-auf-bargeldloses-zahlen-14068659-S4.html. Zugegriffen: 19. Dez. 2017

Basu K (2006) Consumer cognition and pricing in the nines in oligopolistic markets. J Econ Manag Strateg 15:125–141. https://doi.org/10.1111/j.1530-9134.2006.00094.x

Bray JP, Harris C (2006) The effect of 9-ending prices on retail sales: a quantitative UK based field study. J Mark Manag 22:601–617. https://doi.org/10.1362/026725706777978631

Chatterjee P, Rose RL (2012) Do payment mechanisms change the way consumers perceive products? J Consum Res 38:1129–1139. https://doi.org/10.1086/661730

Coulter KS (2001) Odd-ending price underestimation: an experimental examination of left-to-right processing effects. J Prod Brand Manag 10:276–292. https://doi.org/10.1108/10610420110401838

Deutsche Bundesbank (2015) Payment behaviour in Germany in 2014: third study of the utilisation of cash and cashless payment instruments. Deutsche Bundesbank, Frankfurt a. M.

Eschelbach M (2017) Pay cash, buy less trash? – evidence from German payment diary data. Int Cash Conf 2017 – war cash is there a futur cash? http://hdl.handle.net/10419/162908

Falk T, Kunz WH, Schepers JJL, Mrozek AJ (2016) How mobile payment influences the overall store price image. J Bus Res 69:2417–2423. https://doi.org/10.1016/j.jbusres.2016.01.011

Feinberg RA (1986) Credit cards as spending facilitating stimuli: a conditioning interpretation. J Consum Res 13:348–356. https://doi.org/10.1086/209074

Gilovich T, Savitsky K (2002) Like goes with like: the role of representativeness in erroneous and pseudo-scientific beliefs. In: Gilovich T, Griffin D, Kahneman D (Hrsg) Heuristics and biases: the psychology of intuitive judgment. Cambridge University Press, New York, S 617–624

Gourville J, Soman D (2002) Pricing and the psychology of consumption. Harv Bus Rev 80:90–96, 126

Guéguen N, Legoherel P (2004) Numerical encoding and odd-ending prices: the effect of a contrast in discount perception. Eur J Mark 38:194–208. https://doi.org/10.1108/03090560410511186

Hirschman EC (1979) Differences in consumer purchase behavior by credit card payment system. J Consum Res 6:58–66. https://doi.org/10.1086/208748

Hohnisch M, Pittnauer S, Pfingsten A, Selten R (2017) Deliberative versus less-reasoned decision making in environments with rare adverse events – the role of task complexity. https://papers.ssrn.com/sol3/papers.cfm?abstract_id=2927681

Hoomans J (2015) 35,000 decisions: the great choices of strategic leaders. Lead Edge J

Horst F (2015) Münzgeldstudie – Folgenabschätzung einer Rundungsregel im Einzelhandel, EHI Retail Institute GmbH in Zusammenarbeit mit der Deutschen Bundesbank. https://www.bundesbank.de/Redaktion/DE/Downloads/Veroeffentlichungen/Studien/muenzgeldstudie.pdf?__blob=publicationFile. Zugegriffen: 15. Jan. 2018

Horst F van der, Matthijsen E (2013) The irrationality of payment behaviour. Occassional Studies 11:4 (De Nederlandsche Bank). https://econpapers.repec.org/paper/dnbdnbocs/1104.htm

Jonker N (2007) Payment instruments as perceived by consumers – results from a household survey. De Economist 155:271–303. https://doi.org/10.1007/s10645-007-9062-1

Kahneman D (2003) Maps of bounded rationality: psychology for behavioral economics. Am Econ Rev 93:1449–1475

Kahneman D, Tversky A (1979) Prospect theory: an analysis of decision under risk. Econometrica 47:263–292. https://doi.org/10.2307/1914185

Kahneman D, Tversky A (1984) Choices, values, and frames. Am Psychol 39:341–350. https://doi.org/10.1037/0003-066X.39.4.341

Kalckreuth U von, Schmidt T, Stix H (2014) Using cash to monitor liquidity: implications for payments, currency demand, and withdrawal behavior. J Money Credit Bank 46:1753–1786. https://doi.org/10.1111/jmcb.12165

Knutson B, Rick S, Wimmer GE et al (2007) Neural predictors of purchases. Neuron 53:147–156. https://doi.org/10.1016/j.neuron.2006.11.010

Liang J, Kanetkar V (2006) Price endings: magic and math. J Prod Brand Manag 15:377–385. https://doi.org/10.1108/10610420610703702

Lin C-H, Wang J-W (2017) Distortion of price discount perceptions through the left-digit effect. Mark Lett 28:99–112. https://doi.org/10.1007/s11002-015-9387-5

Lynn M, Flynn SM, Helion C (2013) Do consumers prefer round prices? Evidence from pay-what-you-want decisions and self-pumped gasoline purchases. J Econ Psychol 36:96–102. https://doi.org/10.1016/j.joep.2013.01.010

Manning KC, Sprott DE (2009) Price endings, left-digit effects, and choice. J Consum Res 36:328–335. https://doi.org/10.1086/597215

Mazar N, Plassmann H, Robitaille N, Lindner A (2017) Pain of paying? – a metaphor gone literal: evidence from neural and behavioral science, INSEAD working paper series, No. 2017/06/MKT

Mishra H, Mishra A, Nayakankuppam D (2007) Seeing through the heart's eye: the interference of system 1 in system 2. Mark Sci 26:666–678. https://doi.org/10.1287/mksc.1070.0278

Mooslechner P, Stix H, Wagner K (2006) How are payments made in Austria? Results of a survey on the structure of Austrian households' use of payment means in the context of monetary policy analysis. Monet Policy Econ 2006:111–134

Neumann J von, Morgenstern O (1944) Theory of games and economic behavior. Princet Univ Press 625. https://doi.org/10.1177/1468795x06065810

Pöppel E (2008) Zum Entscheiden geboren Hirnforschung für Manager. Hanser, München

Prelec D, Loewenstein G (1998) The red and the black: mental accounting of savings and debt. Mark Sci 17:4–28. https://doi.org/10.1287/mksc.17.1.4

Prelec D, Simester D (2001) Always leave home without it: a further investigation of the credit-card effect on willingness to pay. Mark Lett 12:5–12. https://doi.org/10.1023/A:1008196717017

Raghubir P (2006) An information processing review of the subjective value of money and prices. J Bus Res 59:1053–1062

Raghubir P, Srivastava J (2008) Monopoly money: the effect of payment coupling and form on spending behavior. J Exp Psychol Appl 14:213–225. https://doi.org/10.1037/1076-898X.14.3.213

Reutskaja E, Nagel R, Camerer CF, Rangel A (2011) Search dynamics in consumer choice under time pressure: an eye-tracking study. Am Econ Rev 101:900–926. https://doi.org/10.1257/aer.101.2.900

Rick SI (2014) Tightwads, spendtrifts, and the pain of paying: new insights and open questions. In: Preston SD, Kringelbach ML, Knutson B (Hsrg) The interdisciplinary science of consumption. MIT Press, Cambridge, S 147–163

Rick SI, Cryder CE, Loewenstein G (2008) Tightwads and spendthrifts. J Consum Res 34:767–782. https://doi.org/10.1086/523285

Runnemark E, Hedman J, Xiao X (2015) Do consumers pay more using debit cards than cash? Electron Commer Res Appl 14:285–291. https://doi.org/10.1016/j.elerap.2015.03.002

Schindler RM (2006) The 99 price ending as a signal of a low-price appeal. J Retail 82:71–77. https://doi.org/10.1016/j.jretai.2005.11.001

Schindler RM, Kibarian TM (1996) Increased consumer sales response though use of 99-ending prices. J Retail 72:187–199. https://doi.org/10.1016/S0022-4359(96)90013-5

Schindler RM, Kirby PN (1997) Patterns of rightmost digits used in advertised prices: implications for nine-ending effects. J Consum Res 24:192–204. https://doi.org/10.1086/209504

Shah AM, Eisenkraft N, Bettman JR, Chartrand TL (2016) "Paper or plastic?": how we pay influences post-transaction connection. J Consum Res 42:688–708. https://doi.org/10.1093/jcr/ucv056

Simon HA (1956) Rational choice and the structure of the environment. Psychol Rev 63:129–138. https://doi.org/10.1037/h0042769

Simon HA (1957) Models of man: social and rational. J Philos 59:177–182. https://doi.org/10.2307/1926487

Simon HA (1976) From substantive to procedural rationality. In: 25 years of economic theory. Springer, Boston S 65–86

Simon HA (1986) Rationality in psychology and economics. J Bus 59:209–224. https://doi.org/10.1086/296363

Sims CA (2003) Implications of rational inattention. J Monet Econ 50:665–690. https://doi.org/10.1016/S0304-3932(03)00029-1

Soman D (2003) The effect of payment transparency on consumption: quasi-experiments from the field. Mark Lett 14:173–183. https://doi.org/10.1023/A:1027444717586

Stiving M (2000) Price-endings when prices signal quality. Manag Sci 46:1617

Stiving M, Winer RS (1997) An empirical analysis of price endings with scanner data. J Consum Res 24:57–67. https://doi.org/10.1086/209493

Thaler R (1980) Toward a positive theory of consumer choice. J Econ Behav Organ 1:39–60. https://doi.org/10.1016/0167-2681(80)90051-7

Thaler R (1985) Mental accounting and consumer choice. Mark Sci 4:199–214. https://doi.org/10.1287/mksc.4.3.199

Thaler R (2000) From homo economicus to homo sapiens. J Econ Perspect 14:133–141. https://doi.org/10.1257/jep.14.1.133

Thomas M, Morwitz V (2005) Penny wise and pound foolish: the left-digit effect in price cognition. J Consum Res 32:54–64. https://doi.org/10.1086/429600

Thomas M, Morwitz V (2009a) Heuristics in numerical cognition: implications for pricing. In: Rao VR, Malott DW (Hrsg) Handbook of pricing research in marketing. Elgar, Cheltenham, S 132–149

Thomas M, Morwitz VG (2009b) The ease-of-computation effect: the interplay of metacognitive experiences and naive theories in judgments of price differences. J Mark Res 46:81–91. https://doi.org/10.1509/jmkr.46.1.81

Thomas M, Simon DH, Kadiyali V (2010) The price precision effect: evidence from laboratory and market data. Mark Sci 29:175–190. https://doi.org/10.1287/mksc.1090.0512

Thomas M, Desai KK, Seenivasan S (2011) How credit card payments increase unhealthy food purchases: visceral regulation of vices. J Consum Res 38:126–139. https://doi.org/10.1086/657331

Tversky A, Kahneman D (1973) Availability: a heuristic for judging frequency and probability. Cogn Psychol 5:207–232. https://doi.org/10.1016/0010-0285(73)90033-9

Tversky A, Kahneman D (1974) Judgment under uncertainty: heuristics and biases. Science (80)185:1124–1131. https://doi.org/10.1126/science.185.4157.1124

Tversky A, Kahneman D (1981) The framing of decisions and the psychology of choice. Science 80(211):453–458. https://doi.org/10.1126/science.7455683

Wieseke J, Kolberg A, Schons LM (2016) Life could be so easy: the convenience effect of round price endings. J Acad Mark Sci 44:474–494. https://doi.org/10.1007/s11747-015-0428-7

Zellermayer O (1996) The pain of paying. Unpublished dissertation, Department of Social and Decision Sciences, Carnegie Mellon University, Pittsburgh, PA

Jörn Sickmann ist Professor für Industrieökonomie und Unternehmensfinanzierung an der Hochschule Rhein-Waal in Kleve. Schwerpunktmäßig beschäftigt er sich mit industrie- und ordnungsökonomischen Fragestellungen in Netzindustrien mit besonderem Fokus auf die Bereiche der Telekommunikation und der Digitalisierung sowie der Transformation von Energie- und Verkehrsnetzen. Ein weiteres Interessengebiet ist die verhaltenswissenschaftliche und experimentelle Forschung zu finanz- und netzwirtschaftlichen Fragestellungen. Seine Arbeit umfasst gutachterliche Tätigkeiten sowie Verbundforschung im Rahmen von öffentlich geförderten Drittmittelprojekten.

Carina Goldbach studierte Volkswirtschaftslehre an der Georg-August-Universität Göttingen und promovierte in diesem Feld an der Jacobs University Bremen. Ihre Forschungsinteressen liegen besonders in der Verhaltens- und Entwicklungsökonomik, weshalb sie während ihrer Promotion im Rahmen eines internationalen Projektes verhaltensökonomische Experimente in tropischen Ländern durchgeführt hat. Inzwischen ist sie wissenschaftliche Mitarbeiterin an der Hochschule Rhein-Waal und an verschiedenen Projekten der experimentellen Ökonomie beteiligt.

Achiel Fenneman hat einen breiten akademischen Hintergrund in den Bereichen Wirtschaft, Psychologie, Finanzen, künstliche Intelligenz und kognitive Neurowissenschaften. Seine Forschungsinteressen liegen in der Überschneidung dieser Felder: wie werden Entscheidungen getroffen und wie kann man diese mit formeller Mathematik erfassen. Momentan verfolgt Achiel seine Promotion zum Thema Entscheidungsfindung an der Radboud-Universität Nijmegen und der Hochschule Rhein-Waal. Neben diesem Hauptprojekt ist Achiel ebenfalls in einer Reihe von Forschungsprojekten auf dem Gebiet der experimentellen Ökonomie involviert.

Zahlungsverhalten in den Niederlanden – eine Fallstudie

14

Sascha Füllbrunn und Carin van der Cruijsen

Inhaltsverzeichnis

14.1	Einleitung	205
14.2	Eine kurze Geschichte der Zahlungsmittel in den Niederlanden	206
14.3	Das Zahlungsverhalten der Niederländer	209
14.4	Maßnahmen für die Erweiterung des elektronischen Zahlungsverkehrs	213
14.5	Die Zukunft des Bargelds in den Niederlanden	214
14.6	Ein Vergleich mit Deutschland	214
Literatur		216

14.1 Einleitung

Mittagszeit an der niederländischen Radboud Universität nahe der Grenze zu Kleve. „Lunch?" Wir folgen unseren Kollegen zur Mensa. Nebst unserem selbstgeschmierten Butterbrot wollen wir eine leckere Suppe genießen; hier eine übliche Art Mittag zu essen. Die Kasse zeigt 1,15 €, wir halten die Debitkarte kurz ans Lesegerät, und ein freundliches „Eet smakelig!" der Kassiererin beendet die Transaktion. Das „Alleen

---

Das Kapitel spiegelt lediglich die Meinung der Autoren und nicht notwendigerweise die Meinung der Niederländischen Zentralbank wider.

S. Füllbrunn (✉)
Institute for Management Research, Radboud University, Nijmegen, Niederlande
E-Mail: s.fullbrunn@fm.ru.nl

C. van der Cruijsen
De Nederlandsche Bank, Amsterdam, Niederlande
E-Mail: c.a.b.van.der.cruijsen@dnb.nl

© Springer Fachmedien Wiesbaden GmbH, ein Teil von Springer Nature 2018
J. Lempp et al. (Hrsg.), *Die Zukunft des Bargelds*,
https://doi.org/10.1007/978-3-658-21720-4_14

Pinnen" Zeichen am Eingang macht es deutlich: Bargeldzahlung ist nicht möglich. Hier wird schnell deutlich, warum die Niederlande Vorläufer bei der Verwendung von elektronischen Zahlungsmitteln sind. Nach der Einführung der Debitkarte als Zahlungsmittel zu Beginn der neunziger Jahre, hat sich das Zahlungsverhalten der Niederländer erheblich verändert. Zahlungen mit der Debitkarte, auch für Kleinstbeträge, werden heutzutage bei allen großen Einzelhandels- und Tankstellenketten aber auch bei den meisten der kleinen und mittelgroßen Geschäfte akzeptiert (Panteia 2015). Bargeldzahlungen traten somit zwangsläufig den Rückzug an.

In diesem Kapitel betrachten wir eine Fallstudie über das Zahlungsverhalten der niederländischen Konsumenten. Die Niederlande stellen sich aus den folgenden Gründen als interessanter Vergleichsfall dar. Erstens haben Deutschland und die Niederlande enge politische, ökonomische, administrative, kulturelle und persönliche Beziehungen. Zweitens haben beide Länder ähnliche Meinungen bezüglich Wirtschaftspolitik und der Zukunft der Europäischen Union. Drittens sind die Niederlande ein direkter Nachbar; und wenn man einen Steinwurf von der Grenze entfernt wohnt – wie einer der Autoren – dann scheinen die Grenzen förmlich zu verschwimmen. Viertens ist die Verwendung von Bargeld trotz der genannten Gemeinsamkeiten ziemlich unterschiedlich zwischen den Ländern.

Zunächst möchten wir die Geschichte der Zahlungsmittel in den Niederlanden betrachten. Danach diskutieren wir die neuesten wissenschaftlichen Erkenntnisse zum Zahlungsverhalten der Niederländer. Anschließend zeigen wir, wie durch erfolgreiche Kampagnen der elektronische Zahlungsverkehr verstärkt wurde und wie die Zukunft des Bargeldes in den Niederlanden aussieht. Letztendlich nehmen wir uns noch etwas Zeit, um Deutschland und die Niederlande zu vergleichen. Es ist wohl offensichtlich, die Niederländer haben beim elektronischen Zahlungsverkehr die Nase vorn.

14.2 Eine kurze Geschichte der Zahlungsmittel in den Niederlanden

Im 14. Jahrhundert wurde der Florin, eine Goldmünze geprägt von der Republik Florenz, durch den Gulden als Zahlungsmittel ersetzt (für mehr Details siehe z. B. De Nederlandsche Bank (DNB) 2014). Da unterschiedliche Gulden in den verschiedenen Regionen im Umlauf waren, hat Karl V. im Jahre 1521 den goldenen Karlsgulden eingeführt. Dieser diente als Recheneinheit und war der Vereinfachung des Handels und der Zentralisierung dienlich. 1543 wurde der silberne Karlsgulden in allen niederländischen Regionen eingeführt und die eigentliche Geschichte des Bargelds begann. Der Achtzigjährige Krieg brachte für den nördlichen Teil der Niederlande die Unabhängigkeit und jede der sieben Provinzen der Niederländischen Republik brachte ihre eigenen Münzen in den Umlauf. Dies änderte sich 1681, als die Regierung der Provinz Holland neue Münzen emittierte. Diese vier neuen Münzen mit einem Wert von 3, 2, 1 und 0,5 Gulden wurden der neue Standard, auch in den anderen Provinzen. Jedoch galten weiterhin die älteren Gulden als legales Zahlungsmittel. Im Goldenen Zeitalter waren die Niederlande eine wichtige Handelsnation und somit waren neben dem Gulden auch viele Münzen in Fremdwährung im Umlauf.

Mit der Gründung der Amsterdamer Wechselbank (1609) sollte das herrschende Chaos durch die Vielzahl der sich im Umlauf befindlichen Münzen begrenzt werden. Diese nahm das Geld in verschiedenen Valuten an, wechselte es in andere Währungen oder schrieb es als Einlage gegen einen handgeschriebenen Wechsel gut. Dieser Wechsel war tatsächlich der Vorläufer der Banknote und konnte an andere verkauft werden. Im 18. Jahrhundert geriet die Wirtschaft in eine Rezession da andere Länder aufholten und insbesondere Großbritannien modernere Schiffe baute. Infolgedessen schloss 1820 die Amsterdamer Wechselbank ihre Pforten.

Vorübergehend, während der Französischen Herrschaft zwischen 1795 und 1813, wurde der Franc das einzige legale Zahlungsmittel. Kurz nach der Unabhängigkeit 1813 jedoch, gründete König Wilhelm I. im Vereinigten Königreich der Niederlande die Zentralbank der Niederlande, De Nederlandsche Bank (DNB). Die Neuordnung des Währungswesens brachte die erste offizielle niederländische Banknote hervor. Diese wurde bei großen Beträgen von Geschäftsleuten verwendet; das Tagesgeschäft lief jedoch weiterhin mit Kupfer-, Silber- und Goldmünzen. Um 1860 vermehrte sich der Gebrauch der Banknoten. Im Jahre 1904 wurde die Banknote schließlich ein rechtmäßiges und allseits genutztes Zahlungsmittel.

Im 20. Jahrhundert verminderte sich der Umlauf von Silber- und Goldmünzen. Durch das höhere Vertrauen in das Geldsystem brauchten die Münzen auch keine Silber- oder Goldanteile zu haben. Bevor der Euro eingeführt wurde, zahlten die Niederländer zuletzt mit folgenden Münzen: 5 Cent (*„Stuiver"*), 10 Cent (*„Dubbeltje"*), 25 Cent (*„Kwartje"*), 1 Gulden, 2.5 Gulden (*„Rijksdaaler"*) und 5 Gulden. Die Stückelung der Scheine betrug 5, 10, 25, 50, 100, 250 und 1000 Gulden. Dabei gelang es der DNB ihre Banknoten ansprechend und farbenfroh zu designen. Wer erinnert sich da nicht an den 50-Gulden-Schein mit den Sonnenblumen (vgl. Abb. 14.1)?

Abb. 14.1 50-Gulden-Schein mit Sonnenblume. (*Hinweis:* Herausgegeben 1982. Design: R. D. E. Oxenaar und J. J. Kruit)

Im Jahre 2002 wurde schließlich der Euro eingeführt. Obwohl die Sonnenblumen durch Fenster, Torbögen und Brücken ersetzt wurden, haben sich die Niederländer an den Euro gewöhnt. Eine Umfrage zeigte, dass 74 % der Befragten den Stil der neuen Währung vordergründig gut finden, aber nicht in der Lage waren, diesen aus dem Kopf heraus beschreiben zu können (DNB 2017b). Letztendlich haben die Niederländer ein hohes Vertrauen in die Authentizität des Euro. Eine Umfrage (2017) hierzu ergab, dass etwa 53 % der Befragten auf einer Skala von eins bis zehn – wobei zehn hohes Vertrauen entspricht – acht oder höher wählten. 2005 waren dies gerade 32 % (DNB 2017b).

1987 wurde die Debitkarte eingeführt. Zu diesem Zeitpunkt diente sie lediglich der Abhebung von Geld am Automaten. Ab 1990 kam dann die Möglichkeit hinzu, auch mit der Debitkarte zu bezahlen. Hierfür waren allein die Karte und die entsprechende Pin-Nummer nötig. In den Niederlanden gibt es für diese Tätigkeit sogar ein passendes Verb: *„pinnen"*, übersetzt *„mit Karte bezahlen"*. Zu Beginn wurde die Debitkarte lediglich bei höheren Beträgen verwendet; aber die Akzeptanz der Debitkarte stieg stetig. Die Konsumenten begannen erst mittlere und dann selbst Kleinstbeträge mit der Debitkarte zu bezahlen. Im November 2005 haben sich Kaufleute und Banken dazu entschlossen, die Effizienz und die Sicherheit am Verkaufsort (Point of Sale – PoS) zu stärken. Ein gemeinsamer Maßnahmenkatalog wurde entwickelt, um die Verwendung der Debitkarte zu stimulieren. Weitere Vereinbarungen wurden 2008 und 2014 getroffen. Unter anderem wurde beschlossen, bis Ende 2018 das Verhältnis zwischen Debitkarten- und Bargeldnutzung am PoS auf 60:40 zu erhöhen. Tatsächlich hat die Debitkarte das Bargeld im Sommer 2015 als wichtigstes Zahlungsmittel am PoS abgelöst (DNB und Dutch Payment Association (DPA) 2017).

Seit 2014 ist ein *kontaktloses Bezahlen* möglich. Hierfür muss die Karte durch den Käufer lediglich auf das Lesegerät aufgelegt werden. Somit können Transaktionen bis 25 € mit freigeschalteten Debit-/Kreditkarten, neuerdings auch mit entsprechend installierten Apps in Smartphones, bezahlt werden, ohne dass eine Pin-Eingabe eingefordert ist. Für die Kunden ist der Zahlungsvorgang damit schneller und benutzerfreundlicher als die herkömmliche Transaktion mit Pin. Zudem fallen für Händler geringere Gebühren pro Transaktion an – ca. 15 Cents beim kontaktlosen Bezahlen ohne Pin, ca. 19 Cents mit Pin; im Vergleich bei Barzahlung werden 25 Cents fällig (DPA 2017b). Heutzutage haben die meisten niederländischen Kunden eine für diesen Zahlungsverkehr freigeschaltete Debitkarte und zwei von drei Terminals am PoS akzeptieren diese auch (DPA 2017a). Die Anzahl der kontaktlosen Zahlungen hat sich rapide erhöht, von 135 Mio. im Jahr 2015 auf 630 Mio. € in 2016 (DPA 2017a). Im Dezember 2016 wurden 25 % der Debitkarten-Transaktionen kontaktlos durchgeführt und im April 2017 hat die Anzahl der kontaktlosen Zahlungen die Milliarde erreicht. Zum Vergleich, das kontaktlose Zahlen brauchte weniger als drei Jahre um die Milliarde zu erreichen, die Debitkarte hingegen brauchte sieben Jahre. Kontaktloses Zahlen mit dem Smartphone ist jedoch weniger weit verbreitet (DNB 2016).

Für die Banken gab es wichtige Gründe das kontaktlose Bezahlen einzuführen: das Zahlungsmittel ist schnell, sicher und kosteneffizient im Vergleich zum Bargeld und zwar auch für kleine Beträge. Eine repräsentative Umfrage der DNB im August 2017 zeigt, dass die Kunden diese Art der Bezahlung als die schnellste ansehen. Jedoch fehlt noch die Akzeptanz auf der Händlerseite. Diese wird allerdings verstärkt, da ab 2020 alle Kartenlesegeräte kontaktloses Bezahlen ermöglichen müssen (DPA 2017). Es wird erwartet durch diese Maßnahme die Nutzung von Bargeld weiter zu substituieren.

14.3 Das Zahlungsverhalten der Niederländer

Im Folgenden betrachten wir jüngste Erkenntnisse über das Zahlungsverhalten in den Niederlanden. 2016 haben die Konsumenten ca. 45 % ihrer Zahlungen in Shops, Tankstellen, Restaurants und anderen Einzelhandelsgeschäften in bar abgewickelt und etwa 55 % mit der Debitkarte (DNB 2017c). Zwischen 2010 und 2016 hat sich die Anzahl der Bargeldzahlungen um ein Drittel vermindert, von 4,37 Mrd. Zahlungen 2010 zu 2,95 Mrd. im Jahr 2016. Der durchschnittliche Betrag, der in bar bezahlt wurde, ist in diesem Zeitraum von 11,80 € auf 12,85 € gestiegen. Der Gesamtbetrag der Bargeldzahlungen ist von 52 Mrd. € im Jahr 2010 auf 38 Mrd. € im Jahr 2016 gesunken (−27 %). In der gleichen Zeit erhöhte sich der Debitkartengebrauch um zwei Drittel, von 2,15 Mrd. im Jahr 2010 auf 3,57 Mrd. im Jahr 2016. Der Gesamtwert dieser Zahlungen bezifferte sich 2010 auf 81 Mrd. € und 97 Mrd. € im Jahr 2016 (+20 %, aktuelle Zahlen www.pin.nl/actueel/kerncijfers/). Der durchschnittliche Betrag, der mit der Debitkarte bezahlt wurde, ist zwischen 2010 und 2015 um jährlich 5,3 % geschrumpft. Dieser Trend hat sich etwas abgeschwächt; zwischen 2015 und 2016 hat sich der Betrag lediglich von 28,67 € auf 28,27 € vermindert. Die Ergebnisse legen nahe, dass auch kleinere Beträge nicht mehr unbedingt mit Bargeld bezahlt werden. Ein drittes vielgenutztes Zahlungsmittel, die Kreditkarte, wird in den Niederlanden vergleichsweise wenig genutzt und verbleibt seit Jahren auf einem Anteil von etwa 0.5 % der Transaktionen.

Die Nutzung der Zahlungsmittel variiert zwischen den verschiedenen PoS (van der Cruijsen und Plooij 2018). Basierend auf einer Umfrage zeigt Tab. 14.1 den Anteil der Befragten die häufiger das angegebene Zahlungsmittel für einen bestimmten PoS verwendet haben als andere. Offensichtlich wird 2015 in allen Kategorien das Bargeld weniger häufig genannt als die Debitkarte. Während 2004 in den Lebensmittelfachgeschäften und den Restaurants eher bar bezahlt wurde, hat sich die Debitkarte 2015 dort in den Vordergrund geschoben. Auch hier ist die Verwendung der Kreditkarte selten.

Die Untersuchungen von Hansen et al. (2012a, b) zeigen, dass ein effizientes und harmonisiertes elektronisches Zahlungssystem sowohl das Bankgeschäft stimuliert, als auch Wachstum, Konsum und Handel verbessern. Darum ist es extrem wichtig die Faktoren zu kennen, die für die Wahl des Zahlungsmittels eine Rolle spielen. In der Tat haben die Konsumenten unterschiedliche Präferenzen bezüglich des Zahlungsmittels abhängig vom PoS, den Kosten, der Wahrnehmung des Zahlungsmittels und der demografischen Faktoren. Die Studie von van der Cruijsen und Plooij (2018) gibt Einblicke in die Veränderung des Zahlungsverhaltens der niederländischen Konsumenten

Tab. 14.1 Zahlungsmittel am Verkaufsort

		Bar (%)	Debitkarte (%)	Kreditkarte (%)
Supermärkte	2004	30,6	66,0	0,1
	2015	20,3	78,4	0,1
Lebensmittelfachgeschäft	2005	**73,8**	17,8	0,1
	2015	34,9	**56,2**	<0,1
Andere Fachgeschäfte	2005	13,1	82,1	3,2
	2015	5,6	89,2	3,2
Tankstellen	2004	9,1	55,3	6,0
	2015	4,9	77,8	4,8
Restaurants	2004	**55,6**	24,8	10,8
	2015	13,4	**74,9**	5,5

Quelle: DNB Umfrage im CentERpanel. 2004: KW 38, 2019 Befragte; 2015: KW 11 und KW 12, 2558 Befragte. *Hinweis:* Für jeden Verkaufsort ist der Anteil der Befragten angegeben, die das jeweilige Zahlungsmittel häufiger als andere verwendet haben. Lebensmittelfachgeschäfte beinhalten Metzger, Bäckereien und andere Fachgeschäfte aus dem Lebensmittelhandel. Andere Fachgeschäfte beinhalten den Verkauf von Kleidern, Musik und anderen Gütern, welche nicht dem Lebensmittelbereich zugeordnet werden

über einen Zeitraum von zehn Jahren (2004 bis 2014). Im Folgenden werden wir einige der Umfrageergebnisse von van der Cruijsen und Plooij (2018) diskutieren; wenn möglich verwenden wir frische Daten, die von der DNB 2017 erhoben wurden.

Die Adoptionsrate von Zahlungsmitteln ist abhängig von sozio-demografischen Faktoren. Mit einer Adoptionsrate von 98 % im Jahr 2004 und 99,7 % im Jahr 2017 für den Gebrauch von Debitkarten gibt es eine leichte Steigerung in den letzten 13 Jahren. Die Adoptionsrate bei den Debitkarten variiert kaum mit den demografischen Faktoren, da fast jeder eine solche Karte besitzt. Die Adoptionsrate der Kreditkarte hat sich 2017 von 49 % auf 52 % ebenfalls gesteigert. Doch demografische Faktoren spielen hier eine größere Rolle, z. B. verwenden jüngere Konsumenten die Kreditkarte weniger, Männer verwenden diese häufiger als Frauen, und die Adoptionsrate steigt mit Einkommen und Bildung.

Auch die Verwendung der Zahlungsmittel ist abhängig von den sozio-demografischen Faktoren. Im Durschnitt aller betrachteten PoS betrug 2004 der Anteil der Bargeldzahlungen noch 47 %. Die Bargeldzahlung war damit häufigste Zahlungsmethode. 2014 lag diese nur noch bei 33 %. Eine aktuellere Umfrage der DNB aus 2017 zeigt, dass 80 % der Befragten die Debitkarte am häufigsten verwenden und nur noch 19 % in der Regel bar bezahlen. Die Debitkarte wird häufiger verwendet, wenn die Befragten ein hohes Einkommen erzielen, eine höhere Bildung besitzen oder vergleichsweise jung sind. Zwischen Frauen und Männern gibt es allerdings keine signifikanten Unterschiede mehr.

Die Verwendung der Zahlungsmittel hängt ebenfalls von der Wahrnehmung der Eigenschaften des Zahlungsmittels ab. Diese Eigenschaften sind hier im Wesentlichen Sicherheit, Kosten, Geschwindigkeit und Benutzerfreundlichkeit. Van der Cruijsen and Plooij (2018) zeigen, dass vor allem die Sicherheit am PoS eine bedeutendere Rolle im Zahlungsverhalten zukommt (siehe auch Kosse 2013b); die Benutzerfreundlichkeit und die Geschwindigkeit hingegen haben an Bedeutung verloren. Abb. 14.2 vergleicht die Umfrageergebnisse über die relevanten Eigenschaften zwischen 2004 und 2017. Die Wahrnehmung dieser Eigenschaften wird auf einer sieben Punkte Likert Skala von sehr negative (1) zu sehr positive (7) bewertet. Abb. 14.2 zeigt, dass die Niederländer sowohl Bargeld- als auch Debitkartenzahlungen 2017 als sicherer wahrnehmen als 2004. Jedoch wird die Debitkarte in beiden Jahren als sicherer empfunden als Bargeld; dieser Unterschied ist 2017 aber eher gering. Bei der Geschwindigkeit hat die Debitkarte in beiden Jahren die Nase vorn. Diese Differenz hat sich 2017 eher verstärkt. Bei den Kosten wird die Debitkarte als teurer wahrgenommen als das Bargeld. Jedoch hat sich die Differenz zu 2004 substanziell vermindert. Die Benutzerfreundlichkeit der Debitkarte wird in beiden Jahren als positiv erlebt. Im Gegensatz zum Bargeld, dort ist das positive Empfinden gesunken.

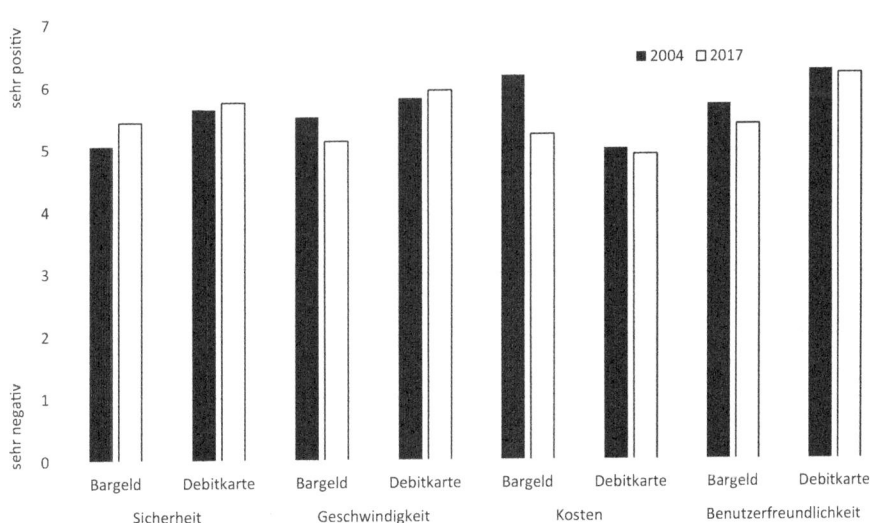

Abb. 14.2 Wahrnehmung der Zahlungsmitteleigenschaften. (*Quelle:* Die Abbildung zeigt die Ergebnisse von zwei Umfragen der DNB im CentERpanel. Die erste Umfrage wurde 2004 [KW 38] durchgeführt (van der Cruijsen and Plooij 2018) und beinhaltet 1954 Antworten. Die zweite Umfrage wurde 2017 [KW 31 und KW 32] durchgeführt und beinhaltet 2140 Antworten. Die 2017-Umfrage beinhaltet zusätzlich die Antwort „ich weiß nicht")

Das Sicherheitsempfinden der Debitkarte wird immer wieder auf die Probe gestellt. Kosse (2013a) zeigt, dass Zeitungsberichte über Kartenbetrug wie z. B. Skimming zu einer unmittelbaren Abnahme der Verwendung der Debitkarte führen. Jedoch ist dieser Effekt lediglich temporär und die ökonomischen Auswirkungen sind schwer abzuschätzen.

Ein weiterer Faktor um am Bargeld festzuhalten, ist die Kontrolle über die Ausgaben. Verbraucherstellen halten Konsumenten an, ihre Ausgaben zu protokollieren, um festzustellen wie viel Geld sie tatsächlich ausgeben. Wenn wöchentlich, oder monatlich, ein fester Betrag abgehoben wird, kann direkt am PoS festgestellt werden wie viel Geld schon ausgegeben wurde. Da für Debitkarten vordefinierte Budgets nur mental gesetzt werden können, geben Debitkarten mehr Raum für Budgetüberschreitungen. Bei Kartenzahlung kann sogar unabsichtlich ein Überziehungskredit aufgenommen werden. Hernandez et al. (2017) vergleichen, ob die niederländischen Konsumenten Bargeld und Debitkarten als gleichwertig bzgl. der Ausgabenkontrolle ansehen. Mehr als 90 % finden Ausgabenkontrolle wichtig. Jedoch zeigen die Umfragen, dass die Befragten im Allgemeinen keinen Unterschied zwischen Bargeld und der Debitkarte bzgl. der Ausgabenkontrolle sehen. Diese Wahrnehmung wird beeinflusst vom Einkommen bzw. von finanziellen Engpässen. Personen mit weniger finanziellem Spielraum sehen Bargeld als wichtigen Bestandteil für die Ausgabenkontrolle an. Diese Ergebnisse suggerieren, dass in einer Rezession die Kunden verstärkt die Ausgaben kontrollieren wollen und somit Bargeld als Zahlungsmittel attraktiver wird (Hernandez et al. 2017). Diese Ergebnisse zeigen ebenfalls, dass Bargeld zusätzliche Vorteile bringt, welche die elektronischen Zahlungsmittel noch nicht anbieten können. Mittlerweile erlauben spezielle Apps einen schnellen Blick auf die Finanzen. Indes bestätigt eine Umfrage der DNB aus 2017, dass durch den Konsumenten Bargeld immer noch bevorzugt wird, wenn es um die Ausgabenkontrolle geht. Bei der Frage, welche Zahlungsmittel den besten Überblick über die Ausgaben geben, stand auf einer Skala von 1 (sehr wenig Einsicht) bis 7 (sehr viel Einsicht) Bargeld (Durchschnitt 5,7) deutlich auf Platz eins, gefolgt von der Debitkarte (4,3), kontaktlos Bezahlen (4,0), und der Kreditkarte (3,5).

Der Anonymität beim Zahlungsvorgang kann ebenfalls eine Rolle zugewiesen werden. Eine Umfrage vom September 2015 zeigt, dass Bargeld mehr Privatsphäre erlaubt als elektronische Zahlungsmittel (van der Cruijsen und van der Horst 2016). 60 % der Befragten gaben an, dass Anonymität/Privatsphäre bei der Transaktion wichtig oder sehr wichtig sei (5-Punkte Skala). Bei der Frage welches Zahlungsmittel die Teilnehmer mit der Eigenschaft *Anonymität/Privatsphäre* assoziieren, wählten 58 % das Bargeld und lediglich 18 % die elektronischen Zahlungsmittel (der Rest war unentschieden).

Die (wahrgenommene) Akzeptanz des Zahlungsmittels am PoS ist ebenfalls von Bedeutung für die Wahl. Manchmal bleibt dem Kunden nichts Anderes übrig als mit Bargeld zu zahlen, z. B., wenn die Debitkarte nicht akzeptiert wird oder das Lesegerät oder die Karte defekt sind. Jedoch tritt dieses Problem heutzutage in den Niederlanden kaum auf, da Debitkarten fast überall akzeptiert werden und technische Probleme vermindert wurden. Lediglich in 1,6 % der Bargeldtransaktionen hätten die Befragten 2016 lieber ein anderes Zahlungsmittel gewählt (DNB und DPA 2017). Andersrum müssen Kunden manchmal mit der Debitkarte zahlen, da sie nicht genug Bargeld dabei hatten oder Bargeld nicht akzeptiert wurde. DNB und DPA (2017) zeigen das für 1 % aller Debitkartenzahlungen die Kunden lieber mit Bargeld bezahlen wollten. Übereinstimmend mit diesen Ergebnissen zeigte eine Umfrage der DNB aus dem Jahr 2017, dass beide Zahlungsmittel am PoS hoch bei der Eigenschaft *Akzeptanz* abschneiden: beide liegen im Schnitt über sechs auf einer Sieben-Punkte-Skala.

Aufgrund der aktuellen Relevanz in Europa stellt sich auch die Frage, in welcher Art und Weise Einwanderer in den Niederlanden mit elektronischen Zahlungsmitteln umgehen. Kosse und Jansen (2013) zeigen, dass die erste Einwandergeneration aus bargeldorientierten Ländern eher Bargeld verwenden, sich die zweite Generation jedoch im Zahlungsverhalten nicht mehr von den Niederländern unterscheidet.

14.4 Maßnahmen für die Erweiterung des elektronischen Zahlungsverkehrs

Neben anderen zeigt Jonker (2013), dass durch elektronische Zahlungsmittel die Effizienz erhöht wird. Dies geht mit einer substanziellen Kostenreduzierung für die niederländische Gesellschaft einher. Verschiedene Parteien möchten daher die Nutzung elektronischer Zahlungsmittel, insbesondere der Debitkarte, stimulieren. Das Forum „Maatschappelijk Overleg Betalingsverkeer" (MOB) – ein Forum unterschiedlicher Interessengruppen wie etwa dem Seniorenverband, die Einzahlhandelsorganisationen, der Konsumentenbund, der Gaststättenverband und die DPA – wurde 2003 auf Anfrage des Finanzministers ins Leben gerufen, um ein soziales und effizientes Zahlungssystem aufzubauen. Dieses Forum repräsentiert sowohl die Verbraucher und den Handel, als auch die Anbieter von Zahlensystemen.

2007 wurde eine nationale Kampagne von Banken und Händlern gestartet. Das Ziel war die Verbraucher zu ermutigen, die Debitkarte häufiger zu verwenden und auch die Händler zu überzeugen, Debitkartenzahlungen vermehrt zu akzeptieren. Die Kampagne beinhaltete im Wesentlichen finanzielle Anreize für die Händler durch die Verminderung der Transaktionskosten, Subventionen für die Lesegeräte sowie Informationsmaterial mit praktischen Informationen über den Vorteil der Debitkartenzahlungen wie etwa über Sicherheitsstandards und Komfort. Die Verbraucherkampagne zielte verstärkt auf Debitkartennutzer, die bereits mittlere und hohe Beträge mit der Karte bezahlen, aber kleine Beträge immer noch bar begleichen. Mit dem Slogan *„Klein bedrag? Pinnen mag!"* (Kleiner Betrag? Mit Karte zahlen ist erlaubt!) in Lebensmittelmärkten, großen Handelsketten, Drogerien, Baumärkten oder in Gaststätten sollte die Gewohnheit kleine Beträge in bar zu zahlen gebrochen werden. Weitere Slogans die später verwendet wurden sind „*U pint toch ook?"* (Sie zahlen doch auch bargeldlos?) oder *„Pinnen? Ja, graag"* (Bargeldlos zahlen? Ja bitte!). Die Kampagne nutzte zusätzlich Massenmedien, soziale

Medien, Promotionsmaterial am PoS und eine „*Pin & Win*" Aktion bei der Debitkartennutzer Preise gewinnen konnten.

Jonker et al. (2017) zeigen, dass die öffentliche Kampagne ihr Ziel weitestgehend erreicht hat, da Bargeldzahlungen durch Debitkartenzahlungen vermehrt ersetzt wurden. Am effizientesten waren Maßnahmen, die auf kleine Beträge abgezielt hatten. Bei den Händlern waren die Aktionen am erfolgreichsten, welche den Fokus auf Kostenreduzierung, Sicherheit und Nutzerfreundlichkeit gelegt haben erfolgreich. Die Auswirkungen von kurzfristigen, finanziellen Anreizen waren jedoch eher gering.

14.5 Die Zukunft des Bargelds in den Niederlanden

Obwohl das Bargeld an Bedeutung verliert, hat es immer noch eine Zukunft in den Niederlanden. Die DNB, das MOB, und sieben von zehn Verbrauchern meinen, dass es weiterhin möglich sein muss mit Bargeld zu bezahlen (DNB 2017a). Dafür gibt es verschiedene Gründe: einige Verbraucher haben immer noch keinen Zugriff auf Debitkarten, z. B. Kinder, andere wollen weiterhin die Ausgabenkontrolle behalten. Einige haben ein berechtigtes Interesse anonym zu bezahlen, insbesondere in einer Welt, in der Banken oder Unternehmen Ausgabenmuster von Verbrauchern für die Marktanalyse verwenden wollen. Auch ist ein alternatives Zahlungssystem notwendig, wenn das elektronische Zahlungssystem kurzzeitig nicht verfügbar ist. Letztendlich gibt es einige Verbraucher, die einen zusätzlichen Nutzen in der Zahlung selbst sehen. Nach dem Motto: erst, wenn man Geld aus der Hand gegeben hat, fühlt sich das nach „echtem Bezahlen an".

Das MOB rät den Händlern die Wahl zwischen Bargeld und Debitkarte weiterhin zu ermöglichen. Es sei denn, Sicherheitsaspekte spielen eine Rolle. Lediglich Debitkartenzahlungen zuzulassen kommt einem lokalen Monopol gleich und ist lästig für die Kunden. Jedoch räumt das MOB ein, dass die Händler die Freiheit haben sollten die Zahlungsmittel zu akzeptieren, die sie für richtig halten. Entgegen der Empfehlung des MOB leben jedoch 10 % der niederländischen Bevölkerung in Gemeinden, in denen sie bei Behörden ausschließlich mit der Debitkarte zahlen können und nicht in bar. Die Behörden sollten hier eigentlich als Vorbild dienen (DNB 2017a).

14.6 Ein Vergleich mit Deutschland

Da dieses Buch das Zahlungsverhalten in Deutschland betrachtet, denken wir, dass am Ende unseres Kapitels ein Vergleich zwischen den Niederlanden und Deutschland angebracht ist. Basierend auf aktuellen Untersuchungen von Arango et al. (2018) zeigen sich bereits Unterschiede beim Geldabheben. Die Niederländer heben häufiger Geld ab (1,3-mal pro Woche) als die Deutschen (0,8-mal). Jedoch heben die Deutschen im Schnitt drei Mal so viel Geld ab (182,60 € vs. 65,20 €). Somit haben die Deutschen mehr Geld in ihrem Portemonnaie und damit auch häufiger Gelegenheit mit Bargeld zu zahlen. Beträge unter 3 € werden in Deutschland fast ausschließlich bar gezahlt (>95 %). Mit lediglich 67 % ist dieser Anteil in den Niederlanden wesentlich geringer. Bereits für Beträge ab 16 € verwenden die Niederländer häufiger alternative Zahlungsmittel als Bargeld. Bei den Deutschen gilt das erst ab einem Betrag von etwa 54 €. Die aktuellen Zahlen sind eindeutig, der Anteil an Bargeld liegt für Deutschland bei insgesamt 80 % und für die Niederlande bei gerade mal 45 % (Esselink und Hernández 2017).

Woher kommen diese Unterschiede im Zahlungsverhalten? Zwei Geldmanagementansätze versuchen die Verwendung von Bargeld in Transaktionen zu erklären (siehe Arango et al. 2018). Erstens heben Haushalte Geld ab, obwohl noch Bargeldbestände vorhanden sind. Die Bargeldbestände pendeln somit zwischen einem unteren positiven Bestand und einer Obergrenze. Dieses Verhalten reflektiert die Unsicherheit über Bareinnahmen und Barausgaben. Zweitens bevorzugen Konsumenten die Barzahlung, wenn ausreichend Bargeld im Portemonnaie vorhanden ist *(„Cash first")*. Beide Ansätze finden sich im Verhalten der Deutschen wieder, aber nicht im Verhalten der Niederländer. In den Niederlanden wird selbst bei niedrigen Geldbeträgen mit der Debitkarte bezahlt, selbst wenn ausreichend Bargeld im Portemonnaie liegt. Außerdem halten die Niederländer weniger Bargeld vor. Daten aus 2016 zeigen, dass deutsche Konsumenten mehr als doppelt so viel Bargeld im Portemonnaie haben als niederländische Konsumenten (103 € vs. 44 €; Esselink und Hernández 2017). Offensichtlich waren die Niederländer in der Lage von einer *Cash first* zu einer *Card first* Strategie zu wechseln. Die rasante Akzeptanz des Kontaktlosen Bezahlens wird dieses Verhalten noch verstärken. Des Weiteren zahlen die Händler in den Niederlanden im Durchschnitt drei Eurocents weniger pro Transaktion als die deutschen Händler (Arango et al. 2018). Letzteres führt wohl immer noch dazu, dass in einigen deutschen Läden immer noch Kartenzahlungen erst über einen bestimmten Betrag akzeptiert werden (oft 10 € oder 15 €) oder Zuzahlungen bei kleinen Beträgen verlangt werden.

Sollte Deutschland ebenfalls eine Verstärkung des elektronischen Zahlungsverkehrs anstreben, so denken wir, dass die Erfahrungen aus den Niederlanden helfen können. Für die Händler sollten die Transaktionskosten, sowie die Kosten zur Bereitstellung von Lesegeräten vermindert/subventioniert werden. Somit haben die Konsumenten häufiger die Möglichkeit mit der Debitkarte zu bezahlen. Im Allgemeinen sollten die Kosten bei der Verwendung von Debitkarten geringer sein als Barzahlungen. Das könnte Zuzahlungen oder Mindestumsatzanforderungen vermeiden. Diese Methoden sind in den Niederlanden nur noch vereinzelnd zu beobachten. Ein Schritt in diese Richtung wird vermutlich mit der überarbeiteten Zahlungsdienstrichtlinie 2 ([EU] 2015/2366, Payment Service Directive 2) getan. Diese Richtlinie beinhaltet zum einen, Regelungen für die Durchführung des elektronischen Zahlungsverkehrs, aber zum anderen auch eine Deckelung der Gebühren, inklusive des Verbotes Zusatzgebühren zu verlangen.

Auf der Seite der Konsumenten besteht jedoch die Herausforderung die Gewohnheiten zu durchbrechen *(„Nur Bares ist Wahres")*. Selbst wenn die Konsumenten mit Debitkarte zahlen wollen, so bricht die tägliche Routine bar zu zahlen oder Geld abzuheben wieder durch. Das gilt auch immer noch für einen Teil der niederländischen

Konsumenten, wie van der Cruijsen et al. (2017) zeigen. Die Trennung von der Barzahlung ist somit vergleichsweise schwer, wenn diese Gewohnheit so eine bedeutende Rolle spielt. Informationskampagnen können helfen die Unsicherheit bzgl. der elektronischen Zahlungsmittel zu vermindern und die positiven Eigenschaften hervorzuheben, insbesondere für Verbraucher mit niedriger Bildung. Eine solche Kampagne kann ein Gefühl für Lifestyle, insbesondere für junge Konsumenten, entwickeln. Oft fühlen deutsche Verbraucher – selbst einer der Autoren gibt das zu – dass man bei 66 Eurocent für zwei Brötchen beim Bäcker bar bezahlt und dass eine Kartenzahlung in solch einem Fall unangemessen scheint, also vielleicht gegen eine soziale Norm verstößt. Entsprechende Maßnahmen wie z. B. Poster am PoS können dieses Gefühl natürlich vermindern. Je mehr Verbraucher mit Debitkarten bezahlen, desto stärker ist der Vorsatz mit Karte zu bezahlen. Natürlich braucht es etwas Zeit, um neue soziale Normen zu etablieren. Van der Cruijsen und van der Horst (2016) zeigen andere Ergebnisse für die Niederlande. Etwa 51 % einer repräsentativeren Gruppe von Konsumenten denken, dass die Kassierer selbst bei Beträgen unter 10 € eine Debitkartenzahlung erwarten. Nur 9 % denken, dass Bargeldzahlung die soziale Norm ist. Letztendlich wird sich der Erfolg des kontaktlosen Bezahlens in den Niederlanden auch in Deutschland durchsetzen, auch wenn dieser etwas länger auf sich warten lassen dürfte.

Fazit: Die Niederländer verwenden die Debitkarte, auch mithilfe der kontaktlosen Zahlungsfunktion, häufiger als Bargeldzahlungen. Das angepeilte 60:40-Verhältnis zwischen elektronsicher Zahlung und Bargeldzahlung bis Ende 2018 ist hier wohl nicht in Gefahr; eher kann vermutet werden, dass sich das Verhältnis noch stärker zum elektronischen Zahlungsmittel verschiebt. Deutschland wird ohne weitere Maßnahmen wohl noch etwas länger brauchen.

Literatur

Arango-Arango CA, Bouhdaoui Y, Bounie D, Eschelbach M, Hernandez L (2018) Cash remains top-of-wallet! International evidence from payment diaries. Econ Model 69:38–48

Cruijsen C van der, Horst F van der (2016) Payment behaviour: the role of socio-psychological factors. SSRN Electron J, 2016(June):1–28

Cruijsen C van der, Plooij M (2018) Drivers of payment patterns at the point of sale: stable or not? Contemp Econ Policy 36(2):363–380

Cruijsen C van der, Hernandez L, Jonker N (2017) In love with the debit card but still married to cash. Appl Econ 49(30):2989–3004

De Nederlandsche Bank (2014) Van kauri tot euro. De geschiedenis van het geld. https://www.dnb.nl/binaries/De%20geschiedenis%20van%20ons%20geld_tcm46-210321.pdf. Zugegriffen: 2. Nov. 2017

De Nederlandsche Bank (2016) Contactless payment will soon be available everywhere in Europe. DNBulletin. https://www.dnb.nl/en/news/news-and-archive/dnbulletin-2016/dnb339173.jsp. Zugegriffen: 1. Nov. 2017

De Nederlandsche Bank (2017a) Cash payments should remain possible in the Netherlands. DNBulletin. https://www.dnb.nl/en/news/news-and-archive/dnbulletin-2017/dnb352209.jsp. Zugegriffen: 1. Nov. 2017

De Nederlandsche Bank (2017b) Nederlanders hebben veel vertrouwen in echtheid eurobankbiljetten. DNBulletin. https://www.dnb.nl/nieuws/nieuwsoverzicht-en-archief/dnbulletin-2017/dnb361814.jsp. Zugegriffen: 1. Nov. 2017

De Nederlandsche Bank (2017c) Share of cash payments at points of sale drops to 45 %. DNBulletin. https://www.dnb.nl/en/news/news-and-archive/dnbulletin-2017/dnb356593.jsp. Zugegriffen: 1. Nov. 2017

De Nederlandsche Bank, Dutch Payment Association (2017) Factsheet point of sale payments in 2016. https://www.dnb.nl/en/binaries/Factsheet%20Point%20of%20sale%20payments%20in%20 2016_tcm47-356702.pdf?2017110116. Zugegriffen: 1. Nov. 2017

Dutch Payment Association (2017a) Annual report 2016. https://www.betaalvereniging.nl/en/latest-news/publications/. Zugegriffen: 1. Nov. 2017

Dutch Payment Association (2017b) Miljardste contactloze betaling bij bloemenkiosk. https://www.betaalvereniging.nl/actueel/persberichten/miljardste-contactloze-betaling-bloemenkiosk/. Zugegriffen: 1. Nov. 2017

Esselink H, Hernández L (2017) The use of cash by households in the euro area. Occational Paper Series European Central Bank Eurosystem No 201/November 2017

Hasan I, Schmiedel H, Song L (2012a) Return from retail banking and payments. J Financ Serv Res 41:163–195

Hasan I, De Renzis T, Schmiedel H (2012b) Retail payments and economic growth. Bank of Finland Research Discussion Papers 19

Hernandez L, Jonker N, Kosse A (2017) Cash versus debit card: the role of budget control. J Consum Aff 51(1):91–112

Jonker N (2013) Social costs of POS payments in the Netherlands 2002 – 2012: efficiency gains from increased debit card usage. DNB Occasional Studies 11(2)

Jonker N, Plooij M, Verburg J (2017) Did a public campaign influence debit card usage? Evidence from the Netherlands. J Financ Serv Res 52(1–2):89–121

Kosse A (2013a) Do newspaper articles on card fraud affect debit card usage? J Bank Financ 37(12):5382–5391

Kosse A (2013b) The safety of cash and debit cards: a study on the perception and behavior of Dutch consumers. Int J Central Bank 9(4):77–98

Kosse A, Jansen DJ (2013) Choosing how to pay: the influence of foreign backgrounds. J Bank Financ 37(3):989–998

Panteia (2015) The Costs of Point-Of-Sale Payment Transactions in 2014. Kosten van het toonbankbetalingsverkeer in 2014. Panteia report, Zoetermeer

Sascha Füllbrunn ist Associate Professor für Finanzwesen an der Radboud Universität in Nimwegen in den Niederlanden. Er hat an der Otto-von-Guericke Universität in Magdeburg im Bereich E-Business promoviert und danach an der Luxembourg School of Finance geforscht. Sein Forschungsschwerpunkt liegt im Bereich der Experimentellen Wirtschaftsforschung mit Bezug auf finanzielle Entscheidungen.

Carin van der Cruijsen forscht bei der Niederländischen Zentralbank in der Research Division und der Payment Policy Division. Ihr Hauptfachbereich ist das Verhalten von Konsumenten bei finanziellen Entscheidungen. Ihre Forschung betrachtet insbesondere das Zahlungsverhalten von Konsumenten und deren Einstellung zur Verwendung von Zahlungsdaten. Sie hat an der Tilburg Universität in den Niederlanden promoviert.

The manufacturer's authorised representative in the EU is Springer Nature Customer Service Centre GmbH, Europaplatz 3, 69115 Heidelberg, Germany. If you have any concerns regarding our products, please contact ProductSafety@springernature.com

Printed and bound by CPI Group (UK) Ltd, Croydon, CR0 4YY

25/03/2026

02078194-0016